Marianne Stocker

MBOLO

Erlebnisse im Urwaldspital
von Albert Schweitzer

Tagebuch-Aufzeichnungen von 1961 - 2013

Für Mambela
und alle Kinder
in Afrika

Marianne Stocker

MBOLO

Erlebnisse im Urwaldspital von Albert Schweitzer

Inhaltsverzeichnis

Marianne Stocker mit Mambela, die von ihr während ihrem zweiten Aufenthalt (1965-1967) intensiv betreut wurde.

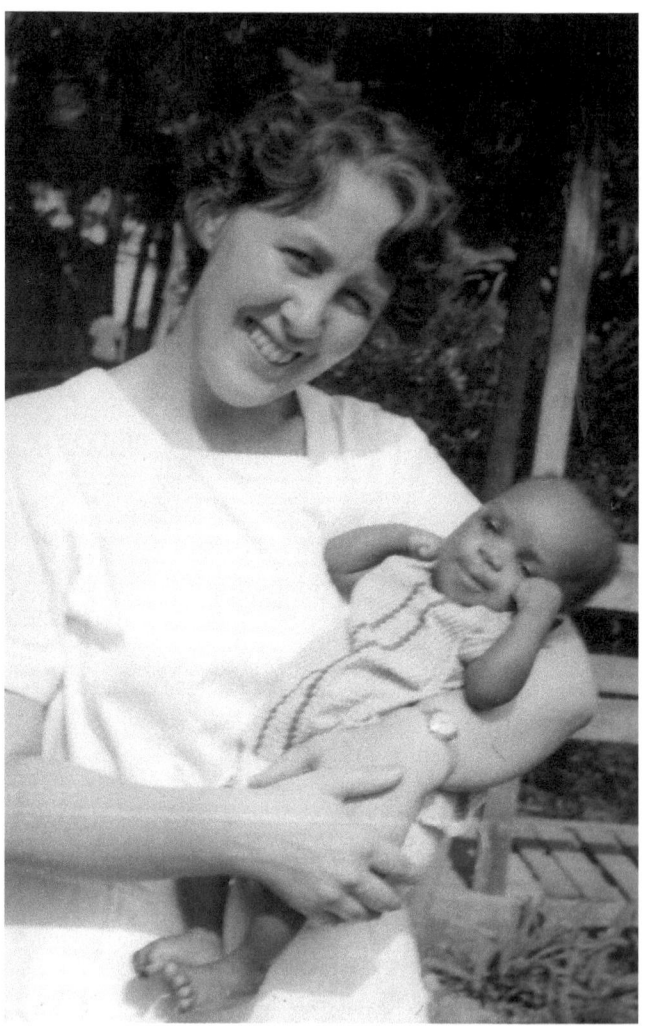

Wie es dazu kam

Als junge Kinderkrankenschwester pflegte ich Im Spital Richterswil kranke Kinder. Die Mutter eines kleinen Patienten schenkte mir ein Buch: "Wir halfen dem Doktor in Lambarene" mit Berichten von Schweizer Mitarbeiterinnen und Mitarbeiter vom Urwaldspital. Der Gründer des Spitals im Urwald, Albert Schweitzer, war uns allen bekannt. Schon während meiner Schulzeit las ich das Buch: "Zwischen Wasser und Urwald" und war beeindruckt von den Erlebnissen dieses Arztes. Albert Schweitzer besuchte oft die Schweiz, gab Vorträge und sammelte mit Orgelkonzerten Geld für das Spital. Dass man als Schweizerin dort arbeiten kann, das interessierte mich. Ich überlegte mir jedoch, dass ich noch nie im Ausland war und dass ich zu wenig französisch sprechen konnte. Also zuerst Französisch lernen. Ich reiste für ein Jahr nach Paris. Mit nahm ich die Adresse des Schweizer- Hilfsvereins von Lambarene. Von Paris aus schrieb ich an diese Adresse in Basel. Die Antwort kam fast postwendend. Ja, sie bräuchten eine Kinderkrankenschwester.

Vorbereitungen

Bis ich im April 1961 abreisen konnte, war ich beschäftigt mit Vorbereitungen: Vorstellungsgespräch beim Schweizerischen Hilfsverein für das Albert-Schweitzer-Spital in Basel, Medizinische Untersuchung beim Tropenarzt, Visum beim Konsulat in Paris, Besuch in Günsbach (Elsass) bei Frau Martin, der Sekretärin und Vertrauensperson von Dr. Schweitzer, die mich genau musterte.

Von Lambarene bekam ich eine Einkaufsliste, die mir vorkam, als trete ich in ein Kloster ein:

12 weisse Kleider aus Baumwolle, halb Waden lang, gut waschbar, dazu Unterröcke aus weissem Baumwollstoff.
14 Paar weisse Kniestrümpfe aus Baumwollwolle.
Weisses Jäckchen.
Morgenrock aus Baumwolle.
Weisse Unterwäsche. Alles muss mit Namen versehen sein.

5 Paar Schuhe, niederer Absatz, schwarz oder braun.

1 Regenmantel.

Pantoffeln für das Zimmer. Es ist verboten mit nackten Füssen zu gehen.

Nachthemden aus weissem Baumwollstoff.

1 Tropenhelm.

Albert Schweitzer schrieb am 26. Oktober 1960:

Liebe Marianne Stocker

Ich danke Ihnen für Ihr freundliches Anerbieten uns in unserem Spital helfen zu wollen. Ich nehme es dankbar an, vorausgesetzt, dass ein von uns beauftragter Arzt Sie für die Tropen tauglich befindet. Sie haben die Kenntnisse, die Sie hier zum Helfen befähigen. Tausend Dank an Ihre Eltern, die Ihnen erlauben zu uns zu kommen. Frau Martin schreibt, dass Sie am 1. April abkommen können. Also halten Sie sich bereit, dann aus Europa abzufahren. Am 1.Februar müssen Sie beim französischen Consulat (wenn Sie noch in Paris sind, in Paris,) das Gesuch machen, das um für Lambarene zu erhalten. Wenn Sie dann schon in der Schweiz sind, dann von der Schweiz aus. Besser wäre von Paris aus.

   Herzlich Albert Schweitzer

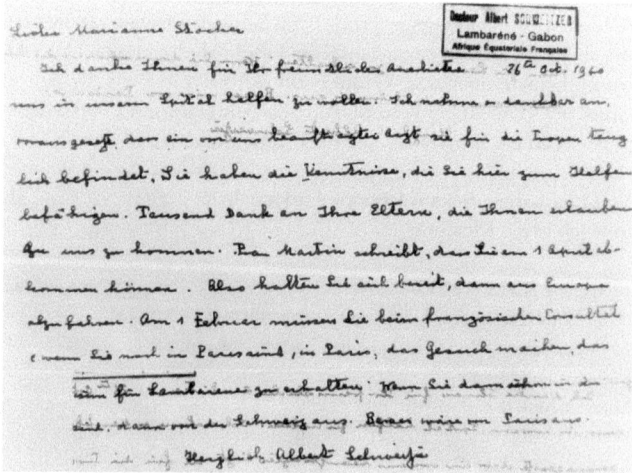

8

Tagebuch aus Lambarene 1961 - 1963

Unterwegs nach Afrika

Das Flugzeug, eine DC8 der UAT fliegt mit 900 km/h in 10400 m Höhe südwärts. Ich liege bequem zurückgelehnt und schaue neben dem silbernen Flügel vorbei in die Tiefe. Dort unten dehnt sich weit, gelb eine sandige Wüste aus. Die Sahara. Plötzlich wird alles durch einen feinen Nebel verwischt. Kann das ein Sandsturm sein? Ueber mir wölbt sich ein tiefblauer Himmel.

Wir müssen schon ziemlich weit südlich sein. Ich habe etwa zwei Stunden geschlafen und wollte doch wach bleiben und die Reise ganz bewusst erleben. Es ist 07 Uhr. Wir bekommen zum Frühstück Kaffee und Früchtebrot.

Gestern erlebte ich noch einen schönen Tag in Paris. Am Abend begleitete mich meine Schwester Brigitte zum Flugplatz. Ich war froh, dass ich nicht allein gehen musste. Das ist die erste Flugreise in meinem Leben. Alles war so neu, der Betrieb am Flugplatz, die Kofferaufgabe, die Stimme im Lautsprecher: "Die Passagiere nach Marseille – Douala zum Ausgang 11,s.v.pl." Fast hätte ich den Tropenhelm vergessen, den Brigitte in den Händen hielt. Diesen Hut soll ich nun zwei Jahre mit der Schwesternhaube tauschen.

Was mich dort in Lambarene wohl alles erwarten wird? Wie wird die Begegnung mit Dr. Schweitzer sein? Was wird meine Arbeit sein?

Mme Martin in Günsbach hat mir mit strengen Worten erklärt, dass nicht alle Schwestern von Anfang an im Spital in der Pflege helfen könnten. Manche müssten im Haushalt oder in der Wäscherei einspringen. Da habe man sich zu fügen!

Ich stelle mir vor, dass alles ziemlich einfach sein wird. Vielleicht gibt es nun zwei Jahre lang nur Bananen, Ananas, Fisch und irgendwelche Knollen zu essen. Natürlich wird es auch Früchte geben, Mandarinen, Orangen, Ananas.

Ob ich unter einem Moskitonetz schlafen muss? Oder in einer Hütte, Seite an Seite mit den Afrikanern? Muss ich mich wohl am Fluss waschen?

Eigentlich sollten wir um diese Zeit schon in Douala sein, aber das Flugzeug hatte in Marseille eine Panne. Wir warteten vor uns hindösend während vier Stunden in der abscheulichen Flughalle bis wir beim erwachenden Morgen weiterfliegen konnten.

Nun fliegen wir durch weisse, luftige Wolken. Unter mir hat sich das Landschaftsbild verändert: Bäume, Flüsse und Flüsse und Bäume! Urwald? Es ist 9 Uhr. In einer Stunde werden wir in Douala ankommen. Im Flugzeug ist es kühl. Die Stimme im Lautsprecher macht uns darauf aufmerksam, dass uns in Douala eine Temperatur von über 30 Grad erwartet.

In Douala schlug mir eine gewaltige Hitze und Feuchtigkeit entgegen. Ich glaubte in ein Treibhaus zu kommen, und war froh, grad umsteigen zu können.

Trotz der Verspätung hatte ich Anschluss nach Libreville. Am Flughafen in Libreville spendete uns die Fluggesellschaft ein Mittagessen: Sardinen, Spargeln und Brot, dann Kartoffeln, Ruebli und Kotelettes. Zum Dessert Fruchtsalat aus Büchsen! Mit diesem Essen glaube ich Abschied genommen zu haben von der Zivilisation.

15 Uhr. Flug von Libreville nach Lambarene. Der dichte Urwald unter mir sieht aus wie ein riesiges Petersilienbeet, durchzogen von einem Labyrinth von Flüssen. Um mich herum ein Stimmengewirr und Lachen, dazwischen Kinderweinen. Ich bin die einzige weisse Passagierin im Flugzeug. Wir werden unsanft umhergerüttelt. In diesem kleinen, 30 Personen fassenden Flugzeug hat es keine Lüftung. Es ist drückend heiss. An diese Hitze werde ich mich gewöhnen müssen.

Ankunft in Lambarene
Eigentlich sollte ich müde sein von den vielen Eindrücken, aber ich bin ganz aufgedreht. Ich sitze am Tisch in einem kleinen Zimmerchen, mein Zimmer! Draussen ist es dunkel. Eine Petrollampe mit einem grünen Lampenschirm gibt mir Licht. Es ist ruhig um mich herum und heiss. Dieser Tag, gefüllt mit so viel Erlebnissen und Eindrücken wird einmalig sein in meinem Leben.

Am Flugplatz in Lambarene wurde ich von Lotte Gerhold empfangen. Mit einem Jeep fuhren wir zum Fluss. Dort warteten vier Afrikaner in einem breiten Ruderboot, bezeichnet mit ASB, auf uns. Das heisse Albert Schweitzer-Breslau, erklärte mir Lotte, Helene Breslau war Schweitzers Frau. Schwarze Hände wurden mir entgegengestreckt: "Bonjour, Mademoiselle, Mbolo." Lachende, schwarze Gesichter. Ob ich sie wohl je unterscheiden kann? Alle, denen wir begegneten, wollten wissen, wie die neue Mademoiselle fürs Spital aussieht.

Und dann die Fahrt auf dem Fluss! Ruhig, in leisen kräuselnden Wellen floss der Fluss dahin, umsäumt vom undurchdringlich scheinenden grünen Urwald. Ausser dem gleichmässigen Einschlagen der Ruder war völlige Stille. Ein kühles, angenehmes Lüftchen wehte. Wir fuhren entlang der Insel, auf der das Dorf Lambarene liegt, gegenüber des Flugplatzes. An dessen oberen Ende befindet sich die katholische Missionsstation. Als wir um die Bucht bogen, kamen die roten Dächer der Spitalgebäude zum Vorschein. Plötzlich begannen die Ruderer laut und monoton zu singen und zu rufen: Ho – Ha. Gleich darauf hörte ich Glockengeläute und sah Leute zum Fluss strömen. Unter ihnen erkannte ich die gebeugte Gestalt von Albert Schweitzer. Was für einen Empfang! Von allen Seiten wurde ich begrüsst, auf Französisch, Englisch, Deutsch, Schweizerdeutsch, afrikanisch. Dr. Schweitzer begrüsste mich mit den Worten: "Willkommen, bisch guet greist?" Und zu den andern: "Aber jetzt, au travail". Unter fröhlichem Geplauder spazierte die ganze, bunte Gesellschaft den Hügel hinauf zu den Spitalgebäuden. Lotte führte mich in ein grosses, schönes Esszimmer und bot mir Fruchtsaft an und Brot. In der Mitte des Raumes steht ein langer Esstisch mit etwa 40 Stühlen. Unterdessen hatten die Träger meinen Koffer in mein Zimmer gebracht. Ein Zimmer für mich allein, wohl klein und schmal mit einem eigenartigen Tropengeruch, aber mit einem herrlichen Blick auf den Ogowe. Natürlich ohne Dusche und WC, dafür mit einem Waschtisch mit grossem Becken und Wasserkrüge, einer Flasche abgekochtem Wasser zum Zähne putzen. Das Fenster und die Türe des Zimmers sind vermacht mit feinem Drahtgitter, durch das kein Mücklein durchschlüpfen, wohl aber ein angenehmes Lüftchen durchwehen kann. Das macht den Raum angenehm kühl. Eine weitere Ueberraschung erwartete mich beim Nachtessen. Es ist Samstag heute. Und am Samstagabend gebe es immer Repas Suisse: Kaffee oder Tee, Brot, Butter, Käse, Wurst, Konfitüre.

Es scheint hier gar nicht so primitiv zu sein, wie ich mir vorgestellt habe.

Nach dem Essen setzte sich Herr Schweitzer ans Klavier, improvisierte ein Vorspiel zu einem Lied, das wir sangen, und er las und erläuterte einen Bibeltext.

Erste Eindrücke

Ich habe erstaunlich gut geschlafen und wurde geweckt von fröhlichen Lauten und Wassergeplätscher. Ein Mädchen macht im Fluss seine Morgentoilette.

Ein Gong ruft zum Morgenessen. Weil es Sonntag ist, gibt es Zopf, gebacken von Ruth Lauper. Sie kommt von Biel. Es hat mehrere Schweizer hier und schweizerdeutsch scheint fast Alltagssprache zu sein. Herr Schweitzer spricht elsässisch.

Um 9 Uhr läuten die beiden Glocken zum Gottesdienst. Alle, die können strömen zum Platz zwischen den Spitalgebäuden. Grosse und Kleine, Alte und Junge, Kranke und Gesunde, in schönen bunten Tüchern aber auch in alten, schmutzigen, durchlöcherten Lumpen. Alle sind andächtig. Sie singen mit lauter Stimme Kirchenlieder in ihrer Sprache. Die Predigt hält Dr. Müller aus Basel auf Französisch. Zwei Männer übersetzen sie auf Fang und Galoa.

Lotte führt mich durch das Spitalareal. Ob ich mich in diesen so gleichsehenden Baracken je zurechtfinden werde? Alles sieht so verwirrend aus. Da ist nicht einfach ein Haus, das ist ein ganzes Dorf, ein Spitaldorf. Vor den Hütten hocken Leute am Boden vor ihren Feuern, kochen, lachen, schwatzen und rufen mir Mbolo zu. Sie scheinen fröhlich und zufrieden, und ich wundere mich, wie sie das sein können umgeben von Krankheit und Schmutz. Denn einen sauberen Eindruck macht mir das Spitaldorf nicht. Ueberall liegt Abfall herum. Geissen, Hühner, Hunde wühlen darin. Der Rauch von den Feuern beisst mich in den Augen.

Auf einem schmalen Weg neben Grapefruits- und Mandarinenbäumen und dann durch den Wald spazieren wir zum Lepradorf. Unter den Bäumen des Waldes liegen Gräber von verstorbenen Patienten. Das Lepradorf sieht sauber und freundlich aus. Ich mache Bekanntschaft mit Dr. Takahashi, der das Lepradorf seit mehreren Jahren betreut. Seine Frau arbeitet normalerweise in der Küche, aber heute an ihrem freien Tag hilft sie ihrem Mann im Dorf. Hier wohnen ungefähr 50 lepröse Patienten mit ihren Angehörigen. Die Kinder gehen in Lambarene oder auf den Missionsstationen zu Schule. Arme, kranke Leute sehe ich. Und doch sind sie alle heiter und fröhlich. Dass man dieser schrecklichen Krankheit nun Einhalt gebieten kann, ist eine Beruhigung.

Das Mittagessen war wieder eine Ueberraschung. Zur Vorspeise gab es Papaya, süsse Kochbananen und Avocados. Dann Poulet, Bratkartoffeln und Palmherz. Zum Dessert Mandarinencrème. Dr. Schweitzer sagt, seine Leute müssten streng arbeiten, also müssten sie auch recht essen.

Das Urwaldspital

Zwei Tage habe ich Zeit, mich im Spital umzusehen und es kennen-zulernen. Es scheint er mir recht verwirrend. Diese bunte Menge Leute, die vor den Gebäuden auf Behandlung warten! Sie stehen, hocken, liegen herum!

Vor mir erstreckt sich ein langgezogenes Holzhaus auf Pfählen mit mehreren Eingängen. Am oberen Ende ist der Operationsraum, davor ein Gitterverschlag, wo Injektionen gemacht werden. Grande Pharmacie steht über einer breiten Türe angeschrieben. In diesem Raum wartet eine lange Reihe Patienten geduldig vor Barbaras Medikamententisch, bis sie ihre Medikamente schlucken können. Jeder hat ein Fläschchen Wasser bei sich.

Am Tisch daneben, hinter einem Vorhang untersucht Dr. Müller einen Patienten.

Vom Raum nebenan ertönt Dr. Friedmanns laute Stimme herüber.

Nebenan im Labor warten mehrere Patienten auf das Resultat ihrer Untersuchungen.

Und mitten in diesem Trubel sitzt Dr. Schweitzer an seinem Arbeitstisch und erledigt seine Korrespondenz mit der weiten Welt. Neben ihm schreiben Mlle Ali und Lotte Briefe. Ich staune, dass man sich in diesem lärmigen Betrieb konzentrieren kann. Plötzlich stürmt ein braunes Schaf herein direkt zu Dr. Schweitzer. Es bekommt einen Leckerbissen von ihm. Das sei Anita, Schweitzers Lieblingsschaf. Auch ein Hund und eine Katze schleichen herum und wollen gestreichelt werden. Ein gackerndes Huhn verlangt nach Reiskörnern, die Herr Schweitzer immer in einem kleinen Sack bei sich trägt.

Ich gehe weiter in den angrenzenden Raum. Da untersucht Dr. Aal Kinder. Sie schauen sie mit ihren grossen, glänzenden Augen forschend an. Die Meisten haben dicke Bäuche mit riesigen Nabelbrüchen. Durch diese steckt die Ärztin ihren Finger und untersucht so die Grösse der Leber. Das gehe sehr gut so, meint sie. Diese Nabelbrüche würden mit der Zeit von selber verschwinden.

Eine kleine Treppe führt in den nächsten Raum. Da ist die Dentisterie mit einem altmodischen Zahnarztstuhl. Da wartet ein Mann mit geschwollenem Gesicht, bis Dr. Müller Zeit hat, ihm den schmerzenden Zahn zu ziehen.

Im gleichen Raum liegt in einem Kinderbett ein fieberkrankes Kind, gehütet von seiner Mutter.

Auf einem Tisch sitzen schwatzend drei schwangere Frauen und rollen Nabelbinden auf. Hinter dem Vorhang ist Devika, mit einer Geburt beschäftigt.

Ich gehe am Röntgen vorbei und komme zu Annelies. Sie betreut seit zwei Jahren die kranken Kinder. Ihr Aufenthalt hier geht bald zu Ende und ich werde ihre Nachfolgerin sein. "Es hat viele kranke Kinder", sagt sie, "viele Masernfälle mit schweren Komplikationen". Ich bleibe eine Zeitlang bei ihr und schaue ihr zu, wie sie mit grosser Geduld den Kindern Medikamente eingibt. Hinter der Kinderkonsultation befindet sich ein kleiner Raum, vollgestopft mit geschenkten Medikamentenmustern. Annelies wünscht sich so sehr, dass dieses Zimmerchen geräumt würde, und sie es zur Beobachtung kranker Kinder brauchen könnte. Doch Ali, die so etwas wie eine Oberschwester ist, sei nicht einverstanden.

Ich verlasse die Behandlungsräume und spaziere zwischen den Krankenbaracken hindurch.

Da ist die Case Fang, die Case Galoa, die Case Koulamoutou und andere. In einigen Hütten hat es Etagenbetten. Ursprünglich für die Angehörigen gedacht, doch bei den vielen Patienten werden sie von den leicht Kranken benützt. Die Angehörigen schlafen auf ihren Matten auf dem Boden. Ueber eine hohe Stufe durch die Case quattres lits, kommt man in die Case Dysenterie, früher eine Art Absonderungshaus für Durchfallkranke. Sie ist für die Kinder bestimmt. Ausgerechnet die am schwersten zugängliche, abgesondert und klein! Sie hat Platz für vier Kinder! Die übrigen kranken Kinder müssen in den andern Häusern verteilt werden, je nach Platz. Das gibt mir den Eindruck, als ob die Kinder als nicht so wichtig angesehen werden.

Gegenüber vom Hauptgebäude erhebt sich auf Pfeilern die Case Bouka. Da liegen die frischoperierten Patienten. In den unteren Räumen werden Verbände gemacht.

Ich stolpere über steinige Wege, atme den Rauch der zahlreichen Feuerchen ein. Leute lachen und grüssen: "MBolo". Kinder springen herum, Hühner gackern, Geissen meckern, Hunde streunen herum.

Das ist nicht einfach ein Spital, das ist ein Dorf, ein Spitaldorf. Da sind die Familien mit ihren Kranken, ihren Kindern und mit ihrem ganzen Hausrat eingezogen und leben so, wie sie zu Hause im Dorf leben.

Allmählich bekomme ich einen besseren Ueberblick über das eigenartige Dorf. Es besteht aus etwa zwanzig Gebäuden und liegt auf einem Hügel am Ogowe. Die Spitalgebäude befinden sich am Fuss des Hügels, aber doch so weit oben, dass sie bei Hochwasser, wie das jetzt grad der Fall ist, nicht überschwemmt werden können. Die Küche und das Esszimmer der europäischen Angestellten, ihre Wohnräume, die Lingerie, die Ställe der Geissen und Schafe und der Hühner, die Schreinerei befinden sich oberhalb der Spitalgebäuden. Elektrisches Licht gibt es nur im Operationssaal, sonst hat es überall Petrollampen mit grünen Lampenschirmen. Mir gefällt das. Sie verbreiten in den Zimmern ein warmes Licht und strömen Geborgenheit aus. Eine Strassenbeleuchtung gibt es nicht. Nachts muss man sich den Weg mit einer Stalllaterne suchen.

"Hinterindien", das Plumps-Klo, liegt ziemlich abseits vom bewohnten Gebiet. Es ist ein ziemlicher Weg dorthin, darum wird es "Hinterindien" genannt. Dr. Schweitzer will nicht, dass wir nachts dorthin gehen. Wahrscheinlich wegen den Malaria-Mücken. Alle haben in ihrem Zimmer einen Nachttopf. Ihn zu benützen kommt mir komisch vor, aber alle brauchen ihn, und mit grosser Gelassenheit wird er am Morgen vom Boy geleert! Doch ich werde mich so trainieren, dass ich nachts nicht "gehen" muss.

Die Zimmer, helfen beim Kochen, Abwaschen, Schuhe reparieren usw. das machen die Boys. Vor Madoungous grosser, kräftiger Gestalt fürchtete ich mich fast ein wenig. Nun merke ich aber, dass er recht gutmütig ist.

Ich sitze am Fluss, umringt von Kindern. Sie wollen, dass ich sie fotografiere und möchten das Bild gleich haben. Sie sind enttäuscht, dass das nicht geht.

Neben der Landungsstelle befindet sich die Werkstatt des Mechanikers. In einem Gehege wird aus Palmnüssen Oel gestampft. Daneben ist die Freiluft-Wäscherei. In grossen Steintrögen reiben und klopfen Frauen die Wäsche des Spitals, hängen sie zum Trocknen an aufgespannte Seile. Gestrickte, lange Binden werden auf den Blechdächern zum Trocknen ausgelegt.

Abendstimmung am Fluss

Ich bestaune das Wunder der Dämmerung. Der Himmel, der Fluss sind in Rot eingetaucht. Die letzten Sonnenstrahlen verschwinden hinter den Urwaldbäumen. Die Palmen erscheinen wie schwarze Silhouetten am roten Abendhimmel. Schon bahnt sich der Mond eine silberne Strasse auf dem Wasser. Eine Piroge gleitet vorüber. Aufrecht steht die Frau im Boot und rudert mit majestätischen, ruhigen Bewegungen. Innert fünfzehn Minuten ist es Nacht. Abertausend Sterne funkeln am dunklen Himmel. Grillen zirpen, Frösche quaken, Vögel singen. Ich bin überwältigt von so viel Schönheit und kann kaum glauben, dass ich nun jeden Abend, zwei Jahre lang, dies bewundern kann.

OP-Schürzen und Affentheater

Mme Martin scheint Recht gehabt zu haben. Ich werde Verena in der Lingerie zugeteilt. Die Lingerie ist angrenzend an Alis, Matthildes und Dr. Schweitzers Zimmer. Verena gibt mir einen Ärztemantel und heisst mich drei Muster in verschiedenen Grössen anzufertigen. "Du meine Güte! Ich kann doch nicht nähen und erst noch Muster machen! Aber Lambarene soll man für alles bereit sein, denke ich. Oder wollen die mich wohl prüfen?" Mit Zuversicht mache ich mich an das Werk. Es würde noch einigermassen gehen, ich wundere mich selber über mich, wenn nicht Verenas Schimpansen gewesen wären. Die zwei Affen sind neben meinem Arbeitstisch angebunden und pfuschen mir in meine Arbeit. Sie ziehen meinen Zentimeter fort, stibitzen mir die Schere und zupfen am Papiermuster. Das alles ginge ja noch, wenn sie nicht von Zeit zu Zeit ihre "Visitenkarte" auf meinem Schnittmuster hinterlassen hätten. Mlle Matthilde strich mir über die Achsel: "Ich bewundere Sie, dass Sie das alles mit so viel Geduld und Ruhe machen!" Ja, mit viel Geduld bringe ich die Schnittmuster zustande. Unter den gestrengen Augen von Verena werden sie noch etwas korrigiert. Nun hiess es Schürzen zuschneiden und von den Schneidern nähen lassen. Die Schneider sitzen im Hof vor ihren Nähmaschinen mit Handantrieb und ich muss sie anleiten. Wenigstens bin ich nun von den Affen etwas weiter entfernt.

Es ist eine besondere Welt hier zwischen Küche, Esszimmer und den Wohnräumen von Schweitzer und seinen engsten, langjährigen Mitarbeiterinnen. Im Hof steht ein langer Tisch. Da wird geglättet mit Kohleeisen. Manche Frauen tragen dabei ihr Kind auf dem Rücken, das bei jeder Bewegung hin- und her geschüttelt wird. Am Tisch nebenan sitzen Frauen und flicken. Ein Mann hockt am Boden und dreht am Feuer die Kaffeeröstmühle. Von Zeit zu Zeit wischt er sich den Schweiss vom Gesicht. Neben dem Küchengebäude steht ein Anderer an einer Feuerstelle und sollte Wasser abkochen für Trinkwasser. Doch oft ist er abwesend, "aller au besoin" (WC). Die Schneider an ihren Tischen sind fleissig. Sie nähen schön. Meine OP-Schürzen nehmen Gestalt an.

Es ist ein ungewöhnlicher Anblick, diese arbeitenden, bunt gekleideten Leute, die Tiere, die herumspazieren! Ueber allem regiert mit lauter Stimme und strengem Blick Verena. Soeben lässt sie über den Wasserkocher ein schlimmes Donnerwetter ergehen, dass er mir leid tut.

Meine Schürzen passen. Ich war im Spital unten zum Probieren. Ich bin ganz stolz. Die Ärzte und Schwestern wundern sich zwar über meine Arbeit und meinen, sie hätten im Spital genug zu tun für mich. Besonders Annelies wäre froh, um eine Hilfe bei den Kindern. Es herrscht eine Masernepidemie. Wenn es geht, wollen sie mich herunterlotsen.

36 OP-Schürzen habe ich zugeschnitten! Die Schneider haben nun genug zu tun und können ohne meine Aufsicht ihre Arbeit verrichten und ich unterstütze Annie. Sie schaut, dass für die weissen Angestellten die Wäsche besorgt wird, in den Zimmern genug Wasser vorhanden ist, die Schuhe geflickt werden, die Laternen geputzt werden, usw.

Am Montag ist Markttag. Frauen aus den umliegenden Dörfern kommen mit schweren Körben auf dem Rücken und bieten Papaya, Bananen, Maniok, Süsskartoffeln, Ananas, Gourges und anderes an. Annie handelt und kauft. Sie macht das sehr gut.

Das Flussschiff brachte eine grosse Ladung Kisten aus Europa. Sie stehen alle im Hof und werden von Herrn Schweitzer, Mlle Matthilde und Ali kontrolliert. Verena hilft beim Auspacken, nicht ohne die Afrikaner anzuherrschen. Die lassen sich nicht aus der Ruhe bringen und setzen ihre Arbeit ruhig, in ihrem eigenen Tempo fort.

In einem Gehege auf der Veranda hängt ein Regime Bananen, von denen wir uns nach Herzenslust bedienen können. Da gibt es Bananen mit herbem Geschmack. Andere mit roter Schale erinnern an Äpfel. Die kleinen Feigenbananen haben eine dünne Schale. Lange, schmale mit einer hellen Schale und braunen Tupfen schmecken besonders gut. Ich bin schon beinahe Bananenfeinschmeckerin geworden.

Immer häufiger kommt vom Spital ein Boy herauf mit einem Zettel, dass sie mich nötig haben.
Ich half mit bei einer Lumbalpunktion bei einem Kind. Dr. Müller beobachtete mich kritisch und stellte mir die Tüchtigkeit von Annelies gegenüber. Das macht mich unsicher, ob ich mit ihm gut zusammenarbeiten können werde. Annelies meinte, er fordere die Neuen gerne heraus. Man müsse ihm mutig entgegentreten und sich nicht einschüchtern lassen. Götter in Weiss, wie in Europa, scheint es hier nicht zu geben.

Nachtwache
Hinter mir liegt eine schlaflose Nacht. Ich wachte bei einem schwerkranken Mädchen mit Masern. Das vierjährige Kind wurde wegen Atemnot tracheotomiert (Luftröhrenschnitt). Es hat über 40° Fieber. Der Vater blieb die ganze Nacht da und half mir beim Absaugen des zähen Schleims. Dazwischen schlief er am Boden auf einer Decke, einen Schemel als Kopfkissen. Es war eine heisse, feuchte Nacht. Vögel sangen, Grillen zirpten, Frösche quakten, Mücken surrten. Eine Nacht voller Leben und das Kind kämpfte um sein Leben.

Mittags ist Catherine gestorben. Ihr Herz stand einfach still.
Mit Sterben und Tod werde ich mich wohl oft beschäftigen müssen.

Im gleichen Raum, wo Catherine lag, liegt nun der zweijährige Ramano. Auch er mit einem Luftröhrenschnitt. Wieder habe ich Nachtwache. Jetzt, wo er ohne Widerstand atmen kann, ist er ganz ruhig. Die Atmung ist wohl etwas schnell. Er hat eine Pneumonie und gegen 40° Fieber. Der zähe Schleim lässt sich gut absaugen. Ich habe ein gutes Gefühl, dass der Bub genesen wird. Er ist so verständig. Wenn ich ihn frage, ob er trinken wolle, nickt er mit dem Kopf. Sage ich ihm, er soll jetzt wieder schlafen, dreht er den Kopf auf die Seite und schliesst die Augen. Vater, Mutter, Grossmutter und Tante schlafen auf ihren Bastmatten am Boden. Sie sind Haussa, schöne, grosse, vornehme Menschen. Neben Ramano liegt eine Gebetskette. Am Morgen um sechs Uhr verhüllten die Frauen ihr Gesicht, knieten auf ihren Matten und verneigten sich dreimal, standen auf, verneigten sich dreimal, knieten wieder und küssten den Boden. Sie murmelten Gebete indem sie die Gebetskette wie einen Rosenkranz durch die Hand gleiten liessen. Erst nach dieser Zeremonie wünschten sie einander und mir einen guten Tag und dankten für die Nacht.

Ramano geht es besser. Er liegt ruhig schlafend da und hat kein Fieber mehr. Die Atmung ist ruhig, gleichmässig, der Puls normal. Er schläft der Genesung entgegen.

Allerlei Ungeziefer

An meiner Zimmerdecke hängt eine dicke, schwarze, faustgrosse Spinne. Hat die mich erschreckt! Aber Prof. May beruhigt mich. Die seien ganz harmlos und erst noch nützlich. Kakerlaken seien ihre Hauptnahrung. Und wirklich, wie ich genau hinschaue sehe ich, dass die Spinne mit ihren langen Beinen eine grosse Kakerlake festhält. In diesem Fall soll sie bleiben, wenn sie mir nur nicht nachts übers Gesicht streicht! Die Kakerlaken liebe ich gar nicht. Sie sind gross wie Maikäfer und fressen alles was ihnen in die Quere kommt: Stoff, Papier, Esswaren, Briefmarken... Nie sollte man etwas Essbares liegen lassen. Im Nu sind sie da und wenn man sie fangen will, verschwinden sie mit einer ungeheuren Geschwindigkeit, oder fliegen brummend davon.

Geburt in einer hellen Tropennacht

Es ist eine jener herrlichen Tropennächte, in denen es schade ist, zu Bett zu gehen. Ein Meer von Sternen leuchtet am dunklen Himmel. Die Palmblätter glitzern im Mondlicht und wiegen sich leise im Wind. Der Pelikan schläft auf seiner Stange.

Heute Nacht konnte ich bei der Geburt eines Kindes dabei sein. Eine Geburt bei Petrollicht. Inge leitete die Geburt. Mutter und Grossmutter hielten der Gebärenden Kopf und Hände. Weitere Angehörige warteten vor dem Haus. Von Zeit zu Zeit hörten wir sie seufzen und auch lachen.

Ein kräftiges, rosiges Mädchen kam auf die Welt. Es schrie und strampelte. "Une fille", sagte Evangline, die Helferin, "tu es riche". "Merci, merci", lachte die Grossmutter und tänzelte im Zimmer herum, eine eintönige Melodie vor sich hin summend. Zwei Stunden blieben Mutter und Kind noch im Gebärzimmer, dann spazierte die Familie in ihre Case. Das Körbchen mit dem Kind trug die Grossmutter auf dem Kopf.

Je nachdem wie weit ihr Wohnort vom Spital entfernt ist, kommen die schwangeren Frauen einige Wochen vor der Geburt ins Spital. Um die Kindersterblichkeit zu vermindern, zahle ihnen der Staat eine Prämie zur Geburt im Spital. Während ihrer Wartezeit bis zur Geburt lernen die Frauen, was für die Pflege des Kindes wichtig ist und helfen im Spital mit kleineren Arbeiten. Nach der Geburt bleiben die Mütter da, bis der Nabel des Kindes verheilt ist.

Dr. Schweitzer

Wenn am Morgen der Gong zum Arbeitsbeginn läutet, steht Dr. Schweitzer vor seinem Zimmer. Vor ihm versammeln sich die Leute zur Arbeitseinteilung auf dem Bauplatz. Er weist jedem seine Arbeit zu.

Dann schreitet er langsam den Weg hinunter und setzt sich an seinen Tisch in der "Grande Pharmacie".

Als Arzt arbeitet Dr. Schweitzer nicht mehr. Er will jedoch genau wissen, was im Spital geschieht. Er arbeitet an seinem Schreibtisch mitten im Spitalbetrieb. Die Ärzte informieren ihn über besondere Fälle, und er verabschiedet sich von ihnen, wenn sie gesund nach Hause gehen können. Von Zeit zu Zeit macht er einen Besuch auf dem Bauplatz. Oft wird er auch von Besuchern beansprucht. Allen begegnet er mit Liebenswürdigkeit und Geduld und führt sie im Spital herum. Dass er nicht zu sehr in Anspruch genommen wird, dafür sorgen Ali und Mlle Matthilde.

Wenn er mich sieht, fragt er: "Wie gahts dr Neue?" Ohne Tropenhelm und Socken darf niemand herumspazieren. Das sei zu unserem Schutz gegen die Tropensonne und Insekten. Heute hatte ich den Hut doch vergessen. Plötzlich stand Herr Schweitzer vor mir, stupste mich: "Gäll, machsch das nüme. Das macht mich traurig."

Sonntagausflug mit der Piroge

Heute hatte ich frei. Fünf-Tage-Woche kennen wir nicht. Alle 14 Tage gibt es einen freien Sonntag.

Dr. Schweitzer will immer wissen, was wir tun. Er sei für uns verantwortlich, darum verlange er das. Je nachdem wird ein Vorhaben abgelehnt oder erlaubt. Es gibt verschiedene Verbote: Sich nicht zu weit vom Spital entfernen - Keine Piroge benützen - Nicht im Fluss baden - nachts nicht draussen sein - Das Zimmer immer abschliessen.

Diese Vorschriften werden nicht immer eingehalten. Annie und ich machten heute einen kleinen Ausflug. Wir setzten uns in einen Einbaum mit vier hintereinanderliegenden Sitzen und liessen uns von einem Ruderer ans andere Ufer rudern. Die Boote stehen in Reih und Glied an der Landungsstelle. Die meisten Ruderer sind Lepröse, die mit ihrem Taxidienst ein Taschengeld verdienen. Wir hatten uns ein grosses, breites Boot ausgesucht. Der Ruderer sass hinten und liess sein Ruder abwechseln links und rechts ins Wasser gleiten. Leise schwankend fuhren wir dem Ufer nach flussabwärts. Dann überquerten wir den Fluss und legten in Dakar, einem kleinen Dorf gegenüber vom Spital an. Fröhlich lachende Leute empfingen uns und hiessen uns willkommen. Begleitet von einer Schar Kindern spazierten wir durchs Dorf, vorbei an einfachen Holzhäusern mit kleinen Gärtchen. Am Ende des Dorfes gelangten wir auf die Strasse, die Libreville mit Brazzaville verbindet, unterbrochen durch den Ogowe. Eine Fähre verbindet die beiden Ufer. Davor stand ein Lastwagen, gefüllt mit Bananenstauden. Mit der Fähre erreichten wir das andere Ufer, wo der Camion mit grossem Staubaufwirbeln verschwand. Auf dem Weg begegnete uns ein Mädchen, das auf dem Rücken eine schwere Hutte Holz schleppte, festgehalten an der Stirne mit einem geflochtenen Band. Wir spazierten weiter dem Ufer nach Richtung Spital, kamen aber nicht weit. Der Weg war überschwemmt. So blieb uns nichts anderes übrig, als wieder eine Piroge zu nehmen. Diesmal war nur ein kleines Boot bereit, aber ein Bub führte uns doch sicher zwischen Bäumen und Sträuchern hindurch. Ich glaubte, in einem Märchenwald zu sein. Wir glitten sanft durch eine grüne Blätterwelt. Ich schaute empor zu den Urwaldriesen, Vogelgezwitscher und leises Rascheln in den Bäumen begleitete uns, der dumpfe Ton des einfallenden Ruders, von irgendwoher eine Menschenstimme, dann wieder Stille, wohltuende Ruhe. Ein unvergessliches Erlebnis!

Am Nachmittag fuhren wir zu sechst mit einem Motorboot nach Lambarene. Das Dorf mit teils modernen Häusern und magazinartigen Läden, ist recht gross. Etwas erhöht thront ein Hotel, ein moderner, roter Bau umgeben mit Palmen. Dort besuchten wir die Gemäldeausstellung von Frau Weissberg. Sie ist die Gattin des Arztes im Regierungsspital in Lambarene. Es sind vor allem Bilder vom Schweitzer-Spital. Ich erfahre, dass es im Gabun einige kleine Spitäler gibt, betreut von französischen Militärärzten. Obwohl Gabun unabhängig ist, seien noch viele Franzosen im Land.

Eine neue Ärztin ist angekommen, eine Holländerin aus Südafrika. Wir hoffen, dass sie Dr. Aal, die morgen abreist, ersetzen wird und bleiben kann, solange diese Masernepidemie andauert.

In der Kinderabteilung
Annelies wird Dr. Aal zum Flugplatz begleiten und Ali entschied, dass ich sie am Nachmittag vertreten soll. Ich bin erstaunt, bin ich im Spital doch noch gar nicht eingearbeitet. Doch freut mich dieses Vertrauen.
Die Arbeit im Spital kann man nicht vergleichen mit einem Spital in Europa. Die Kranken kommen mit ihren Angehörigen, die sie während des Spitalaufenthaltes betreuen. Sie pflegen sie und kochen für sie, wie sie es von zu Hause aus gewohnt sind. Unsere einheimischen Pfleger, die von uns angeleitet wurden, helfen dabei. Für alles Medizinische sind wir Europäer verantwortlich.
Meine Aufgabe heute besteht aus Medikamente eingeben, Neuaufnahmen betreuen, Fieberkinder beobachten, Infusionen stecken...
Vor mir steht eine lange Reihe Mütter mit ihren Kindern, die unter meiner Aufsicht ihre Medikamente schlucken müssen. Viele Medikamente sind neu für mich: Wurmmittel, Malariamittel, die nach einer ganz genauen Beschreibung nach Alter des Kindes eingegeben werden müssen. Kinder, die nicht weit weg wohnen, gehen wieder nach Hause und kommen täglich vorbei für die Medikamente und

zur Kontrolle. Schwerkranke Kinder beobachten wir in unserer Nähe, bis sie mit den Eltern am Abend in eine Case verlegt werden können. Eine Nachtwache gibt es nicht. Wenn es nötig ist, müssen wir auch nachts für die Kranken da sein.

Tropengewitter

Ganz plötzlich überraschte uns heute ein Tornado. Innert kürzester Zeit bedeckte eine riesengrosse, schwarze Wolke den blauen Himmel und die Sonne und im nächsten Augenblick goss es wie aus Kübeln. Herrlich, wie das auf die Blechdächer trommelte. So schnell wie möglich flüchteten sich alle unter ein Dach. Mit dem besten Regenschutz wäre man durchnässt worden. Es war wunderbar, diesem Schauspiel zuzusehen. So schnell, wie es gekommen ist, so schnell war es vorüber. Bald zeigte sich wieder die Sonne hinter den dunklen Wolken, und die Wolken verschwanden hinter dem Wald. Nur von den Bäumen tropfte es noch eine Zeitlang und es war kühler.

Wird man von einem Tornado auf einer Pflanzung oder im Wald überrascht, ist das nicht harmlos. Heute Abend brachte man uns ein vierjähriges, schwerverletztes Kind. Es war mit der Grossmutter unterwegs, als das Gewitter kam. Die Grossmutter wurde von einem fallenden Baum getötet. Das kleine Mädchen erlitt einen Schädelbruch. Den ganzen Nachmittag waren die Eltern mit dem bewusstlosen Kind unterwegs, bis sie das Spital erreichten. Annelies wird diese Nacht bei ihm wachen. Der Vater sitzt besorgt da. Die Mutter kauert weinend am Boden, den kleinen Bruder im Arm. Von Zeit zu Zeit sucht der Kleine jammernd nach der Brust, zieht daran und schläft ein, bis er durch das Schluchzen der Mutter wieder geweckt wird. Das Mädchen heisst Kikio. Immer wieder flüstert der Vater seinen Namen.

Mandarinen - Grapefruits

Im Zimmer steht ein Körbchen voll mit diesen saftigen Früchten. Ist es leer, wird es vom Boy wieder gefüllt. Verena pflückte mit einer Gruppe Männer Grapefruits. Diese werden mit Vaseline eingerieben und auf dem Dachboden gelagert. Die Obstbäume pflanzte Dr. Schweitzer entlang des Weges zum Lepradorf: Orangen, Mandarinen, Grapefruits, Zitronen. Sie blühen und tragen Früchte zur gleichen Zeit und verbreiten einen wunderbaren Duft.

Tropenklima und Mücken

Sonntag. Ein heisser, schöner Tag ist heute wieder. Ich wasche mich, so oft ich kann und fühle mich wieder frischer. Es ist heiss und feucht, aber ich scheine das Tropenklima gut zu ertragen. Ich sitze am Tisch in meinem Zimmer und schaue auf den Fluss. In der Nacht hütete ich in meinem Zimmer ein neugeborenes Kind. Es will nicht trinken und hat Krämpfe.

Kinder, die besonders beobachtet werden müssen, werden manchmal von der Kinderkrankenschwester in ihrem Zimmer betreut. Dr. Schweitzer will nicht, dass wir nachts in den Spitalgebäuden wachen und den Mücken ausgesetzt sind.

Es ist noch Regenzeit. Kinder spielen im Wasser. Eine Piroge gleitet vorüber. Vor Dr. Müllers Zimmer sitzt der Hund Caroline mit dem Äffchen Hannibal auf seinem Rücken. Der Hund hat den mutterlosen, kleinen Affen adoptiert. Der klammert sich an seinem Rücken fest, dass dem Hund die Last bald zu schwer wird.

Geburtstag

In Lambarene sind Geburtstage Festtage. Vor einigen Tagen schon wurde ich darauf aufmerksam gemacht, dass das Geburtstagskind von allen Europäern ein kleines Geschenk bekommen werde. Aber was kann man hier in den Tropen einander schenken? Das erregt die Fantasie. Es wird emsig gemalt, gebastelt, gehäkelt, gestickt. Es geht geheimnisvoll zu und her, Geflüster, Gelächter.

Ruth backt einen Geburtstagskuchen.

Verena hat Geburtstag. Am Morgen um 7.30 Uhr stehen wir alle vor ihrer Zimmertür. So leise wie möglich, damit sie nichts merkt. Zwar kennt sie das alles schon. Sie feiert ihren achten Geburtstag hier. Dr. Schweitzer stimmt an: "Harre meine Seele" und "Ach bleib mit deiner Gnade"...

Beim letzten Ton zieht Verena den Vorhang und öffnet die Türe. Dr. Schweitzer geht als erster hinein zum Gratulieren. Ihm folgen wir alle, auch einige Afrikaner sind dabei. Sie bringen Eier, eine Kokosnuss, Erdnüsse. Nachher gehen wir alle zusammen zum Morgenessen. Bevor Herr Schweitzer sich setzt, geht er zum Klavier und spielt "der Mai ist gekommen" weil heute 1. Mai ist. An Verenas Platz brennen drei Kerzen. Ein Haufen Geschenke türmt sich um ein Blumenkränzchen. Verena bekommt nach alter Tradition zwei Spiegeleier, von denen sie eines verschenken muss. Sie kommt kaum zum Essen, denn sie braucht Zeit, bis sie alle Geschenke ausgepackt hat. Die Nachbarn links und rechts helfen beim Papier zusammenlegen und Schnüre aufrollen. Alle wollen alle Geschenke sehen. Etwas später als sonst, läutet Ruth zur Arbeit. Das Mittagessen darf sich das Geburtstagskind wünschen. Dazu gibt es eine kleine Spur Wein. Schweitzer hält eine Geburtstagsrede, Verena muss mit ihm anstossen und dann der Reihe nach mit allen am Tisch. Während des Nachtessens ertönt plötzlich Kindergesang. Die Kinder vom Lepradorf singen mit ihren hellen, fröhlichen Stimmen und ihrem besonderen Rhythmus zum Geburtstag.

Ratten
Jeder Patient bekommt eine Etikette mit seinem Namen, Herkunft und einer Nummer, die er zu jeder Kontrolle mitnehmen musste.
Verzweifelt kam ein Patient mit seinem halb zerkauten "Ticket" daher: "C'est le rat, qui l'a mangé."
Dass es Ratten gibt, wusste ich und heute sind sie mir begegnet. Ich hatte am Abend spät in der Pharmacie noch etwas zu tun im spärlichen Licht der Petrollaterne. Da hörte ich ein Geräusch, ein leises, fast geisterhaftes Trippeln. Dann sah ich sie oben auf einem Balken, zwei grosse, dicke, dunkle Ratten schauten mich einen Moment an und husch waren sie verschwunden. Haben die mich erschreckt.

Abendandacht
Im Esszimmer stehen zwei Klaviere. Das kleinere, braune steht allen zur Verfügung. Das grössere, schwarze ist Dr. Schweitzers Klavier. Es ist alt, der schwarze Lack bröckelt ab. Das Elfenbein auf den Tasten ist zum Teil abgebrochen und es ist schrecklich verstimmt. Ein Teil der Tasten sind verstummt.
Doch, wenn Herr Schweitzer darauf spielt tönt es gut. Er übergeht die kaputten Tasten und die ganz schlechten Töne und seine Vorspiele zu den Liedern bei der abendlichen Andacht improvisiert er immer anders. Danach liest er einen Abschnitt aus der Bibel in deutscher und französischer Sprache und gibt dazu eine Auslegung auf Deutsch. Sie kann ganz kurz sein, sich aber auch in die Länge zie-

hen, je nachdem ob Schweitzer ins Dozieren hineinkommt. Das ist meistens der Fall, wenn Gäste da sind.

Heute hatte er es sehr eilig. Er sah Ali an und sagte: "Alors, au travail". Dann schaute er zu Dr. Müller: "Du kommst nachher noch zu mir". Mit Ali und Matthilde verliess er den Raum.

Muktidas

Annelies hat von Muktidas ein kleines, graues Äffchen bekommen. Sie hält es in einem Käfig eingesperrt in ihrem Zimmer. Wenn sie es frei lässt, springt es wie der Wind im Zimmer herum, hüpft auf ihre Schultern, stösst den Teller mit Milch aus, und benützt jeden Platz als WC! Bestimmt war Muktidas froh, dieses Äffchen los zu sein. Muktidas!! Er verdirbt uns unsere Atmosphäre. Vor einigen Tagen stand er plötzlich da. Er kam von Holland, teils zu Fuss, teils per Autostopp. Wie lange er unterwegs war, sagt er nicht. Er trägt einen dichten Vollbart und lange gewellte Haare. So komisch, wie sein Aussehen, sind auch seine Ansichten. Er erklärt: "Alle Menschen müssen egoistisch sein, zuerst das Beste für sich aussuchen und erst nachher an die anderen denken". Er führt sich auf, als gehöre das Spital ihm und hat überall etwas auszusetzen. Er wagt sogar Herrn Schweitzer zu widersprechen. Er meint wohl er könne ihn mit seiner Lebensauffassung überzeugen. Der schaut ihn nur freundlich an und gibt keinen Kommentar.

Manchmal kommen besondere Vögel zu uns geflogen!

Humor

Jemand hat auf die OP-Tafel geschrieben: Jupeidi – Jupeida. Der japanische Gast Prof. Wakisaka steht lange sinnend davor. Dann schlägt er sein Wörterbuch auf, ohne dieses man ihn fast nie sieht: "Die deutsche Umgangssprache". Endlich fragt er, was das bedeuten solle. Hilde versucht, es ihm so gut wie möglich zu erklären, indem sie singend im Kreis herumtanzt.

Ramano ist entlassen worden. Es ist eine Freude, den Buben zu sehen. Seine Eltern sind Händler in Lambarene. Wir werden ihnen sicher wieder begegnen.

Kikio geht es von Tag zu Tag besser. Sie erholt sich von ihrem schweren Unfall.

Ein neuer Arzt

Der neue Arzt, Walter Munz, den wir schon lange erwarteten, ist angekommen. Gross und mit einem freundlichen Lachen grüsst er aus der Piroge. Wir stehen alle zu seinem Empfang am Fluss. Eigentlich sollte seine Cousine Ruth mitkommen, aber sie habe das Visum noch nicht erhalten. Ruth sollte Annie ablösen in der Lingerie, damit diese wieder im Spital eingesetzt werden kann.

Endlich bin ich fertig mit putzen in der kleinen Pharmacie. Auf Befehl von Ali musste ich alle Fläschchen und jedes Schächtelchen reinigen. Was für ein Durcheinander und Staub und Dreck. Das sei immer die Arbeit der Neuen. Aber da hat man wohl Jahre lang nicht mehr geputzt. Vieles war nicht mehr brauchbar. Auch auf zwei Rattennester stiess ich. Phuu!! Doch nun sieht es wieder schön und sauber aus.

Ich bin nun schon über einen Monat im Urwald. Und ich bin glücklich.

Eile mit Weile

Bei einer alten Frau hatte ich eine kleine Matte bestellt. Sie webt sie aus gefärbten Ananas - oder Bananenblättern mit kunstvollen Mustern. Wirklich schön. Die Matte sollte ein Geschenk für Dr. Müller zum Geburtstag sein. Trotz mehrmaligem Stupfen hat die Frau noch nicht mit dem Weben angefangen.

Das ist nun das afrikanische Tempo, an das ich mich wohl gewöhnen muss, nach dem Motto "ihr habt die Uhr, wir haben die Zeit". Ich überlege mir, was die Leute hier wohl über unser hastiges Tun denken.

Rationenausgabe und Maman Sansnom

Weil ich noch überzählig bin, werde ich überall eingesetzt, wo eine Hilfe nötig ist. Das hat den Vorteil, dass ich jedes Arbeitsgebiet kennen lerne.

Heute half ich Ursula Pfenninger Rationen austeilen. Alle Patienten, die von weit her kommen und die Begleiter, sofern sie im Spitalbetrieb arbeiten, bekommen wöchentlich Reis, Bananen, getrockneten Fisch oder Maniok. In einer langen Reihe stehen oder sitzen sie mit einem Becken oder Korb vor der Rationenhaus. Ein Boy passt auf, dass Ordnung herrscht und sich niemand vordrängt. Viele meinen, sie müssten als Erste drankommen. Heute ist es besonders schlimm, weil wir ausser dem Essen auch Kleider verteilen, Kleider, die uns aus Europa zugeschickt wurden. Alle sollen etwas bekommen, was zu ihnen passt. Aber das ist gar nicht so einfach, immer das Richtige zu finden. Alles wird auf dem Ticket des Patienten notiert. Einige glauben, ein zweites Mal noch etwas zu bekommen und erscheinen nach einer Weile wieder. So auch Maman Sans Nom. Sie ist eine besondere Erscheinung. Vor einigen Jahren sei sie plötzlich im Spital aufgetaucht und geblieben. Niemand weiss, woher sie kam und niemand versteht ihre Sprache. Sie ist bekleidet mit einem schmutzigen Lendentüchlein, trägt Lianenschnüre mit Fetischen um den Hals und am Rücken ein schmutziggraues Bündel mit ihrer ganzen Habe. Sie führt immer einen Stock oder eine Machete mit sich. Sie nährt sich von dem, was man ihr gibt und was sie in der Natur findet, Kräuter und kleine Tiere. Sie zeigt grosse Ausdauer im Betteln und wehe, wenn sie nicht bekommt, was sie will, wehrt sie sich mit Stecken und Messer und macht ein grosses Palaver. Viele fürchten sich vor ihr und lassen es möglichst nicht so weit kommen. Wenn sie in Ruhe gelassen wird, ist sie ganz friedlich. Sie ramassiert alles zusammen, was sie meint brauchen zu können und bringt es zu ihrem Lager bei der Anatomie. Das ist etwas abseits von den anderen Spitalgebäuden. Da sitzt und schläft sie bei ihrem Feuerchen. Niemand bringt sie dort weg in ein Haus.

Maman Sansnom hatte bemerkt, dass heute etwas Besonderes los ist. Plötzlich steht sie da. Dass sie sich nicht in die Reihe stellt, wird von allen akzeptiert. Niemand getraut sich, sie dazu aufzufordern. Ursula gibt ihr ein gestricktes Leibchen und einen leinenen Rock. Sie mustert die Sachen kritisch, schaut uns an und wartet. Sie möchte noch mehr. Als sie merkt, dass es nichts nützt, verschwindet sie. Doch bald steht sie wieder da. Strahlend überreicht sie uns zwei Grapefruits. Sicher stammen die von den Bäumen des Spitals. Sie will uns damit bestechen. In den Kleidersäcken hat es auch allerlei Plunder, kaputtes Zeug, unmögliche Dinge. Ich kann nicht verstehen, dass die Leute so etwas schicken. "Für die armen Negerlein im dunklen Afrika wird das schon gehen". Aber diese Negerlein sind hübsche, junge Frauen, starke Männer, lustige, aufgeweckte Kinder und möchten gerne nett angezogen sein. Vor mir liegen ein Paar weisse, weite Baumwollhosen aus Urgrossmutters Zeiten, vorne zum aufknöpfen, dass man auf dem Oertchen nicht die ganze Hose herunterlassen muss. Zum Spass überreiche ich diese Hose Maman

Sansnom. Statt ärgerlich zu sein, strahlt sie mich glücklich an und hält die Hosen immer wieder an sich. Jedes ihrer Gesichtsfältchen strahlt Glückseligkeit aus. Dass alle um sie herum lachen, bestärkt ihr Wohlgefühl nur noch.

C'est le ver

Ein bewusstloser, fünfjähriger Bub mit hohem Fieber wurde heute gebracht. Er wurde von Krämpfen geschüttelt und hatte eine starke Peristaltik. Das Kind war voller Würmer! Schrecklich. Sie kamen ihm unten heraus und aus dem Mund.

Die Meisten leiden unter Würmern, Grosse und Kleine. Da ist es nicht verwunderlich, dass sie die Ursache aller Krankheiten dem Wurm zuschieben: "C'est le ver qui fait ça".

Pfingsten

Die Sonne kam leuchtend hinter den dunklen Urwaldbäumen hervor und überflutete alles in mit goldenem Licht. Zu sechst fuhren wie mit den Pirogen des Spitals Richtung Andende, zur protestantischen Missionsstation. Hier hatte Dr. Schweitzer 1913 mit dem Aufbau des Urwaldspitals begonnen auf dem Areal der Pariser Mission. Die Gebäude der Mission liegen auf einem Hügel mit herrlicher Sicht auf den Ogowe. Der Hühnerstall, indem Dr. Schweitzer seine Untersuchungen und erste Operationen unternahm, dient nun als Apotheke für die Schule. Das ehemalige Wohnhaus von Dr. Schweitzer bewohnt die Lehrersfamilie Schwab aus Bern. Am Fuss des Hügels steht eine kleine Holzkirche. Einige Buben zogen am Glockenstrang und das Glöcklein bimmelte zum Gottesdienst. Auf dem Weg zur Kirche kam uns eine bunt gekleidete Schar singender Frauen entgegen. Sie wiegten sich rhythmisch hin und her, angeleitet von einer Frau mit Dirigentenstab. Es waren Fang – Frauen aus dem Dorf Atsie. Die Kirche war mit Blumen und Palmzweigen geschmückt. Eine Menge Leute zwängte sich in die Bänke. Mütter hielten beruhigend ihre weinenden Kleinen an die Brust. Manche schliefen ein, andere schauten mit verwunderten Augen umher. Die Schüler und Schülerinnen der Missionsstation sassen zusammen in den vorderen Reihen, die Mädchen in farbigen Kleidern mit einem kunstvoll geschlungenen, bunten Kopftuch. Die Frauen sangen, bis der Pfarrer, ein Missionar aus Lausanne auf die Kanzel stieg. Die Predigt wurde auf Französisch gehalten und auf Fang übersetzt.

Dazwischen sang laut und fröhlich die Gemeinde Lieder auf Fang. Die "Dirigentin" stand daneben und wenn jemand unaufmerksam war, stupfte sie ihn mit ihrem langen Stab. Ein kleines Kind und fünf Erwachsene wurden getauft, darunter auch ein Pfleger aus dem Spital. Singend ging die Gemeinde dann auseinander. Die Fang-Frauen paddelten in ihren Booten Richtung Atsie und vier von uns fuhren zurück ins Spital.

Zwei Schüler führten uns Zwei auf den Amerikaner-Hügel. Der schmale Weg ist überwuchert und kaum sichtbar, doch die Jungen leiteten uns geschickt durch das Gestrüpp. Da oben hatten vor Zeiten einmal Amerikaner versucht eine Missionsstation einzurichten, wurden aber von den Eigeborenen vertrieben. Der Name Amerikanerhügel blieb. Wir genossen die Ruhe und den Blick über Wasser und Urwald und auch unsere mitgebrachten Brote. Am Nachmittag brachten uns die Buben mit ihren Pirogen nach Dakar und wir spazierten am Fluss entlang zur katholischen Mission. Unterdessen war es ziemlich spät geworden. Die Missionsstation konnten wir nicht mehr besichtigen. So nahmen wir einen "Passeur" und liessen uns von ihm zum Spital rudern.

Die Schule im Gabun ist obligatorisch. Es wird nach französischem Lehrplan unterrichtet. In allen grösseren Orten hat es Schulen. Im Innern des Landes werden meist einige Dörfer zu einer Schulgemeinde zusammengenommen. Dadurch haben die Kinder oft einen langen Schulweg, den sie mehr oder weniger regelmässig unter die Füsse nehmen. Gute Schüler können nach Libreville in ein Internat geschickt werden, wo sie die Mittelschule besuchen können.

Im Lepradorf
Obwohl ich in der Nacht ein schwerkrankes Kind hütete, kann ich tagsüber nicht schlafen.

Ich besuche Dr. Takahashi im Lepradorf und sehe ihm zu, wie er die wunden Glieder der Kranken pflegt. Die Patienten halten ihre kranken Füsse auf einen niedrigen Tisch und Dr. Takahashi betupft sie mit Mercurochrom und Salbe. Alain, der Pfleger, selber Leprakrank, hilft beim Verbinden. Die Kranken spüren ihre betroffenen Glieder nicht mehr und so kommt es immer wieder zu Verletzungen oder Verbrennungen. Es ist immerhin ein Trost, dass man nun mit Medikamenten diese Krankheit eindämmen kann.

Trockenzeit

Es ist anfangs Trockenzeit. Die Tage sind kühler und der Himmel meist bedeckt. Es weht ein angenehmer Wind. Es ist nicht so sehr die Hitze, eher die Feuchtigkeit, die uns zu schaffen macht. Alles ist feucht. Die Wäsche nimmt einen schimmligen Geruch an. Die Briefumschläge kleben aneinander, wenn wir nicht Oelpapier dazwischen legen. Das Leder wird schimmlig. Der Fotoapparat ist in einer gut verschlossenen Büchse geschützt.

Bald ist Mitternacht. Die Nacht ist ziemlich kühl. In dieser Zeit erkälten sich die Leute leicht. Sie schlafen auf ihren Strohmatten und decken sich kaum zu.

Ich geniesse die Nachtzeit. Von Ferne höre ich das Trommeln von Tam-Tam. Es wird irgendwo ein Tanz sein. Aus Dr. Müllers Zimmer nebenan höre ich Geplauder. Jetzt spielt Dr. Munz auf der Querflöte. Ruhig, voll und schön schwingen die Töne in die Nacht hinaus, begleitet vom hellen Zirpen der Grillen und dem Quaken der Frösche.

Der "Grand Docteur" fühlt sich sehr müde. Am Morgentisch sagte er, er werde sich für einige Tage zurückziehen und sich ausruhen. (Ob er das kann?) Wir sollen darüber nichts nach Europa schreiben, sonst bekäme er von überall Briefe - und Dr. Schweitzer beantwortet immer alle Briefe.

Es scheint Dr. Schweitzer nicht gut zu gehen. Dr. Müller wurde zu ihm gerufen. Mit seinem Herzen scheint etwas nicht zu stimmen. Rhena, seine Tochter ist angekommen. Ihr Mann und ihre beiden jüngeren Töchter werden später nachkommen.

Nach einigen Tagen erscheint der Grand Docteur wieder zum Essen, sieht aber müde aus.

Amerikanischer Blödsinn

Seit einigen Tagen bin ich mit Medikamenten umpacken beschäftigt. Eine amerikanische Firma schickte eine Riesensendung Multivitamine. Die Fläschchen sind in Schachteln verpackt mit je einem Salz-und Pfefferstreuer! Ein amerikanischer Blödsinn! Was sollen wir hier mit diesen Streuern anfangen? Mit Vitaminen sind wir nun einige Jahre eingedeckt.

Morgenspaziergang

Gestern Sonntag machte ich mit zwei Pflegerinnen einen Morgenspaziergang durch den Urwald nach Moussamoukougou. Im Schatten von Urwaldriesen wanderten wir auf einem schmalen Weg durchs Gebüsch. Durch unsere Schritte ging das Gebüsch raschelnd auseinander, schloss sich hinter uns lautlos und machte den Weg unsichtbar. Ohne einen Führer hätten wir den Weg kaum gefunden. Ein Jäger begegnete uns mit einer Lanze. Er komme von der Affenjagd, hätte aber keinen Erfolg gehabt. Oft werden Affen getötet und ihre Jungen ins Albert-Schweitzer-Spital gebracht zum Aufpäppeln.

Moussamoukougou ist ein schönes Dorf mit einer Schule, wo etwa 70 Kinder unterrichtet werden.

Die Häuser sind aus Bambus oder Holz gebaut und tragen Palmblätterdächer. Sofort wurden wir umringt von Bekannten. Viele waren mal Patienten im Spital. An einer Bar lasen wir: ASB (Albert Schweitzer-Breslau) Der Besitzer hatte zum Bau Kistenholz aus dem Spital verwendet. Die Hütten, Wege und Plätze sind sauber geputzt. Warum haben wir im Spital denn so Mühe mit der Sauberkeit? Die Küchen stehen abseits der Wohnhäuser in einer Extra-Hütte, einige auch nur unter einem Dach vor dem Haus. Durch das Dorf fliesst ein klares, frisches Bächlein. Ein wahres Paradies.

Auf der Landstrasse spazierten wir dann zurück zum Spital. Auch da trafen wir Bekannte. Unter ihnen Patienten aus der Tbc-Case, die eigentlich Bettruhe verordnet hatten. Ihre Ausrede war, es sei doch heute Sonntag.

Am Nachmittag lud uns Dr. Weissberg zu einer Bootsfahrt auf dem Ogowe ein. Es war wundervoll mit dem Motorboot über das Wasser zu flitzen. Herrlich der kühle Wind und eindrucksvoll das viele Wasser! Immer kamen hinter den grünen Inseln wieder neue Wasserwege hervor. Ich wundere mich, wie man sich in diesem Labyrinth zurecht finden kann.

Dr. Takahashi hat heute Geburtstag. Dr. Munz, Mr. Vigne, Barbara und ich sind bei ihm eingeladen. Prof. Wakisaka ist auch da. Wir verbringen einen netten Abend mit japanischer Feinheit und Höflichkeit.

Unterdessen sind Rhenas Mann, Christiane und Catherine angekommen. Christiane spielt sehr gut Klavier. Sie will Medizin studieren. Sie hilft mit bei Injektionen verabreichen.

Auch Ruth Munz ist angekommen. Ihr Telegramm hatten wir nicht erhalten. Sie stand plötzlich da und wir hielten sie für eine Besucherin.

Kühle Temperaturen im Juni

Wir haben eine Kleidersendung aus der Schweiz erhalten mit vielen warmen Kindersachen. Darüber sind wir froh. Nachts kühlt es ziemlich ab. Wir verteilten an die Patienten warme Kleider und Wolldecken, schöne, bunte Plätzlidecken.

Guillaume bekam einen schönen, beigen Pullover mit roten Streifen. Der Bub ist seit vielen Wochen da. Er hatte eine tuberkulöse Hirnhautentzündung. Es geht ihm jetzt wieder recht gut. Seine Mutter und die drei Geschwister sind auch da. Der Vater hat die Familie im Stich gelassen. Die Krankheit des Kindes dauerte ihm zu lange.

Wir betreuen mehrere Waisen- und Halbwaisenkinder. Es gibt viele ausserehelige Kinder. Das ist hier jedoch kein Problem. Das Kind wird von der ganzen Familie der Mutter betreut. Die Kinder werden auf dem Rücken der Mütter und Grossmütter gebunden und überall mitgenommen. Man überlässt sie auch ohne Bedenken den älteren Geschwistern. Ich sehe fünf/sechsjährige Mädchen, die ihr wenige Wochen altes Geschwisterchen auf dem Rücken tragen. Die Eltern achten wenig auf die Entwicklung des Kindes. Es wächst einfach auf in der Sippe und lernt früh sich zu behaupten.

Das Wasser des Ogowes geht mehr und mehr zurück. Ein feiner, gelber Sand kommt zum Vorschein.

Flusspferde kommen näher. Nachts höre ich ihr tiefes, dumpfes Hornen. Manchmal erblicke ich die Ungetüme im Wasser, zwei schwarze Punkte, die auftauchen und wieder verschwinden. Dr. Müller und Elisabeth sind ihnen mit ihrem Kanu in die Nähe gekommen. Sie wollten auf die Sandbank gegenüber des Spitals, da sahen sie plötzlich drei Flusspferde, die sich vergnügt im niederen Wasser tummelten. Die Afrikaner gehen am Abend nicht mehr auf den Fluss. Sie haben Angst vor den Flusspferden und das sicher nicht zu Unrecht.

Auf der Veranda vor meinem Zimmer sitzt in einem grossen Käfig Joggeli-Coco, der Graupapagei von Dr. Weissberg. Weissbergs sind nach Europa gereist und Dr. Müller hütet ihren Vogel. Den ganzen Tag pfeift und plaudert er. Wenn jemand vorbei geht, ruft er "Bonjour". Neben dem Hund mit dem Affen hält Dr. Müller noch ein Schuppentier. Dieses darf frei in seinem Zimmer herumspazieren. Es ernährt sich von Ungeziefer. Das ist natürlich recht nützlich und trotzdem möchte ich es nicht. Es stinkt ganz grässlich. Das Rüsseltier ist etwa 30 cm lang, ganz mit gräulichen Schuppen bedeckt und hat einen Schwanz so lang wie sein Körper.

Wir feierten Johannistag, ein nordischer Brauch in den Tropen, der Schweitzer eingeführt hat. Singend tanzten wir auf der Sandbank um ein grosses Feuer herum. Die riesigen Flammen loderten fröhlich gegen den sternenübersäten Himmel und die dürren Palmblätter knisterten laut. Nachher sassen wir gemütlich zusammen im Esszimmer bei Saft und Brötchen.

Nachdem wir eher kühles Wetter hatten und einen graubewölkten Himmel, erwachte Ende Juni ein wunderbarer Tag mit tiefblauem Himmel. Das Wasser glitzerte in der Morgensonne. Gegen Abend bedeckte sich der Himmel wieder und es begann ein wenig zu regnen. Massandi meinte:
"Non, c'est pas la pluie. C'est toujours la saison sêche. C'est seulement l'arosé".

Ich sitze in meinem Zimmer und schaue zum Fluss. Der Pelikan geht auf Fischfang aus. Mit seinem dicken, gelben Schnabel taucht er ins Wasser, packt einen Fisch und verschlingt ihn.
Jeden Abend wird er von Herrn Schweitzer mit einer Fischration verwöhnt. Immer vor dem Einnachten wartet er vom dem Zimmer des Doktors. Dann watschelt er neben ihm einher zur Küche, wo ein Teller mit Fischen bereit steht. Nach der Mahlzeit sitzen die Beiden zusammen am Tisch vor der Küche.
Ali betreut eine junge Wildkatze, kaum grösser als ein kleines Hauskätzchen, aber miauen kann sie kräftig. Durch eine Pipette bekommt sie tropfenweise zu trinken.
Ich bin die Einzige, die kein Tier pflegt oder im Zimmer hält. Ich will das auch nicht. Ich will es auch nicht zur Sicherheit der Kinder,

die ich manchmal in meinem Zimmer beobachten muss. Die Affen springen überall herum und zerren alles heraus. Die Hunde stinken. Sie dürfen überall hinein, auch in die Behandlungsräume. In meinem Zimmer will ich von ihnen in Ruhe gelassen werden. Mir genügen die Kakerlaken, Spinnen und Ameisen!

Zwei Tage hatte ich Fieber und Kopfweh. Wahrscheinlich war mir beim Johannisfeuer ein Mücklein zu nahe gekommen. So konnte ich das kleine zu früh geborene Kind nicht weiter hüten. Bei meinem Abendspaziergang traf ich seine Mutter und fragte wie es gehe. "Oh, il est fini mort", sagte sie (es ist gestorben).

Das gabonesische Französisch tönt wie ein Bilderbuch. Wenn wir fragen, wie es gehe, heisst es "C'est le ver qui pique". Sind sie gesund, so sind sie "fini guéri". Wissen sie etwas nicht, so heisst es "moi connais où?" Und wenn sie fragen wollen, was grad eben passiert, rufen sie "Il en a comment?" Sind sie müde, so sagen sie: "J'ai soif de dormir". Als der Arzt einen Patienten fragte, was ihm fehle, meinte der: "Ca commençait en bas, le ventre fait tsch-tsch et la tête est folle."

Docteur mecanicien

Die Arbeit mit den Kindern bereitet mir grosse Freude. Sie sind so vertrauensvoll. Der vierjährige Francois erschien mit zwei grossen Grapefruits: "Gib mir sofort mein Medikament. Ich muss wieder zum Docteur mecanicien." Fast den ganzen Tag verbringt der Kleine bei Erling, dem Mechaniker. Der hat ihm eine Kiste weich ausgepolstert und der Kleine verschläft darin Stunden in wohliger Geborgenheit. Francois hatte eine TB-Hirnhautentzündung und war schwer krank. Er war wochenlang bewusstlos. Wie ein Wunder hat er sich erholt. Zurückgeblieben ist eine gelähmte linke Hand. Wir hoffen, dass es mit turnen und üben besser wird.

Auch sein Freund Joseph hatte eine tuberkulöse Hirnhautentzündung, die aber ganz am Anfangsstadium erfasst werden konnte und ohne Nachteile verheilt ist. Die beiden Buben sind unzertrennlich. Letzthin sassen sie auf einer Treppe. Joseph hielt Francois' lahme Hand und bewegte sie auf und ab.

Musik im Urwald

Seit einigen Tagen ist ein amerikanischer Medizinstudent hier. Ein schmächtiges Bürschchen, das mit Riesenschritten durch das Spitalgelände geht, immer mit einem schwarzen Regenschirm unter dem Arm. Wir lächelten ein wenig über Topper und nahmen ihn nicht so ernst. Doch wie erstaunt waren wir, als wir ihn Klavier spielen hörten. Zu dritt standen wir vor dem Esszimmerfenster und hörten ihm zu wie er improvisierte und waren ganz ergriffen davon. Schon lange hörten wir keine Musik mehr. Herr Schweitzer spielt selten. Sein Klavier mit Orgelpedal ist vor einigen Wochen nach Günsbach geschickt worden.

Nächtlicher Tanz und ein Urwaldspaziergang

Samstagabend. Nach einem ausgefüllten Tag kam ich um 23 Uhr in mein Zimmer. Barbara nebenan fütterte ihr Gorilla-Baby. Wir plauderten ein wenig durch die Wand, als Dr. Takahashi kam. Es sei Tanz in Adouma, sagte er. Er sei schon dort gewesen und wolle nun seine Frau holen. Wir sollen mitkommen. Leise und vorsichtig schlichen wir vom Spital weg. Es war eine wunderschöne Nacht, der Himmel bewölkt, der Fluss still und glatt, der Spaziergang durch den Wald geheimnisvoll. Das Trommeln der Tam-Tam kam immer näher. In Adouma herrschte reges Leben. Am Ufer lagen unzählige Pirogen. Das Fest fand auf dem Dorfplatz statt. Ein Feuer erhellte die Gesichter gespensterhaft. Etwas erhöht sass der Trommler und schlug mit unglaublicher Schnelligkeit auf einen ausgehöhlten Baumstamm. Je nachdem wo er hinschlug, gab es dumpfe oder hellere Töne. Eine Sprache, die wohl nur die Eingeborenen verstanden. Ein Anderer hatte sein Tam-Tam zwischen die Beine geklemmt und schlug mit blossen Händen darauf. Jemand brachte uns Stühle. Eine Riesengestalt mit einer weissen Maske und langen über die Schulter fallenden Basthaaren tanzte wild im Kreis herum. Arme und Füsse waren in weisse Strümpfe gesteckt. Ihr Anblick erschreckte mich. Sie kam uns entgegen und gab uns ihre vermummte Hand zur Begrüssung. Alle tanzten und sangen, die Frauen auf der einen, die Männer auf der anderen Seite, die Maskengestalt in der Mitte. Die ganze Nacht die gleichen rhythmischen Bewegungen, der gleiche monotone Gesang. Die Frauen hielten dabei ihre Kinder auf den Armen oder hatten sie am Rücken festgebunden. Durch den Gesang und die Bewegungen sind sie eingeschlafen. Von Zeit zu Zeit schien der Halbmond zwischen den Wolken hervor und sandte sein spärliches Licht auf die gespenstige Versammlung. Drei Masken lösten sich beim Tanzen ab, ruhten sich aus und tranken Palmwein. Die Flasche mit dem Palmwein ging der Reihe nach von Mund zu Mund.

Gegen 01 Uhr machten wir uns wieder auf den Heimweg. Leise schlichen wir in unsere Zimmer. Denn Ausgehen in der Nacht wird nicht gern gesehen, besonders nicht das teilnehmen an einem Tanz.

Es war eine kurze Schlafenszeit. Kaum war es hell, sind wir zu fünft mit zwei Begleitern losgezogen pour aller à la brousse. Wir wollten einmal in den richtigen Urwald eindringen. Zunächst wanderten wir auf der roten Landstrasse nach Moussamoukougou. Niemand begegnete uns. Sicher waren alle beim Tanz gewesen und schliefen nun. Nach dem Dorf zweigten wir ab und gelangten ins Dickicht. Auf einem umgestürzten Baumstamm frühstückten wir: Sandwich, Saft und Bananen.

Stundenlang spazierten wir auf schmalen Wegen durch dicht durcheinander wucherndes Gebüsch. Von Zeit zu Zeit kamen wir an Bananenpflanzungen vorbei. Dann lichtete sich der Weg ein wenig. Die Pflanzungen werden von einem Hüter wegen der Elefanten bewacht. Er sitzt vor seiner Hütte, und wenn ein Elefant sich nähern will, trommelt er, um ihn zu vertreiben. Wir sahen mehrere von den Elefanten zertretene Pflanzungen. Lange Zeit folgten wir einer Elefantenspur. Die sei bestimmt von der letzten Nacht, versicherte Massandi. Doch Elefanten sahen wir nicht, und das war sicher gut so. Gerne hätten wir Affen gesehen. NZendi versuchte sie anzulocken, indem er kreischte wie ein Affe. Sie gaben Antwort, kamen aber nicht. Dafür sahen wir wunderschöne, bunte Vögel: blaue mit schwarzen Flügeln und rote, gelbe. Bunte Schmetterlinge flatterten umher. Wir lernten Bäume, Sträucher und Blumen kennen. Massandi meinte, in der Brousse könne man nie umkommen. Er zeigte uns Kräuter gegen Bauchweh und Fieber. Bei giftigen Schlangenbissen müsse man ein bestimmtes Kraut zerkauen und auf die Wunde legen, dann könne das Gift nicht wirken. (?)

Mit der Machete schlug Massandi ein Stück Liane ab. Daraus strömte frisches, klares Wasser. Es schmeckte gut. Aus einer anderen Liane floss eine klebrige, milchige Flüssigkeit: Gummi.

Nächtlicher Gang durchs Spital

Wir sind noch mitten in der Trockenzeit, wo der Himmel bedeckt ist, die Sonne sich kaum zeigt und die Tage angenehm kühl sind und die Mücken Ferien machen.

Doch wider Erwarten hatten wir heute einen strahlenden Tropentag. Die Kinder tummelten sich auf dem Sand und im Wasser. Ihre nassen, schokoladenbraunen Körper glänzten im Sonnenlicht. Lachend riefen sie mir zu: "Mbolo, comment ça va?" Josephine begrüsste mich mit: "Auf Wiedersehen" auf Deutsch. Sie habe die ganze Nacht an diesem Wort geübt. Stolz hütete sie das Gorilla-Baby von Barbara.

Spät am Abend musste ich einem Kind noch eine Spritze geben. Die Abende und Nächte sind so schön in Lambarene. Ich gehe gern nachts durch das Spitalgelände. Der Himmel wölbt sich sternklar über mir. Das Spital ist in schwarze Stille versunken, die Türen der Häuser geschlossen. Die Leute gehen früh zu Bett und stehen beim ersten Hahnenschrei auf. Ich musste heftig klopfen, bis der Vater öffnete. Die Mutter lag mit dem Kind unter einem vom Rauch gelb gewordenen Moskitonetz. Das Baby schlummerte zwischen bunten Tüchern. Es litt an einer Lungenentzündung und war sehr krank. Doch nun atmet es ruhig und regelmässig. Die Mutter nahm es auf ihren Schoss und gab ihm die Brust. Beim Einstich der Nadel zuckte es und wollte weinen, aber die Mutter murmelte einige tröstende Worte und steckte ihm die Warze ihrer Brust ins Mündchen. Das Kind war beruhigt.

Doch nicht alle schliefen. Vor einer Hütte hockten einige Frauen um ein kleines Feuer. Sie riefen mir fröhlich "bonne nuit" zu. Eine Ziege erschreckte mich. Der Schein der Laterne und meine Schritte hatten sie aufgescheucht. Wie der Blitz jagte sie um die Ecke. Plötzlich vernahm ich ein leises Kichern. In einem Graben stand eine nackte Frau mit einem Kübel Wasser. Etwas weiter unten kauerte der Vater mit dem Sohn. Sie waren im Begriff sich zu waschen.

Nun sitze ich am Tisch in meinem Zimmer. Die Frösche lassen ihr allabendliches Konzert hören. Naht eine Piroge oder sonst etwas, das Lärm macht, sind alle plötzlich still. Sobald das Geräusch vorüber ist, beginnen zwei, drei Frösche mit tiefem Quaken und sogleich fallen die anderen mit ihren Tönen ein. Von Ferne höre ich das Trommeln von Tam-Tams. Vom Esszimmer ertönt Klaviermusik und Walter Munz spielt dazu Querflöte.

Gäste aus aller Welt

Auf der Treppe zu den Behandlungsräumen begegnete mir heute Mlle Matthilde. Man sieht sie nicht viel da unten. Den ganzen Tag sitzt sie im Zimmer neben Dr. Schweitzers Wohnraum und schreibt Briefe. Sie kam vor dreissig Jahren als Krankenschwester hieher. Sie und Ali, die seit zwanzig Jahren hier arbeitet, sind die engsten Mitarbeiterinnen von Schweitzer. Matthilde begleitete Dr. Schweitzer oft aus seinen Europareisen. Die beiden Frauen nehmen fast nie Urlaub. Sie schauen, dass der Betrieb so weitergeht, wie vor dreissig Jahren.

Matthilde grüsste mich sehr freundlich und sagte, sie habe immer ein beruhigendes Gefühl, wenn sie mich sähe. Es sei doch gut, dass ich da sei. Wie schön! Dieses Vertrauen.

Auch Maria aus Holland lebt seit zwanzig Jahren in Lambarene. Sie pflegt die weissen Kranken. Alle zwei Jahre macht sie Urlaub. Sie besitzt ein Harmonium. Es tönt schrecklich falsch, aber Maria lässt sich deswegen nicht beirren.

Die meisten anderen Mitarbeiter kommen aus der Schweiz.

Momentan haben wir ziemlich viele Gäste, hauptsächlich Amerikaner. Auch ein deutscher Herr ist da. Ein 80-jähriger Weltenbummler. Er sei überall auf der Welt gewesen. Mit seinem Schnauz gleicht er Dr. Schweitzer. In Schweden habe man ihn auch mit Schweitzer verwechselt. In seinem Leben habe er noch nie einen Hut getragen, erzählte er, aber Schweitzer zuliebe, habe er in Kamerun einen Tropenhelm gekauft. Mme Martin, Schweitzers Vertraute aus Günsbach ist auch da für einige Wochen. Eine Lehrerin aus Samedan verbringt zum zweiten Mal ihre Ferien in Lambarene. Wir haben es oft mit interessanten Leuten zu tun.

Der lange Tisch im Esszimmer ist immer voll besetzt. Oft haben nicht einmal alle Platz und die "Jüngsten" sitzen am Katzentisch. Schweitzer bestimmt die Tischordnung. Meistens geht es fröhlich und gemütlich zu beim Essen. Dr. Schweitzer ist stolz, auf seinen vollbesetzten Essraum. Immer erzählt er den Besuchern, wie entsetzt und verständnislos seine Helfer und Freunde ihn angeschaut hätten, weil er einen so grossen Essraum wollte.

Seit einigen Tagen verteile ich an Stelle von Barbara den Erwachsenen Medikamente. Barbara hat ein Ekzem, wahrscheinlich eine Allergie von einem Medikament. Um den Medikamententisch herum ist meistens reges Leben. Wenn Schweitzer nebenan an seinem Schreibtisch sitzt, werden die Besucher zum ihm in die Pharmacie geführt. Besonders am Sonntag ist es interessant. Da habe ich etwas Zeit, den Gesprächen zu folgen. Herr Schweitzer ist immer sehr höflich und zuvorkommend mit allen Besuchern, seien sie noch so langweilig oder unanständig. Oft möchten sie mit ihm fotografiert werden.

Zweimal täglich holen die Patienten ihr Medikament, das sie sofort schlucken müssen, um sicher zu sein, dass sie sie wirklich genommen haben. Von acht bis zwölf Uhr und 16 bis 18 Uhr sitze ich am Medikamententisch. Eine lange Reihe Patienten steht vor mir mit einer Wasserflasche in den Händen. Manchmal ist es schwierig, sie in der Reihe zu halten. Es gibt immer welche, die sich vordrängen wollen. Doch jetzt geht es schon viel besser, als am Anfang. Sie wissen nun, dass die, die drängen, nicht vorher drankommen. Oder ich fahre einfach nicht weiter, warte, bis wieder Ordnung ist. Marthe meinte: "Marianne, tu me regarde avec des yeux, qui parles". Meine Frage, ob sie sie denn verstehe, bestätigt sie mit Kopfnicken.
Beim Medikamente verteilen komme ich kaum dazu mit den Leuten zu plaudern. Es geht fast zu wie in einer Fabrik. Aber wie strahlen die Patienten über ein freundliches Wort oder einen Scherz, lachen über ein "Bon Appetit" bei einem besonders bitteren Medikament. Pierre sitzt neben mir an einem Tisch. Er verteilt ein besonderes Medikament gegen Würmer. Man muss es sechs Mal nach jeweils fünf Minuten verabreichen. Eine Reihe Patienten sitzt vor ihm. Nun sollte Pierre aber wissen, wann fünf Minuten vorbei sind. Und weil er keine Uhr hatte, leihe ich ihm meine. Auf die Sekunde genau gibt er nun den Leuten die Kapseln.

In Lambarene - Dorf
Die Sonne ging heute wie eine feuerrote Kugel auf. Dr. Schweitzer sagte, mit der Sonne komme Regen. Und er hatte Recht. Schon bald regnete es.
Mit Doctoresse Boes machte ich einen Ausflug nach Lambarene-Stadt. Ein Passeur brachte uns mit der Piroge ans andere Ufer. Wir

spazierten am Ogowe entlang. Nach zwanzig Minuten erreichten wir das Dorf Lambarene. Das Wetter war angenehm kühl. Trotz des Sonntags waren die Läden offen. Wir trafen viele Bekannte, ehemalige Patienten. Sie kamen uns mit ausgebreiteten Armen entgegen: "Nzamba", laute, fröhliche Begrüssungen. Vor einem grossen Laden trafen wir die Mutter von Ramano. Der Bub sei mit dem Vater auf Reisen gegangen, berichtete sie. Es gehe ihm gut. Sie zeigte uns ein Foto ihrer ganzen Verwandtschaft. Sie wollte uns etwas schenken. Wir sahen uns all die Herrlichkeiten an: Wäsche, Kleider, Stickgarn, bunte Becken aus Email, Schuhbändel, Toilettensachen – alles aus Europa importiert. Hat es denn nichts afrikanisches? Doch. An einer Schnur hingen bunte Stoffe. Diese Stoffe werden zwar in Europa gemacht, können aber dort nicht gekauft werden. Ich kaufte einen bunten Pagne, daraus will ich mir ein Kleid nähen. Ich habe so Lust nach etwas Farbigem. Im Spital tragen wir alle immer Weiss. Ich liess meine Augen umher schweifen. Gibt es denn gar nichts echt Afrikanisches? In einem Körbchen entdeckte ich kleine Tonpfeifen, wie sie von den Frauen geraucht werden. Sie haben ganz kurze Stiele und werden beim Rauchen sicher die Nasenspitze wärmen. Die Mutter von Ramano schenkte mir zwei davon. Nach einem herzlichen Abschied spazierten wir weiter den Läden nach. Else wollte noch eine Patientin aufsuchen. Die Frau sass auf einem Stuhl hinter ihrer Ware. Als sie uns sah, kam sie uns rufend entgegen: "Doctoresse, Mademoiselle!". Stürmische Begrüssung, Freude und Gelächter! Eine Schar laute, fröhliche Leute umringte uns. Die Frau wollte uns etwas von ihrem Besten anbieten und gab Else eine Büchse Butter und eine Büchse Käse! Das sei gut aufs Brot, meinte sie. Dann wickelte sie zwei lange Brote in Zeitungspapier und wir mussten das Geschenk annehmen. Das Brot habe sie selbst gebacken, und das war für sie sicher das Köstlichste, das sie uns schenkte. Mit Brot unter dem Arm, mit Käse und Butter, dem Stoff und den kleinen Pfeifen spazierten wir weiter. Bei einem Menschenauflauf blieben wir stehen. Da wurde Krokodilfleisch verkauft. Die Leute stritten sich fast darum. Jeder wollte das beste Stück haben. Krokodilfleisch ist gut, fein und zart. Man könnte es mit Kalbfleisch vergleichen.

Nach all den Begegnungen, dem Reden und herzlichen Lachen steuerten dem Hotel zu, begleitet von einer Gruppe Kindern. Gemütlich sassen wir in der Hotelhalle am Fenster mit Blick auf den

Fluss. Else bestellte einen Fruchtsaft und ich genoss eine Glace. Nun mussten wir uns aber beeilen, dass wir zeitlich zum Mittagessen kamen. Auf halbem Weg zum Fluss stoppte ein Auto, der Polizist von Lambarene. Mit zusammenrücken fanden wir im Wagen Platz, etwas unbequem, aber lustig, und im Eiltempo holperten wir weiter. Ueber den Fluss nahmen wir wieder einen Passeur. Mit Mühe hielten wir unsere Geschenke, aber immer wieder rutschten die Brote herunter. Die wollten einfach nicht mit. Eines fiel ins Wasser. Ja, nun, so haben die Fische auch noch einen Festtag. ...

Das Gorillababy von Barbara ist gestorben. Es ging ihm plötzlich schlecht. Dr. Munz machte eine Autopsie. Ich sah zu. Es stank ganz schrecklich. Ich musste mir Mühe geben, bis zum Schluss auszuhalten. Es kam nichts Eindeutiges zum Vorschein.

Keuchhusten
Viele Kinder haben Keuchhusten, und ich schlaflose Nächte. Infektionskrankheiten bei den Kindern hier sind sehr gefährlich. Ihr Gesundheitszustand ist durch Würmer, Malaria, Blutarmut usw. reduziert. Kommt noch eine andere Krankheit dazu, haben sie oft Komplikationen, Durchfälle, Lungenentzündungen oder Gehirnhautentzündungen.
An den Sonntagen sind wir doppelt belastet. Neben meiner gewohnten Arbeit vertrat ich heute Annelies an ihrem freien Tag. Vier neue Kinder sind angekommen. Ein zwei Monate altes Bübchen muss alle vier Stunden Antibiotika haben. Das heisst für mich, nachts um zwei Uhr aufstehen, durch die dunklen Wege zur Case des Kleinen gehen und die Spritze verabreichen.

Die Brücke und der ungeduldige Professor
Vor einigen Wochen ist die Brücke über den Bach bei Adouma vom Sturm weggefegt worden. Die Verbindung von der Hauptstrasse zum Spital ist unterbrochen. Dr. Schweitzer will eine neue Brücke bauen. Alle, die können, Schwarze und Weisse, Angestellte und Besucher müssen mithelfen. Herr Schweitzer ist täglich auf dem Bauplatz. Mehr oder weniger geduldig wartet Prof. Nies-Berger auf ihn. Er, ein bekannter Organist aus Südafrika, will mit Dr. Schweitzer die Interpretation der Musik von Bach studieren. Doch Dr. Schweitzer will sich erst dafür Zeit nehmen, wenn die Brücke fertig-

gestellt ist. Das müsse sein, bevor die Regenzeit komme. Bach und Prof. Nies-Berger müssen warten, das den Professor fast zur Verzweiflung bringt. Er befürchtet, dass so sein Vorhaben nicht fertig wird bis zu seiner Abreise.

1. August

Riesige Flammen lodern gegen den Nachthimmel. Wir Schweizer spazieren mit Schweizerfähnchen und Lampions um das Feuer herum und versuchen die Landeshymne zu singen. Die erste Strophe geht noch, aber nachher wissen wir nicht weiter. Dafür sitzen wir alle nachher gemütlich im Esszimmer und singen fröhliche Wanderlieder und stille Abendlieder.

Am Medikamententisch bin ich oft von Kindern umgeben. Sie sitzen ruhig da und schauen mir zu. Meistens sprechen wir gar nichts. Sie kommen mit auf meinem Abendrundgang zu den Bettlägerigen. Die Patienten strahlen und rufen "Mbolo". Meistens plaudern wir ein wenig und verabschieden uns mit "Maca". Nur zwei kleine Worte...

Papa CaCaCa

Oh der Papa Ca-Ca-Ca, was hatte er nur angestellt! Ca-Ca-Ca heisst zittern und der kleine, alte Mann zittert ganz schrecklich am ganzen Körper. Aber das betrübt ihn nicht sehr. Immer ist er zufrieden und gutmütig. Nun hatte er sich in den Fuss geschnitten, so arg, dass wir nähen mussten. Das war gar nicht so einfach bei dem zitternden Mann. Es gefiel ihm auch nicht. Unmutig brummte er vor sich hin: "Wegen so etwas Kleinem, so eine grosse Geschichte!" Der Verband behagte ihm nicht.
Am Morgen erschien er ohne Verband. "Aber, Papa Ca-Ca-Ca wo ist denn der Verband?" Zitternd und umständlich suchte er im Hosensack und zog die zerknüllte Binde hervor.

Besuch aus der DDR

Bei Tisch sagte Dr. Schweitzer: "Es kommen heute drei Berliner aus der DDR. Seid freundlich zu ihnen, aber politisiert nicht".
Die drei Berliner Herren begegnen uns mit deutscher Höflichkeit und wir ihnen gegenüber mit Zurückhaltung. Sie verliehen Dr. Schweitzer den Titel des Ehrendoktors der Humboldt-Universität,

begleitet mit vielen, schönen Worten. An uns verteilten sie Geschenke: Fotoapparate, Meissner Porzellan, Lederetuis, Handspiegel, Taschenbücher. Dinge, die die normalen Leute in der DDR wohl kaum zu sehen bekommen. Ich hielt mich zurück. Aus Berichten weiss ich, dass den Leuten hinter der Mauer Albert Schweitzer ein grosses Vorbild ist.

Branca

Der Besitzer eines Chantiers schickte uns per Flugzeug einen kleinen, kranken Schimpansen. Das Tier war wahrscheinlich in eine Falle geraten. Sein linker Arm war ganz zerquetscht und nekrotisch. Er wurde amputiert! Aber was macht ein Affe mit nur einem Arm? Barbara hat seine Pflege übernommen.

Doktor Tschinta

Wir genossen das letzte Zusammensein mit Doctoresse Else Boes. Ich bedaure, dass sie uns verlässt. Hier im Urwald sind wir intensiver auf einander angewiesen, als in einem europäischen Spital und so entstehen auch engere Beziehungen. Für die Einheimischen und für uns ist es nicht einfach, sich wieder an Andere, Neue einzustellen.

Dr. Lauterburg ist angekommen. Auf der Rückreise von einem Einsatz für das Rote Kreuz in einem Spital in Leopoldville wollte er es nicht unterlassen, in Lambarene vorbei zu kommen. Vor dreissig Jahren war er einer der ersten Mitarbeiter Dr. Schweitzers.

"Eigentlich hat sich nicht viel geändert", fand er, "mehr Häuser, mehr Leute, aber sonst ist es gar nicht viel anders". Soll das ein Kompliment sein, oder?

Auf seinen Stock gestützt kam ein alter Mann gehumpelt. Ganz aufgeregt suchte er Dr. Lauterburg – Dr. Tschinta, wie man ihn vor dreissig Jahren nannte. Sein Gesicht strahlte, er konnte kaum sprechen: "C'est lui, il m'a donné la vie", stotterte er. Der Doktor operierte ihn an einer Hernie. Der Alte konnte sich kaum erholen vor Freude. "Je veux aller au village et chercher un cadeaux pour lui".

Vor dem Essen wollte Dr. Lauterburg Dr. Schweitzer zu einem Apéro einladen, so wie sie es früher zusammen genossen hätten. Herr Schweitzer: "Haben wir zusammen Apéritiv getrunken?"

"Ja, natürlich nicht offiziell".

"Ich mag mich gar nicht erinnern, dass ich dich eingeladen habe" sann Dr. Schweitzer.

"Nicht du hast mich eingeladen, ich dich", erwiderte Dr. Tschinta.

"Ja, was haben wir denn getrunken?"

"Wermut".

Schweitzers Gesichtsfältchen zogen sich zusammen und seine Augen leuchteten schelmisch.

Ein erholsamer Sonntag

Ich liege auf meinem Bett und geniesse die Stimmen der Nacht. Ein leiser Wind rauscht durch die Blätter. Vögel, Grillen, Frösche singen um die Wette. In der Ferne trommelt ein Tam-Tam. Verlorene Töne einer afrikanischen Harfe tröpfeln an mein Ohr. Das alles ist mir schon so vertraut, aber jeden Abend dringt es neu in mich ein. Ein Gefühl von tiefer Geborgenheit kommt über mich. Ich lebe ganz der Gegenwart, kein Denken an Gestern, kein Fragen nach Morgen.

Den heutigen Sonntag habe ich so recht genossen. Ich schlief bis halb neun Uhr und kam mir wie eine faule Langschläferin vor. Nach dem Morgenessen – der Zopf von Ruth war heute besonders gut – entschloss ich mich, mein Zimmer auszuschmücken. Es sah fad aus. Ich wollte es ein wenig beleben und ging auf Blumensuche in den Wald. Am Fluss traf ich François, Joseph und Charlotte. Die Kinder wollten mitkommen. Das war mir nur recht. Die Kinder wissen am besten wo es Blumen gibt. In der Trockenzeit gibt es nicht viele Blumen, aber wir fanden doch einen Strauss weisser, gelber, roter und blauer Blüten. Die Weissen sahen aus wie Lilien und verbreiteten einen starken, eindringlichen Duft. François wollte seine Blumen dem Docteur – Mecanicien bringen (natürlich) und Joseph dem Dr. Müller, Charlotte schenkte sie Annelies. Ich stellte meine Blumen auf das Kästchen in meinem Zimmer, aber es sah immer noch nicht recht gemütlich aus. So ging ich später mit einer leeren Kokosschale und einer Hacke auf weitere Pflanzen aus. Auf halbem Wege traf ich wieder François. Er begleitete mich glücklich mit der Hacke in der gesunden Hand. Im Wald suchten wir nach schönen Pflanzen, gruben einige aus und pflanzten sie in die Kokosnussschale. Auf den Fensterbalken im Zimmer sieht es recht hübsch aus.

Beim Mittagessen hatten wir, wie fast jeden Tag, Gäste. Heute aber ganz grosse: der Privatsekretär von De Gaulle mit seiner Gattin. Nach dem Essen kamen Mama Takahashi, Annelies, Annie, Ruth Munz und Erling zu mir zum Kaffee.

In der Nähe des Spitals gibt es einen kleinen, stillen See. Den wollten wir am Nachmittag aufsuchen. Wir spazierten durch moosige, schmale Wege zwischen kleinen Sträuchern hindurch. Der Wald ist hier weniger üppig. Die Bäume haben zum Teil ihre Blätter verloren. Die untersten Blätter der Palmen sind braun und welk. Und doch ist der kleine See ganz versteckt zwischen Bäumen und Büschen. Plötzlich standen wir vor ihm ohne ihn vorher erblickt zu haben. Ich glaubte mich in ein Zauberland versetzt. Das Wasser war von einem dunkelgrünen, samtenen Glanz und bedeckt mit Seerosenblättern. Silbergraue Baumstämme ragten aus dem Wasser oder lagen kreuz und quer übereinander. Der See ist umgeben von hohen, grünen Papyrusstengeln. Ein azurblauer Vogel schoss über unsere Köpfe und gab einen schrillen Pfiff von sich, als wollte er sich wehren über unser Eindringen in sein Paradies. Wenn eine Fee zwischen den silbernen Stämmen auf dem glänzenden Wasser daher geschwebt wäre, hätte mich das nicht gewundert. Wir alle waren ergriffen von dieser Märchenwelt.

Muttermilch für junge Hunde
Monique, eine junge Frau kam zur Geburt ins Spital. Sie hustete auffallend stark. Die Untersuchung ergab eine schwere, offene Tuberkulose. Zucca, das kleine Mädchen, das kurz darauf zur Welt kam, wurde von seiner Mutter getrennt. Monique kam in das Haus für Tbc – Kranke, wurde abgestillt und strenge Bettruhe verordnet. Devika gab sich alle Mühe, dass die Milch zurückging, aber es wollte und wollte nicht gelingen. Endlich kam sie dem Rätsel auf die Spur. Sie fand die Mutter neben dem Bett sitzend mit einem jungen Hündchen an ihrer Brust!

Sandflöhe und amerikanische Helikopter
Von Sandflöhen blieb ich bis jetzt verschont, doch heute stellte ich fest, dass sich drei dieser Viecher unter meinen Zehennägeln ein Nest gebaut hatten. Es juckte ganz schrecklich. Ich sah nichts als einen winzigen, schwarzen Punkt. Mit einer scharfen Pinzette ging

ich dahinter und hob ein gelbes Knötchen heraus. Diese Biester hatten schon eine Entzündung verursacht. Etwas Jod und ein Pfläschterchen darauf und morgen ist die Sache wieder in Ordnung.

Der Sand reicht nun fast bis zur Flussmitte. Vom Ogowe ist nur ein kleines Rinnsal übrig geblieben.

War das eine Aufregung heute! Zwei Helikopter der amerikanischen Kriegsmarine, die in Leopoldville stationiert sind, landeten auf der Sandbank vor dem Spital. Das waren recht grosse Maschinen mit je fünf Mann Besatzung. Sie brachten Medikamente und Spielsachen. Den Afrikanern erschienen sie wie Riesenvögel aus einer anderen Welt. Sie kamen nicht aus dem Staunen heraus.

Quamba

Quamba ist ein kleiner, launischer Mann. Seine Aufgabe ist es, die Feuerstelle vor dem Spital zu beaufsichtigen, für gekochtes Wasser zu sorgen und das Bassin in der Pharmacie aufzufüllen. Aber oft ist das Feuer verlöscht, das Wasser nicht gekocht und das Bassin leer, und Quamba ist nirgends zu finden. Er strolcht dann meistens irgendwo im Spital herum, die Hände in den Hosentaschen. Es kommt dann sehr darauf an, wie man ihm die Pflicht ins Bewusstsein bringt. Oft schaut er einen mit kleinen, bösen Augen an, vor denen man fast Angst bekommen könnte. Heute stand er eine Weile vor meinem Medikamententisch und schaute mir zu. Endlich fragte ich ihn, was er wolle. "Oh, nichts, nur zu dir kommen." Ich gab ihm dann Papier zum Zettel schneiden für Verordnungen, was er freudestrahlend neben mir verrichtete.

Ich bin oft gerührt, wie die Leute ihre Sympathie ausdrücken. Eine Frau meinte: "Marianne, tu es le toto pour moi". - Das Toto ist die Brust mit Muttermilch. Wenn die Frauen ihre Kinder stillen, geben sie ihnen das Toto.

Eine Frau sagte heute bei der Medikamentenausgabe: "Mère de famille, donne moi un verre."

Ausflug zum Lac Zilé

Rhena, Christiane, Drs. Tenbrink Erich, Gertrud und ich zogen nach dem Morgenessen los mit zwei Spitalbooten und je drei Ruderer. Ein kühles Lüftchen wehte und liess uns beinahe frösteln. Wir fuhren an der kath. Mission vorbei zum gegenüberliegenden Ufer. Entlang des Ufers ruderten wir flussaufwärts. Trotz des wenigen Wassers war die Strömung recht stark. Wir passierten gestrandete Baumstämme, fuhren unter dem Blätterdach der dunklen Bäume durch, entdeckten am Ufer frische Spuren von Flusspferden. Sie mussten unlängst ein Morgenbad genommen haben. Mit der Zeit wurde das Ufer höher. Die Bäume rückten in den Hintergrund und plötzlich erhob sich vor uns eine hohe, rote, sandige Mauer. Auf derer Anhöhe liegt das Dorf Atsie. Kinder sprangen herum. Frauen und Männer standen vor ihren Häusern und winkten. Unsere Ruderer winkten und lachten, wir winkten.

Den Eingang zum Lac Zilé hätten wir beinahe verpasst. Er liegt klein und versteckt zwischen Büschen und Bäumen. Das Boot rauschte zwischen zartgrünem, hohem Schilf hindurch, das im Wind leise raschelte. Der Weg führte durch Ränke und Windungen und war so schmal, dass das Boot kaum Platz hatte. Vor uns und hinter uns breitete sich eine Riesenfläche hellgrünen Schilfes aus, umsäumt vom dunklen Bäumen. Plötzlich befanden wir uns auf dem See. Still und weit lag er da, mit leicht kräuselnden Wellen im glitzernden Morgenlicht. So riesig hatte ich ihn mir nicht vorgestellt. Zwei Fischer ruderten ihre Pirogen auf die Mitte des Sees und warfen ihre Netze aus. Mehrere buschige Inseln ragten aus dem Wasser wie grosse Petersiliensträusse. Einige sind bewohnt. Wir erblickten eine Hütte, eine Bananenpflanzung und winkende Leute. Andere Inseln sind überwuchert mit einer grünen Wildnis, undurchdringliche Ur-Landschaft. Wir ruderten über den See und machten bei einer Insel Halt, kletterten auf die Anhöhe und liessen die Ruhe und Schönheit dieses Landes auf uns einwirken. Versteckt zwischen durcheinander wachsendem Gestrüpp fanden wir orchideenartige Blüten. Feine lila Glöckchen ringelten sich um den Stiel. Bunte Schmetterlinge flatterten umher. Einer setzte sich zwischen die rötlichen Blätter einer Ananas. An einem Zweig leuchteten orangerote, stachelige Früchte. Das seien afrikanische Tomaten. Ein Pelikan flog über den See und setzte sich auf das Wasser. Vielleicht war das unser Parzifal, er macht oft Ausflüge an den Lac Zilé.

So schön und einladend der See ist, so gefährlich kann das Baden in ihm sein. In den stehenden Gewässern hat es Bilharzien, Würmer, die sich in der Blase und im Darm festsetzen und schwere Entzündungen verursachen können. Glücklich und froh kamen wir gegen Abend wieder ins Spital zurück.

Morgenstimmung

Früh am Morgen nahmen wir am Debarquadère Abschied von Doctoresse Tenbrink und Christiane Eckert, der Enkelin von Dr. Schweitzer. Die Ärztin reist zurück nach Amerika und Christiane in die Schweiz. Die Glocken läuteten und die Vögel pfiffen. Die Einheimischen nahmen im Fluss ein Bad, andere wuschen ihr Geschirr oder ihre Wäsche. Junge Hunde wühlten im Sand. Der Pelikan ging auf Beute aus. Wir winkten dem Boot nach bis es hinter der kath. Missionsstation verschwand.

Ankunft und Abschied geben einander in Lambarene die Hand.

Mein neuer Arbeitsplatz

Dr. Schweitzer hat bestimmt, dass ich die Kinder betreuen soll nach der Abreise von Annelies. Das ist für mich eine grosse Freude.

Ende August sitze ich zum letzten Mal am Medikamententisch der erwachsenen Patienten.

Morgen wird Barbara wieder damit weiterfahren.

Momentan hat es nicht sehr ernst kranke Kinder. Das ist ganz gut für den Anfang. Unter meinen kleinen Patienten ist auch ein Albino. Der kleine Bub hat eine weiss-hellrosafarbige Haut, gelbe Kraushaare und blaue Augen, die in der Sonne sofort rot entzündet werden. Neben den vielen schwarzen Menschen ist das ein ungewöhnlicher Anblick. In manchen Ländern werden diese Kinder ausgestossen, zum Glück nicht im Gabun.

Am Märlisee

Zusammen mit Annelies verbrachte ich den Sonntag. Es ist ihr Letzter vor ihrer Abreise. Früh am Morgen gingen wir zu Märlisee. Wir wollten die Seerosen offen sehen. Wir spazierten vorbei an den Orangen- Mandarinen- und Pampelmoussesbäumen und kamen in eine Art Steppe, ganz niederes, struppiges Wiesland. Langsam erreichten wir den Urwald, der immer dichter wurde und wie ein Geisterwald aussah. Und wieder standen wir plötzlich vor dem See. Und wieder war ich fast schockiert von seinem Anblick: Der ganze

See war bedeckt von offenen Seerosen, weissgoldene Sterne, die sich im dunklen Wasser widerspiegelten und sich in den leicht bewegten Wellen wiegten. Fische schnappten nach Mücken und das Wasser machte feine Kreise, die grösser werdend von der Weite verschluckt wurden. Dunkelblaue Vögel flogen von Baum zu Baum - ein Reiher schoss plötzlich ins Wasser, schnappte einen Fisch und verschwand auf dem nächsten Baum. Mit lautem Plumps fiel etwas ins Wasser und brachte einen Moment Unruhe. Wir sassen auf einem Baumstamm, schauten und lauschten.

Abschied und Ankunft

Am letzten Abend vor Annelies Abreise sangen die Kinder vom Lepradorf vor dem Esszimmer.

Am Morgen strömte alles unter Glockengeläut zum Fluss und nahm von ihr Abschied. Die beiden Buben, François und Joseph standen reglos da. Maman Susanne wehrte sich vergebens gegen die Tränen. Wir winkten mit unseren Tropenhelmen bis das Boot verschwunden war. Auch mich machte der Abschied traurig und Tränen kamen hervor. "Oh, tu as pleuré," meinte eine Frau. "Ja, du nicht?" "Doch ich auch". Doch ich hatte keine Zeit zum traurig sein. Kaum war ich in meinem Zimmer, kam jemand gesprungen: "Komm, dem Kind geht es nicht gut". Auf dem Tisch vor Dr. Müllers Zimmer lag ein Kind mit Fieberkrämpfen. Ich hatte sofort alle Hände voll zu tun.

Am Abend klopfte Joseph an meine Tür und rief: "Marianno, ouvre moi la porte". Dann stürzte er sich in meine Arme Trost suchend.

Jeder Abschied lässt eine Leere zurück und im Fall von Annelies auch ein unaufgeräumtes Zimmer. Annelies wollte noch so vieles machen und hatte kaum Zeit zu packen und aufzuräumen und hinterliess ein Chaos. Tassen, Teller, eine Kaffeemühle, Essiggurken, Stoff, Stickgarn und ein unsagbares Durcheinander. Bevor ich in dieses Hexenhäuschen ziehen kann, muss ich aufräumen, doch vorerst nehmen mich kranke Kinder in Anspruch.

Ein fünfjähriges Mädchen braucht meine ganze Aufmerksamkeit. Es kam in einem erbärmlichen Zustand, bis auf die Knochen abgemagert, dünne Arme und Beine. Die Backenknochen stehen spitz hervor. Es sieht aus wie ein Kriegskind. Es hat starken Durchfall, ist aber nicht ausgetrocknet. Wahrscheinlich hat es immer noch gut getrunken. Es hat Würmer und Malaria und ist anämisch. Woran Antoinette sonst noch leidet, wissen wir noch nicht.

Ein anderes Kind verhält sich eigenartig. Vor drei Tagen kam die Mutter mit ihm wegen Durchfall. Heute holte sie die Medikamente nicht. Doch am Abend erschien sie mit dem Kind, es wolle nicht essen und auch nicht trinken. Es war, als ob es ganz tief schlafen würde. Es sah nicht krank aus. Bei der Lumbalpunktion reagierte es kaum. Die Laboruntersuchungen sind normal. Ob es wohl Eingeborenen-Medikamente bekommen hatte?

Geburt in der Piroge
Erling betätigte sich heute als Geburtshelfer. Er war beim Brückenbau beschäftigt und beobachtete wie sich in einer Piroge, die sich dem Spital näherte, eine Frau vor Schmerzen krümmte. Als das Boot landete, konnte Erling ein neugeborenes Kind empfangen. Im Jeep brachte er Mutter und Kind ins Spital. Als Dank für die Hilfe, nennt die Mutter ihr Kind Erling.

Der "Taugenichts"
Sorgfältig hielt François eine duftend weisse Blüte in der Hand und schaute verträumt auf sie nieder. Als er mich erblickte, hielt er mir strahlend die Blume entgegen. Er sah so glücklich aus und kam mir vor wie der kleine Taugenichts. Aber nicht der Vater war es, der schimpfte. Ali polterte los: "Wie manchmal habe ich doch schon gesagt, dass keine Blumen abgerissen werden dürfen. Herr Schweitzer will das nicht. Blumen müssen auch leben können"! (Ehrfurcht vor dem Leben)...
Jäh wich aller Glanz aus den Augen des Buben. Er schaute ganz erstaunt und erschrocken drein, wie aus einer anderen Welt erwachend. Er liess die Blume fallen und ging laut weinend davon.

Die Kinderabteilung
Meine Kinderabteilung besteht aus zwei Räumen, die Medikamentenausgabe und die Pouponnière/Kinderkrippe.
Das Medikamentenzimmer ist sehr klein. Ein Tisch, zwei Stühle, eine Bank, an der Wand ein Schrank für die Medikamente. Da drängt sich zweimal im Tag eine lange Reihe Mütter mit ihren Kindern herein, damit ich ihnen die Medikamente eingebe. Ich hoffe,

dass ich eines Tages den kleinen Raum dahinter, in dem ein Durcheinander von Medikamentenmuster aufbewahrt wird, zur Beobachtung kranker Kinder einrichten kann. Hospitalisierte, schwerkranke Kinder liegen irgendwo verstreut in den Spitalgebäuden. Ein spezielles Haus für die kranken Kinder gibt es nicht.

Im Raum nebenan, in der Pouponnière stehen vier kleine Holzbettchen. Hier betreut Maman Susanne Kinder, deren Mütter arbeiten, oder Waisenkinder, die durch Verwandte betreut werden, die tagsüber arbeiten. Maman Susanne ist eine liebe, alte, weise Frau. Früher arbeitete sie als Geburtsleiterin. Jetzt sieht sie fast nichts mehr und verbringt ihren Lebensabend mit der Betreuung der Kinder. Es strömt eine grosse Ruhe aus ihr. Sobald sie da ist, sind die Kinder zufrieden, fühlen sich geborgen. Still sitzen sie da und hören den Geschichten zu, die Maman Susanne erzählt.

In der Pouponnière bereite ich auch Schoppennahrung zu für Kinder, die keine Muttermilch bekommen, oder Milch für besonders bedürftige Kinder. Zum Beispiel für Raymond, ein fünf Monate altes, schwächliches Büblein, das ich aufpäppeln muss. Seine Mutter ist nach einer Hirnhautentzündung gelähmt. Eine Tante pflegt sie. Daneben wäscht, glättet und flickt sie fürs Spital. Ueber Nacht nimmt sie das Kind zu sich.

Da sind auch die eineinhalbjährigen Zwillingbuben, Wora und Yeno. Ihre Mutter starb an Tuberkulose. Der Vater arbeitet im Garten, holt die Buben am Abend und bringt sie am Morgen wieder zu Maman Susanne. Die Kleider der Kinder sehen zum Teil fürchterlich aus, und im Schrank ist ein heilloses Durcheinander. Das Meiste ist grad gut genug zum Putzen. Ich möchte die Kinder nett und sauber anziehen, aber es ist schwierig bei Ali etwas zu bekommen. Wenn ich Zeit habe, werde ich nähen, Stoff finde ich schon.

Im Hexenhäuschen

Ich bin ins Hexenhäuschen gezogen. Das ist das Eckzimmer des "Sans Souci", des Personalhauses.

Annelies hatte einen roten Lampenschirm. Der ist bei ihrem Wegzug verschwunden. Der rote Lampenschirm gehöre in dieses Zimmer, finden alle. Er gibt nicht nur ein heimeliges Licht. Er ist auch praktisch. Oft werde ich am Abend spät von besorgten Eltern gerufen. So kann ich sagen, dort wo das rote Licht ist, wohne ich. Aber der Lampenschirm ist nicht mehr aufzutreiben. Schlussendlich bekam ich von Matthilde ein Stück roten Stoff und bastelte einen Lampenschirm zusammen.

Mein Eckzimmer ist angenehm kühl, weil es an zwei Seiten offen ist. Es ist jetzt anfangs Regenzeit. Die Pflanzen beginnen zu wachsen und so werde ich mein Zimmer schmücken.

Die Kinder möchten natürlich wissen, wo ich wohne. Ein Bub fragte mich:

"Gehst du morgen zum culte?"

"Ich weiss es noch nicht",

"Wenn du nicht gehst, komme ich morgen zu dir", bemerkte er.

Der erste Regen

Ganz plötzlich überraschte uns heute der erste, heftige Tropenregen. Wie mit Kübeln goss es herunter. Eine Wohltat nach dem heissen Tag. Mitten im Regen stand der kleine Mendume und streckte mir hilfesuchend die Arme entgegen. Schnell holte ich ihn und brachte ihn unter Dach. Es war sonst kein Kind mehr auf der Abteilung. Ich war am Aufräumen. Der Kleine trippelte mir auf Schritt und Tritt nach. Ich musste noch Milch anrühren und der Bub bekam auch eine Tasse voll. Mit Genuss trank er sie fast in einem Zug leer und fingerte den letzten Rest Schaum heraus. Der Regen trommelte laut aufs Blechdach. Vor dem Haus floss ein Sturzbach braunen Wassers dem Ogowe zu. Der Kleine staunte den Wassermassen nach und fühlte sich sicher geborgen. Er ist ein köstlicher, kleiner Bub. Er hatte eine Tbc. Jeden Tag kommt er zu mir und schluckt sein Medikament. Einmal war er so müde, dass er im Stehen einschlief. Ich legte ihn in ein Kistenbett und er schlief zwei Stunden lang.

Die Tage werden leuchtender und heisser. Von Zeit zu Zeit streicht mir ein wunderbarer, süsser Duft durch die Nase. Die Mandarinen- und Orangenbäume blühen. Alles grünt. Schwalben fliegen herum. Sie sind von Nordafrika zugeflogen und erinnern uns, dass es in Europa Winter wird.

Erling und ich waren in Andende zum Gottesdienst. Ein afrikanischer Pfarrer hielt die Predigt. Die Kirche war vollbesetzt. Es ist wieder Schulbeginn und alle Schüler der Missionsstation kamen zum Predigt.

Es ist ein herrlich schöner, klarer Tag heute. Die Fahrt mit der Piroge dem grünen Ufer entlang war wundervoll. Aus dem Wald ertönte vielstimmiger Vogelgesang. Still und glänzend floss der Fluss dahin.

Abendmusik

Zwei junge Amerikaner sind zu Besuch. Nach Feierabend hörte ich in meinem Zimmer plötzlich Klaviermusik. Da ging ich zurück ins Esszimmer, wo nach und nach eines um das andere hereinkam, seine Laterne in die Ecke stellte und erstaunt zuhörte wie da Bach, Mozart, Brahms gespielt wurde. Auch Herr Schweitzer erschien. Der junge Pianist erzählte, dass er in Bars und Dancings gespielt habe und später in Washington studiert habe. Schweitzer rühmte sein klares, lockeres Spiel. Für uns war das Hören von schöner, klassischer Musik ein grosser Genuss.

Dr. Schweitzer führte ein angeregtes Gespräch über Bach mit einem amerikanischen Arzt, der hier zu Gast ist. Da kam so richtig der Bachkenner zu Vorschein. Schweitzer erzählt gern von seinen Erlebnissen. In England habe er mit Karajan zusammen gespielt. Bis Mitternacht sei er an der Orgel gesessen. Am Morgen habe ihn die Königin gefragt, wie das Konzert gewesen sei. Da habe er sehr diplomatisch sein müssen. Der Amerikaner meinte darauf, mit ihm müsse er nicht diplomatisch sein. Darauf Dr. Schweitzer: "Ich bin mit allen Leuten diplomatisch, sonst habe ich mit allen Ärger".

Wenn ich am Sonntag Dienst habe, hüte ich Raymond, damit seine Tante ein wenig ausruhen kann. Ich geniesse den Kleinen. Er ist so herzig. Jeden Tag entdeckt er etwas Neuen. Gestern ist er das erste Mal selber aufgesessen. Wenn er mich sieht, lacht und jauchzt er. Er liebt es, wenn ich mit ihm plaudere, ist aber auch zufrieden, wenn ich ihn wieder ins Bett lege.
Eine Frau fragte mich: "Ist das dein Kind?" "Ja, das ist mein Sohn". "Mais, pourquoi il n'a pas pris le corps pour toi ?" Sie meinte damit die Hautfarbe.

Regenzeit

Von meinem Zimmer aus fällt mein Blick zwischen Palmen hindurch an den beiden Glocken vorbei auf den Ogowe. Wir sind nun in der Regenzeit. Ich staune, wie der Fluss in so kurzer Zeit anschwellen konnte. Fast über Nacht sind die Sandbänke verschwunden. Vorgestern noch sah ich vereinzelte kleine, gelbe Inselchen. Gestern guckten noch die Reste einer Fischerhütte aus dem Wasser und heute sehe ich nur noch Wasser.

Die Tage sind sonnig und klar und werden immer heisser. Das allabendliche Gewitter tut gut. Fast immer giesst es wie aus Kübeln. Ueberall spriesst das Grün hervor. Der Boden ist mit einem frischen, grünen Teppich bedeckt. Mein Zimmer habe ich wieder mit Pflanzen geschmückt. Erstaunt fragte mich der Boy: "Willst du eine Pflanzung machen?"

Das ganze Jahr um die gleiche Zeit wird es am Morgen um 6 Uhr hell und am Abend um 18 Uhr bricht die Nacht herein. Je schöner und heisser der Tag war, umso schöner und glühender ist die Abenddämmerung. Wenn möglich gehe ich um diese Zeit an den Fluss.

Es sind viele Kinder mit Keuchhusten da, für kleine Kinder eine schwere Krankheit. Ein zwei Monate altes Mädchen ist daran gestorben. In der Regenzeit haben viele Kinder Durchfall und die Malariamücken stechen zu.

Ein vier Monate altes Zwillingsmädchen muss aufgepäppelt werden. Es ist nur drei Kilo schwer. Die Mutter hatte es vernachlässigt, weil sie nicht zwei Kinder miteinander wollte. Das erstaunt mich. In der Regel freuen sich die Leute über Zwillinge. Die meisten Zwillingspaare werden Wora und Yeno genannt.

Tropennacht

Am Samstagabend gibt es meistens Post. Das gibt dem Tag eine besonders festliche Note. Alle freuen sich darauf. Meistens brennt dann in den Zimmer die Petrollampe bis spät in die Nacht hinein. Es wird geschrieben, damit der "Miang", das Flussschiff, am Montag die Post mitnehmen kann.

Mlle Matthilde sagte zwar am Tisch, wir sollten uns in der Korrespondenz etwas einschränken. Es habe weder im Spital noch in Lambarene auf dem Postbüro Briefmarken! - Das ist Afrika!

Meine Zimmerlampe leuchtet oft bis Mitternacht. Oft muss ich spät noch nach einem Kind sehen, und es ist einfach schade in den wunderbaren Nächten früh ins Bett zu gehen. Auch Barbara nebenan findet das. Wir haben meistens die Verbindungstür zwischen unseren Zimmern offen, plaudern miteinander, schreiben oder basteln. Ich geniesse diese gemütlichen Abende. Will der Schlaf kommen, heisst es: "Willst du einen Kaffee?" Und Barbara klopft an die Wand von No.3: "Hanna, es gibt Kaffee. Brauchst du auch?" Ich richte drei Tassen. Das Wasser auf dem Metakocher wird warm. Die Tabletten verbreiten einen unangenehmen, scharfen Geruch, der aber bald vom Kaffeeduft vertrieben wird. Ich reiche Barbara eine Tasse voll des starken, schwarzen Gebräus durch die Tür, gehe auf die Veranda und bringe Hanna eine Tasse. Das Haus liegt still und dunkel da. Meine Augen wandern an den zwölf Türen vorbei in die Nacht hinaus. Das Mondlicht dringt durch die Palmblätter.

.

Das missglückte Sonntagsständchen

Ich sass beim Sonntagskaffee im Esszimmer. Plötzlich hörte ich Kinder singen. Eine Gruppe Buben stand vor meinem Zimmer. Sie fuchtelten mit den Armen in der Luft herum und sangen frisch und fröhlich in mein Zimmer hinein. Ein Sonntagsständchen! Wie schön, die munteren Bubenstimmen. Schnell wollte ich hingehen, doch Catherine kam mir zuvor. Sie fühlte sich in ihrer Mittagsruhe gestört und schickte die Kinder weg: "Wollt ihr sofort aufhören. Es ist jetzt Siesta. Ihr habt da nichts zu suchen!" Erschrocken sprangen die Buben davon. Wie schade!

Abendstimmung

Heute fuhren Annie und ich mit der Piroge in die Dämmerung hinein. Die Sonne war schon verschwunden. Der Fluss lag breit wie ein stiller See da. Die Strömung merkten wir kaum. Das leicht kräuselnde Wasser glitzerte silbern. Da, wo die Sonne vorher hin leuchtete, hatte sie auf dem Wasser eine rote Strasse hinterlassen. Der blaue Himmel war mit Wolken in allen Farben und Formen durchzogen. Immer dunkler wurde es und die Palmen erschienen wie schwarze Silhouetten am hellen Himmel. Wir fuhren nah am Ufer entlang. Aus dem wild wuchernden Gestrüpp leuchteten rote und weisse Blumen. Aus dem Innern des Waldes tönten tausend Vogelstimmen. Langsam ging der Mond auf, umgeben von einem grossen, gelben

Hof. In der Ferne zuckte Wetterleuchten. Die Glocken im Spital läuteten den Sonntag ein. Kaum waren sie verklungen, ertönten die Glocken der kath. Mission gegenüber. Auf dem Heimweg spazierten wir an den Krankenbaracken vorbei. An ihren kleinen Feuern sassen die Patienten mit ihren Angehörigen lachend, plaudernd, essend, Pfeife rauchend. Kinder spielten und sprangen herum. Hunde schlichen wedelnd um die Kochtöpfe und wurden schimpfend weggejagt. Unterdessen ist es vollends Nacht geworden. Dort, wo die Sonne verschwunden ist, leuchtete der Himmel noch im letzten Glanz. Die Mücken plagten uns. Der Pelikan hatte sein Nachtquartier auf der Stange im Hof eingenommen. Die Frösche begannen ihr eintöniges Gequake, und die Grillen zirpten dazu. Ich bin diesen Abenden völlig ausgeliefert. Immer ziehen sie mich mit sich. Ich werde sie sicher immer im Gedächtnis behalten.

Jeden Morgen werde ich vom gleichen Vogellied geweckt. Sein Ruf klingt wie "Stille Nacht". Er ist mein Weihnachtsvogel.

Kinder - Kinder
Wenn ich die Treppe zum Spital hinunter steige, rufen die Kinder schon von weitem. Sie empfangen mich mit ihren strahlenden, dunklen Augen, springen mir entgegen und nehmen mich an den Händen. Manchmal streiten sie sich deswegen. Die ganz schlauen stehen beim ersten Gongschlag zur Arbeit vor meiner Tür, damit sie ja die ersten sind. Oft wollen sie "arbeiten". Ich gebe ihnen dann etwas Kleines zu tun: Zettel schneiden, Geschirr waschen, eine Kommission machen. Manchmal schicke ich sie mit Büchsen um Hiobstränen zu suchen. Nachher gebe ich ihnen Nadeln und alten Seidenfaden aus dem OP. Damit machen sie riesige Ketten. Sie bekommen auch Papier zum Zeichnen. Doch frei zeichnen können sie nicht. Sie schauen in die Schulbücher oder zeichnen nach Schablonen. Ich mache sie auf die Bäume, die Tiere, den Fluss aufmerksam und sage, sie sollen versuchen das zu zeichnen, was sie sehen. Es nützt nicht viel. Ein Einziger, Matthias, hat es begriffen. Er erstaunt mich mit seinen Zeichnungen. Sie sind fröhlich und farbig. Matthias ist zehn Jahre alt, ging auf der kath. Mission zur Schule. Nun kommt er nach Libreville ins Collège.
Nicht alle diese Kinder sind krank. Einige brauchen eine Behandlung, die Zeit braucht, wohnen zu weit weg, um jeden Tag zur Be-

handlung zu kommen. Andere sind Kinder von Angestellten oder kamen in Begleitung eines Patienten.

Drei muntere Buben kamen vorbei. "Was möchtet ihr? Ich habe im Moment nichts zu tun für euch".

"Oh, wir wollen nichts. Nur dir guten Tag sagen." Sie sassen eine Weile still neben mir und verschwanden dann wieder.

Eine Abgeordnete des IKRK zeigte uns Lichtbilder über die Geschichte der Organisation und über ihre Arbeit. Anschliessend sahen wir Dias von der Bergwelt der Schweiz. In Gedanken stiegen wir auf schneebedeckte Berge und wanderten Seen entlang. Schön, trotzdem möchte ich noch nicht zurückkehren. Jetzt noch nicht!

Die Duschen

Ans Esszimmer angebaut ist ein kleines Haus aus Stein. Hinter den zwei Türen befinden sie unsere Duschen. Sie sind eine ganz famose Einrichtung, so primitiv sie auch sind. Im Boden ist eine Vertiefung in der Form einer Badewanne. An der Decke hängt ein Kübel. Der Boden des Kübels hat Löcher wie ein Salatsieb. Ueber dem Sieb ist ein Deckel und daran befestigt eine Schnur. Um duschen zu können, muss der Kübel mit Wasser gefüllt werden. Dann steigt man in die Grube, zieht an der Schnur und wird berieselt mit einem feinen Strom Wasser. Sehr bald ist diese Herrlichkeit versiegt und die Superdusche muss wieder aufgefüllt werden. Nach den heissen Tagen ist meistens Andrang auf die Duschen. Sind sie besetzt, werden oft die Toilettensachen vor der Tür deponiert. Erscheint dann der Besitzer wieder, kann es vorkommen, dass ihn ein komisches Schauspiel erwartet. Die beiden Schimpansen, die an langen Ketten an den Palmen vor dem Haus angebunden sind, können, wenn sie sich strecken, bis zu den Duschtüren gelangen. Sie schnappen die Taschen, packen sie aus, drehen Fläschchen auf, versuchen sich zu kämmen und die Zähne zu putzen. Die Sachen wieder zu bekommen ist unmöglich. Die Affen machen ein Affentheater, kreischen, fletschen mit den Zähnen, trommeln sich auf die Brust und klettern mit den Kostbarkeiten auf die Palmen.

Reformationssonntag

Ruth Munz, Dr. Müller und ich fuhren nach Andende zum Gottesdienst. Die Kirche war überfüllt. Auch draussen sassen die Leute.

Der Pfarrer erzählte von Luther und seinen 95 Thesen. Alle hörten still zu. Ich fragte mich, was die Afrikaner wohl von Reformation verstehen, und ob es einen Sinn hat, sie darüber aufzuklären. Die verschiedenen Konfessionen und Religionen finde ich sinnlos. Eine Einheit der Christen wäre grad für eine Mission wichtig.

An besonderen Festtagen wird getauft. So auch heute. Fünf Täuflinge waren da, ein Pfleger vom Spital und vier Kinder. Ruth ist Gotte eines Täuflings. Alle wurden mit Namen aufgerufen, nur ihr Kind nicht. Heimlich steckte Ruth dem Pfarrer den Geburtsschein des Kindes zu. Aber er wusste nichts von diesem Kind und konnte es nicht taufen. Die Mutter des Kindes arbeitet bei uns in der Lingerie. Ruth schickte sie nach Andende zum Pfarrer zur Anmeldung der Taufe. Als sie zurückkam erklärte sie, es sei alles in Ordnung. Aber wie wir nun erfuhren, ging sie spazieren statt zum Pfarrer. Warum? Das bleibt ein Rätsel.

Bei der Abendandacht sangen wir zum Reformationssonntag "Ein feste Burg ist unser Gott". Das gehört sonst nicht zur gewohnten Liederauslese.

Schweitzer sagte: "Zur Vorbereitung auf Weihnachten behandeln wir die Propheten. Wir beginnen mit dem Elia".

Von seinen Auslegungen des Textes erfasse ich wenig. Meistens bin ich um diese Zeit ziemlich erschöpft von der Arbeit und kämpfe mit der Müdigkeit. Nach dem Abendessen lege ich mich oft einen Moment hin und habe mich bald wieder erholt. Meistens muss ich später nochmals nach einem Sorgenkind schauen.

Ein Wort an die Menschen

Das Wasser steigt unaufhörlich. Es reicht schon bis zu den ersten Krankenbaracken, so dass man einen Steg bauen musste um trocken dorthin zu gelangen. Dr. Schweitzer sagte, es sei schon lange nicht mehr so hoch gekommen. Aber das Wetter ist wunderbar. Tagsüber heiss, gegen Abend ein kühler Wind und nachts regnet es.

Erika Anderson aus New York ist da. Seit vielen Jahren ist sie mit Schweitzer bekannt. Sie begleitete ihn auf seinen Reisen durch Europa und Amerika, drehte verschiedene Filme und schrieb ein Buch über Schweitzer und sein Spital. Sie ist den ganzen Tag mit Dr. Schweitzer zusammen und fotografiert.

Vom Zimmer nebenan höre ich Schweitzers Stimme:

"Ich rufe die Menschheit auf zur Ethik der Ehrfurcht vor dem Leben."

Er ist mit Erika an der Tonbandaufnahme für die CD "Ein Wort an die Menschen".

Tod und Geburt

Mitternacht ist vorbei. Soeben komme ich vom Spital in mein Zimmer. Vor einer Stunde wurde ich gerufen. Einem kleinen Mädchen ging es ganz schlecht. Schon tagsüber war es ihm nicht wohl. Das Kind leidet an einer Sichelzellenanämie und an Tuberkulose. Jetzt steckte es wieder in einer Krise, wie schon mehrmals. Mit Medikamenten hatte es sich immer wieder erholt, aber heute war es besonders schlimm. Am Nachmittag fiel es in einen tiefen Schlaf. Jetzt atmete es ganz schwer und unregelmässig. Als der Arzt kam, war es nicht mehr am Leben. Es ging so schnell. Es war ein besonders herziges Kind. Neben den gewohnten Nachtgeräuschen, kommt nun noch der Totengesang dazu. Eintönig, an- und abschwellend, klagend tönt es in die Nacht hinaus. Die Eltern sitzen bei ihrem toten Kind im Totenhäuschen. Sobald es hell ist, wollen sie ins Dorf gehen und dort ihr Kind begraben. Schlafen werde ich in dieser Nacht kaum. Leben und Tod, Kommen und Gehen, Loslassen. Damit bin ich immer wieder konfrontiert.

Auch Walter beschäftigt sich damit. Er sprach mit Herrn Schweitzer darüber. "Ja, schau, das sind die schweren Seiten unseres Berufes", meinte er.

Cococo, klopfte es an meine Tür, mitten in der Nacht. Ein Elternpaar stand da mit einem Bündel im Arm. Sie kämen, weil ihr Kind nicht wachse. Im Bündel lag ein winziges Kind. Es sei vor einer Woche im Dorf geboren. Das Kind wiegt 1400g. Es trinke an der Brust. Ich konnte das kaum glauben. Doch die Kleine weinte mit starker Stimme und zog kräftig an der Brust. Warm eingepackt im Lianenkörbchen kann es sich von der Reise erholen. Die Familie konnte ich in einer kleinen Case unterbringen, wo die Mutter das Kind selber pflegt. Von Zeit zu Zeit mache ich Kontrolle, wäge es. Es geht ihm gut. Es muss nur wachsen und das tut es. Obwohl es warm ist, braucht das Kleine warme Kleider. Es kann die Temperatur noch nicht gut regulieren. Ich habe Wolle und Stricknadeln gefunden und werde ihm ein Schlüttli stricken. Der Vater brachte mir drei Eier und ein Huhn: "Das ist ein Geschenk, weil du zu dem Kind schaust".

Ratten

Diese Ratten! Das ist grauenhaft! Besonders das "Echantillon", das Kämmerchen hinter der Medikamentenausgabe für die Kinder, ist für sie ein wahres Paradies. André, mein Helfer stellt jeden Abend Fallen und jeden Morgen finden wir zwei ganz- oder halbtote Ratten darin. Mir läuft es bei dessen Anblick kalt über den Rücken. Wenn man nur dieses Echantillon leeren könnte, dann wäre schon viel geholfen. Diesen Raum könnte ich so gut brauchen, doch Ali ist hartnäckig. Ich auch! Am besten stecke ich es hinter Dr. Müller. Er erreicht noch am meisten.

Helfer aus Nah und Fern

André ist seit Wochen da. Er kam mit einem riesigen Elefantiasisfuss ins Spital und wurde operiert. Er möchte hier bleiben und arbeiten. Vorläufig hilft er in der Pouponnière. Ich finde ihn nett und zu den Kindern ist er lieb. Auch Maman Susanne schätzt ihn und auf sie kann ich mich verlassen. Sie hat eine gute Menschenkenntnis. Doch Ali mag ihn nicht und will, dass er weggeht. Er sei nicht ehrlich und stehle. Ich habe nichts beobachtet. Er hätte dazu schon oft Gelegenheit gehabt. Ich will nicht so rasch aufgeben und ging zu Dr. Schweitzer. Er hatte Verständnis und wolle mir morgen Bescheid sagen. Ich habe wenig Hoffnung. Wenn Ali sich etwas in den Kopf gesetzt hat, geht es nicht so schnell heraus.

Ein junges Ehepaar stand plötzlich da: "Wir kommen von Deutschland und möchten gerne helfen."
Sie wollen vier Wochen bleiben. Frau Steffahn hilft mir in der Pouponnière, aber leider spricht sie nicht Französisch. Herr Steffahn beschäftigt sich mehr mit Schweitzers Philosophie der Ehrfurcht vor dem Leben.
Prof. Mai, Kinderarzt aus Münster besucht seinen Freund Albert Schweitzer öfters. Er bleibt einige Wochen, untersucht die Kinder und ist den Ärzten eine wertvolle Hilfe, ist doch von ihnen niemand speziell in Pädiatrie ausgebildet.
Ebenfalls aus Deutschland ist Edith Fischer angereist. Sie ist Krankenschwester, gibt Vorträge über das Spital in ihrer Umgebung. Sie

hilft hier zeitweise in der Pflege mit, doch oft ist sie mit Schweitzer in ein Gespräch vertieft. Er nimmt sich Zeit für sie, weiss er doch wohl, dass es wieder dem Spital zugute kommen wird.

Ueberschwemmung und Totengesang

Das Wasser steigt beängstigend. Es wird langsam ungemütlich. Das Motorenhaus steht unter Wasser. Erling musste alles ausräumen. Auch die Rationencase musste geräumt werden. Die Case Rivière steht halb im Wasser. Die Patienten mussten gezügelt werden. Josef, der alte Pfleger, der im ersten Spital Schweitzer zu Seite stand, will nicht aus dem Haus, obwohl sein Bett schon im Wasser steht.

Das Häuschen von Mendume Jean ist überschwemmt und unbewohnbar. Ruth Breitenstein baut mit den Geisteskranken ein neues Haus für ihn weiter oben.

Es regnet fast ununterbrochen.

Sonntag. Ich wurde um fünf Uhr vom Regen geweckt. Er hämmerte laut und unaufhaltsam auf die Blechdächer. Ich hatte Dienst, doch es war ein ruhiger Regensonntag. Bei den Kindern ging alles gut. Bei den erwachsenen Patienten, die ich heute betreuen muss, wurde eine bewusstlose, junge Frau gebracht. Wir wussten nicht, was mit ihr los war. Sie sei schon lange krank und wurde vom Feticheur behandelt. Da das nicht half, sollten wir nun Wunder wirken. Doch es war zu spät. Die junge Frau starb am Abend. Und wieder tönt der monotone Totengesang durch die Nacht, begleitet vom Trommeln des Regens und dem eigenartigen Knarren der fliegenden Hunde auf dem Mangobaum. Von Zeit zu Zeit poltert eine Brotfrucht auf das Blechdach.

Ankunft und Abschied

Seit Verena abgereist ist, sitze ich beim Essen neben Mlle Matthilde. Es ist recht interessant so nah bei Schweitzer zu sitzen. Mir gegenüber sind meistens interessante Gäste, mit denen sich Schweitzer lebhaft unterhält. Mlle Matthilde wird immer zuerst serviert. Wenn ich nicht pünktlich zum Tisch kommen kann, schöpft sie mir den Teller ganz voll, dass ich Mühe habe, damit fertig zu werden. Findet sie, ich esse zu wenig, sagt sie besorgt: "Aber Kind, sie essen ja gar nicht!" Dr. Schweitzer bekommt manchmal extra Plättchen: Apfelstücklein, Birnenkompott, ein Restchen Corosol. Isst er nicht alles, verteilt er es unter den Nachbarn.

So schnell wie das Wasser stieg, so schnell zieht es sich zurück. Immer mehr kommt die Treppe bei der Landungsstelle zum Vorschein. Eigentlich schade. Es war so schön mit dem vielen Wasser. Rhena, die Tochter von Schweitzer, und Ursula Pfenniger sind abgereist. Nächstens werden auch Ruth B. Inge, Devika und Hilde weggehen. Und wieder denke ich erleichtert, dass die Reihe noch lange nicht an mir ist.

Seit Ursula weg ist, verteile ich dreimal wöchentlich Rationen. In Zweierreihen stehen Alte und Junge, Kleine und Grosse mehr oder weniger geduldig vor meinem Laden. Eine grosse Auswahl habe ich nicht. Einmal Reis, das andere Mal Bananen, hie und da Maniok oder getrockneten Fisch. Die meisten "Kunden" kenne ich noch vom Medikamententisch her. So weiss ich, wer ohne Angehörige im Spital ist, und kann hie und da einen Zustupf geben. Denn unsere Ration allein genügt nicht. Oft sind ganze Familien da. Was sie zusätzlich brauchen, müssen sie selber kaufen.

Dr. Müller gefällt es gar nicht, dass ich da unten sitze. Immer, wenn man mich haben müsse, sei ich nicht da. Oft höre ich ihn rufen: "Marunggeli!" Bin ich nicht grad da, tönt es ungeduldig: "Marunggle!" Nun teile ich die Rationen an den Operationstagen aus. Da sind die Ärzte im OP und die Patienten haben keine ärztlichen Kontrollen.

Le mouton a mangé le ticket

Eine alte Frau erschien ganz verzweifelt bei Dr. Munz. In der zitternden Hand hielt sie ein Verordnungszettelchen und den Rest ihres Tickets. Angstvoll jammerte sie: "Les moutons ont mangé le Ticket". Nun denkt sie, sie werde vom Spital weggeschickt. Das Ticket ist für sie fast ein Wunderding. Wenn man es hat, ist man beinahe schon geheilt. Und nun: "Die Schafe haben das Ticket gefressen!" Walter schaut die Frau beruhigend an und schreibt ein neues Ticket. Welche Erleichterung. Jedes Fältchen im Gesicht der alten Frau strahlt: "Abore nan". Danke.

Es geht Weihnachten entgegen

1. Advent. Im Esszimmer hängt ein grosser, grüner Adventskranz. Nicht aus Tannzweigen, natürlich. Aber aus Zweigen eines Nadel-

baumes bei Atadie. Trotz der Tropenhitze kommt Weihnachtsstimmung auf. Beim Culte am Abend singen wir: Wie soll ich dich empfangen.
Alle bekommen eine Kerze für ihr Zimmer.

Langsam kommt Weihnachtsstimmung auf. Jeden Abend üben wir Weihnachtslieder mit Klavier und Flöte. Ruth bäckt Weihnachtsguetsli. Oft auf dem Weg nach "Hinterindien" (WC) gehe ich in der Küche vorbei und bekomme meist ein Versucherli. Weihnachten im tropischen Afrika wird ganz besonders sein. Ich freue mich darauf. Ich muss nun auch an die Geschenke für die Kinder denken. Jedes soll etwas bekommen. Vor allem natürlich Kleider.

Krankheit macht Angst
Dem kleinen, frühgeborenen Kind geht es prächtig. Die Mutter stillt es. Es bekommt zu trinken, wann es will und wiegt nun zwei Kilo. Die junge Mutter pflegt es ohne meine Hilfe. Es ist eine Freude ihr zuzusehen, wie sie alles mit Geschick und Liebe macht.
Und doch hat es sich erkältet. Alle vier Stunden bekommt es eine Spritze. Die Eltern sehen das gar nicht gern."Das tut im Herzen weh", sagte der Vater. Nachts wollten wir uns mit der Spritze geben ablösen, aber da war der Vater nicht einverstanden. Er wollte nicht, dass andere sein Kind stechen. "Du musst das machen. Die Andere macht das nicht richtig. Ich sehe das. Sie macht viel zu schnell. Man muss doch ganz langsam machen, sonst weint das Kind nachher und schläft die ganze Nacht nicht richtig".

Zwei Zwillingsbuben von 1500 und 1800 g brauchen meine Pflege. Sie sind hier geboren. Sie sehen gut aus und ich hoffe, dass wir sie durchbringen. Die Hebamme ist froh, dass ich die Betreuung der Kleinen übernehme.

Ein zweijähriger Bub ist uns gebracht worden, bewusstlos. Wir vermuteten eine Hirnhautentzündung und machten eine Lumbalpunktion. Das machte der Mutter einen grossen Eindruck und sie hatte Angst, das Kind müsse nun sterben. Wir erklärten ihr, dass wir alles tun werden, um dem Kind zu helfen, die Krankheit zu überstehen. Aber die Mutter hatte es nicht begriffen. Am Nachmittag war das Bett leer. Mutter und Kind waren verschwunden. Vielleicht sind sie zu einem Heiler gegangen oder die Mutter wollte wohl, dass das Kind zu Hause sterbe. Dr. Munz schrieb an den Leiter des Chantiers, wo sie her kam.

Am Sonntag, wenn ich Dienst habe, vertrete ich Barbara am Medikamententisch. Der Vater eines von mir betreuten Kindes klagte über eine entzündete Wangenschleimhaut, die Folge eines bestimmten Wurmmittels. Ich gab ihm Medikamente dagegen. Am Abend erschien er wieder, strahlend: "Das war ein gutes Medikament. Von jetzt an hole ich die Medikamente immer bei dir, nicht mehr bei Barbara, die nützen nichts". Dass Medikamente eben viele Wirkungen und auch Nebenwirkungen haben, ist für ihn schwierig zu verstehen.

Branca wird gefährlich
Branca, der arme, einarmige Affe wird gefährlich. Letzthin hatte er sich von der Kette losgerissen und rannte kreischend durch die Gassen des Spitalareals und tollte auf den Betten herum. Die Leute stoben angstvoll schreiend und auch lachend auseinander. Einer Frau zerriss er das Kleid. Wenn man ihm zu nahe kommt, beisst er. Er ist gefährlich geworden. Das ist doch kein Affenleben. Die Leute vom Chantier, die ihn hergeschickt haben, kümmern sich nicht mehr um ihn. Darf man das arme Tier nicht von seinem traurigen Dasein erlösen? Ist das gegen Ehrfurcht vor dem Leben?

Weihnachtsvorbereitungen
An meinem freien Sonntag mache ich Weihnachtspäckli für die Kinder. Ich kam durch die Woche nicht dazu. Mein Zimmer sieht aus wie ein Warenlager. Kleider, Spielsachen, Toilettensachen lagern verstreut auf dem Bett. Jedes Kind, das ich betreue, sollte etwas bekommen, das zu ihm passt. Kleider, ein Spielzeug und eine Seife band ich zu einem Bündel zusammen mit einem farbigen Anhänger mit Namen versehen ohne Papier. Das Papier läge nachher nur herum. Etwa 70 bunte, lustige Päckli liegen vor mir.

26. Dezember 1961
Weihnachten ist vorbei. Der Adventskranz im Esszimmer ist verschwunden. Die Weihnachtspalme wurde neben dem Antilopengehege eingepflanzt. Ob sie ihrer glitzernden Vergangenheit nach-

träumt? Einige Silberfäden hangen noch an ihren Zweigen, einsam, verloren.

Das Fest hat mich enttäuscht. Es war eher ein Päcklirummel als eine Feier. Zur Feier der afrikanischen Angestellten wurden im Hof vor Dr. Schweitzers Zimmer lange Tische aufgestellt mit Geschenken. Dr. Schweitzer sass auf einer Bank inmitten seiner weissen Helfer, rechts und links Ali und Matthilde. Alle andern standen. Schweitzer las die Weihnachtsgeschichte. Ich erwartete, dass er zu seinen afrikanischen Helfern einige Worte sagen würde. Aber nichts, gar nichts. Es wurde gesungen, abwechselnd zwischen den Fang, den Galoa, den Leuten vom Lepradorf und uns Weissen. Dann kam das Hallo des Päckli-Verteilens.

Unten im Spital war es nicht besser. Es war ein heisser Nachmittag, doch alle, die konnten hatten sich versammelt. Ein Lied wurde gesungen. Weder Schweitzer noch die Ärzte sagten ein Wort, und grad die Kranken hätten einiger weihnächtlicher Worte bedurft.

Wir Schweizer haben dann noch etwas Weihnachten in die Krankenbaracken gebracht. Barbara stellte an verschiedenen Orten Krippenfiguren aus Kalebassen und Kerzen auf. Am Abend zogen wir von Krippe zu Krippe mit brennenden Kerzen und sangen unsere alten Weihnachtslieder. Alle hatten grosse Freude. Anschliessend gingen wir unter Kerzenschein und Singen ins Lepradorf und brachten dort auch Freude. Matthilde war mit dem Ganzen nicht einverstanden: Man solle sich nicht in alles einmischen und neue Sachen einführen!

Nach alter Tradition führen die Leute im Lepradorf ein Weihnachtsspiel auf. Das war sehr eindrücklich. Sie spielten nicht nur, sie lebten das Spiel. In der Krippe lag ein lebendiges Kind, seine Mutter spielte die Maria, so natürlich, so einfach schön. Weinte das Kind, nahm sie es an die Brust, wie sie es immer tut. Die Leprösen, die meist schwer gehen konnten, halbe Finger und Füsse haben, spielten mit Hingabe und Inbrunst, die mir tiefen Eindruck machten. So hatte Weihnachten mit den Afrikanern doch etwas Schönes.

Die Feier unter uns Europäern war sehr feierlich. Auf dem langen Tisch im Esszimmer leuchtete eine Kerzenreihe. Rund um einen

Leuchter in der Mitte lagen Tannenzweige, die Mme Martin aus Günsbach geschickt hatte. Eine junge Palme in einem Topf war mit Kugeln und Kerzen geschmückt. Ihre hellgrünen Blätter glitzerten im Kerzenlicht. Auf einem kleinen Tischchen bewunderten wir eine dreistöckige Weihnachtsmühle aus dem Erzgebirge: Zuunterst die heilige Familie, in der Mitte die Hirten und zuoberst die drei Könige. Alles drehte sich ganz leise von der Wärme des Kerzenlichts. Wir sangen viel. Walter und Barbara spielten Flöte und Klavier. Walter sang mit schöner Stimme die Rezitative aus Bachs Weihnachtsoratorium. Dr. Schweitzer liess die ganze Feier über sich ergehen. Er sagte einige kurze Worte über das erste Auftreten von Jesu. Er machte einen müden Eindruck.

Silvester feierte ich zunächst allein in meinem Zimmer bei Kerzenlicht und weihnachtlicher Stimmung, bis die Tür zwischen unseren Zimmern sich öffnete und ein lachendes Barbaragesicht erschien. Bald darauf war auch Erling da. Um Mitternacht läuteten die Glocken und wir versammelten uns alle im Esszimmer. Dr. Schweitzer las den 90. Psalm. Mit Glühwein stiessen wir an und wünschten uns ein gutes Neues Jahr. "Alles Gute, liebs Chind", sagte Herr Schweitzer zu mir.

Neujahr 1962
Um sechs Uhr klopfte es energisch an meine Türe. Ich fuhr aus dem Bett: Was ist denn los? Eine helle Stimme rief: "Marianne, on te souhaite une bonne année". Natürlich, darüber wurde ich gestern aufgeklärt, dass die Kinder kämen, Blumen brächten und ein Bonbon erwarteten. Ich öffnete die Tür und draussen stand eine Schar Kinder mit Blumensträusschen. Sie lachten und strahlten und alle wollten gleichzeitig die Blumen übergeben. Vergnügt zogen sie mit ihren Bonbons ab und hinterliessen mir einen Blumengarten.
Im Kinderbettchen an der Wand regte sich etwas. Raymond erwachte. Mit seinen grossen Augen schaute er erstaunt herum. Seit vierzehn Tagen schläft er bei mir. Seine Tante ist in den Ferien.
Der Kleine will nicht mehr im Bett bleiben: "So komm. Es ist zwar noch früh, aber es ist schön, etwas Zeit für dich zu haben."
Es war ein strahlender Neujahrsmorgen. Ich sass am Ogowe bei Sonnenaufgang. Wir befinden uns in der kleinen Trockenzeit. Es ist heiss und wir warten sehnlichst auf Regen.

Ali's Reise

Seit einiger Zeit hatte Maria Ohrenweh, das einfach nicht bessern wollte. Die Ärzte vermuteten einen Tumor. Dr. Schweitzer wollte, dass sie sofort nach Europa reise um das abzuklären.

Ali solle sie begleiten.

Seit mindestens acht Jahren ging Ali von Lambarene nicht mehr fort. Sie wusste gar nicht, was sie anziehen soll. Ausser ihrer weissen Kleider schien sie nichts zu haben. Jahrelang, tagein, tagaus trug sie einen weissen Rock, eine weisse Schürze, weisse Strümpfe und den Tropenhelm. In dieser Aufmachung ging sie auch ins Flugzeug. Ihre ganze Habe trug sie in einer weissen Baumwolltasche mit sich. Sie liess sich nicht überreden, die Kleider, die wir für sie zusammengelegt hatten, anzuziehen. Nicht einmal eine warme Jacke wollte sie mitnehmen bei dieser Kälte in Holland. Vorgestern flogen die Beiden ab.

Wie staunten wir, als heute Mittag jemand rief: "Die Ali kommt!" Ich traute meinen Augen nicht. Tatsächlich, da spazierte sie über die Sandbank im weissen Kleid mit dem weissen Baumwollsack, als ob sie grad eben vom Dorf käme. In drei Tagen – nicht um die Welt – aber von Lambarene-Amsterdam retour! Sie habe keine Ruhe gehabt und müsse doch zu Schweitzers Geburtstag da sein.

In Amsterdam hatte sie vier Stunden Aufenthalt, liess ihre Schwester kommen, die Maria weiter begleitete und flog mit dem nächsten Flugzeug zurück. Auftrag erfüllt.

Madame Marion

Alljährlich zum Geburtstag des Grand Docteur kommt Madame Marion.

Auf dem Weg ins Lepradorf befindet sich eine kleine Holzbank, die Marionbank. Jedes Jahr ritzt sie ihren Namen hinein: Marion 1960, Marion 1959, usw., sicher zehn Jahre zurück. Ich bin gespannt auf diese sagenumwobene Gestalt. Die Weissen stöhnen über ihre Ankunft und die Schwarzen freuen sich. Maman Susanne sagte: "Sie hat immer viel Bagage und viele Geschenke." Und viel Geld, denke ich. Dr. Schweitzer holte sie persönlich am Flugplatz ab. Ich sah sie über die Sandbank kommen. Eine grosse, füllige Frau mit blondem Haarschopf, roten Lippen und weiss gepudertem Gesicht und weissen Handschuhen. Neben ihr ging bescheiden ein kleiner Mann, ihr

Gatte, ein berühmter Filmemacher. Vier, fünf, sechs Afrikaner trugen ihr Gepäck.

Sie bewohnt drei Zimmer, eines für sich, eines für ihren Mann und eines braucht ihr Gepäck. Sie wünscht einen Boy für sich allein. Man sagt, sie sei Schauspielerin. Jedenfalls muss sie viel Geld haben und einiges davon auch dem Spital überlassen. In ihrem Gepäck bringt sie Geschenke für die Afrikaner, zusammengebettelte, zusammengesuchte Sachen. Das macht sie in Amerika berühmt als Wohltäterin und in Gabun gern gesehen. Ihre Handschuhe zieht sie nie aus und den Einheimischen gibt sie nie die Hand.

Nun herrscht ein grosses Hin und Her auf unserer Veranda. Alle kommen zu Mme Marion und betteln um ein Geschenk. Im Lepradorf gab es eine grosse Verteilete.

Manchmal liegt Mme Marion auf ihrem Bett nur bekleidet mit BH und Höschen, halb nackt und allen sichtbar!

14. Januar, Dr. Schweitzers Geburtstag

Dr. Schweitzers 87. Geburtstag. Heute wirkt er rüstig und niemand gäbe ihm dieses Alter. Von morgens früh bis abends spät ist er an der Arbeit. Entweder sehen wir ihn am Schreibtisch oder auf dem Bauplatz. Er nimmt an allem Anteil und weiss über alles Bescheid.

Wie üblich an den Geburtstagen sangen wir auch um 07 Uhr vor seiner Tür. Viele Afrikaner kamen zum Gratulieren und brachten rührende Geschenke: eine Kokosnuss, Eier, selbstgedrehte Ananasschnüre, ein Bündel Holz, Bananen, ein Schälchen Erdnüsse, eine geflochtene Matte, usw. Nach dem Morgenessen, an dem auch er Päckli auspacken musste, sangen vor seinem Haus die Kinder beider Missionsstationen und die Leute vom Lepradorf. Ueber den ganzen Tag kamen Besucher und Dr. Schweitzer führte sie geduldig herum und gab ruhig und bereitwillig Antwort auf ihre Fragen.

Am Mittagstisch hatten wir hohen Besuch. Ein Vertreter von Leon M'Ba, des Präsidenten von Gabun und der amerikanische Gesandte mit seiner Frau waren zu Gast. Die Geburtstagrede hielt Dr. Müller. Neben den mehr oder weniger ernsten Gesprächen fragte Dr. Schweitzer den Amerikaner plötzlich, ob er im schwarzen Anzug, im weissen Hemd und Krawatte nicht zu heiss habe. "Oh, nein", meinte dieser: "Grosse Leute wie ich halten die Hitze eher aus". Das tönte recht zweideutig. Er meinte dabei aber seine Körpergrösse, nicht die politische.

Nach dem bewegten Tag verbrachten wir einen ruhigen Abend en famille. Mlle Mathilde schenkte Herrn Schweitzer einen Plattenspieler. Er sei von uns allen, meinte sie, dazu eine Schallplatte mit Orgelmusik aus der Kirche von St. Maurice. Natürlich gespielt von Albert Schweitzer. Andächtig, erfüllt mit Ehrfurcht hörten wir den brausenden Tönen der Orgel zu. Mitten unter uns der Musiker selber, still und ernst mit vorgeneigtem Kopf. Seine wilde Haarsträhne fiel ihm über die Stirne.

Wir haben neue, ärztliche Hilfe bekommen. Es war bitter nötig. Momentan sind viele Schwerkranke da. Dr. Mattison und seine Frau kommen aus Amerika. Leider sprechen sie kein Französisch. Das macht den Umgang mit den Patienten schwierig.

C'est le vampir, qui fait ça

Ich habe eine strenge Zeit mit vielen schwerkranken Kindern, dass ich fast nicht zur Ruhe komme. Anfangs Monat wurde ein bewusstloser, vierjähriger Bub gebracht mit einer Enzephalitis. Er war eine Woche lang ohne Bewusstsein. Als es ihm besser ging, kamen zwei andere Sorgenkinder, Cecile und Faustin, beide acht Jahre alt. Cecile, das Kind aus der Verwandtschaft unseres Helfers Obiang, hatte Keuchhusten. Eines Tages brachte man sie bewusstlos ins Spital: Pertussis–Enzephalitis. Sie ist schon die dritte Woche ohne Bewusstsein. Nächtelang habe ich bei ihr gehütet oder wurde nachts gerufen. Sie hatte starke Hustenanfälle und fast dauernd Krämpfe und hohes Fieber. Das Kind sieht mager und schlecht aus. Seine dunkle Haut wirkt gräulich. Es wird künstlich ernährt. Neben seinem Bett wachen die Mutter und die zweite Frau seines Vaters.

Im Raum nebenan liegt Faustin. Er ist auch schon die dritte Woche bewusstlos mit Meningitis. Auch er hat Krämpfe. "C'est le vampir, qui fait ça" sagt der Vater. Auch Faustin wird künstlich ernährt. Er reagiert auf gar nichts.

Dezember, Januar ist hier die heisseste Zeit. Sogar in meinem Zimmer, wo sonst immer ein frisches Lüftchen weht, ist dicke, heisse Treibhausluft. Die Hand bleibt vor Feuchtigkeit am Papier kleben. Nun verstehe ich Dr. Schweitzer, der zum Schreiben immer einen baumwollenen Strumpf über seine Arme zieht.

Heute Morgen versuchte ich auf Barbaras Flöte zu spielen. Anfangs tönte es ganz schön, aber plötzlich ging nichts mehr. Alles blasen nützte nichts. Alle Töne klangen gleich tief und brummig. Schliesslich drehe ich die Flöte auseinander und putzte sie. Und was kam zum Vorschein? Eine schwirrende, summende Kakerlake!

Meine Gedanken gehen immer wieder zu meinen Sorgenkindern. Cecile und Faustin geht es nicht besser. Schon bald sind sie vier Wochen ohne Besusstsein. Oft frage ich mich, wie das mit diesen Kindern herauskommen wird. Hat es einen Sinn sie unbedingt am Leben erhalten zu wollen? Und doch ist es unsere Pflicht alles zu tun, was wir können, um Leben zu erhalten. Immer wieder erlebe ich, dass schwerkranke Kinder sich trotz Hoffnungslosigkeit wieder erholen. Ceciles Husten- und Krampfanfälle haben zwar etwas nachgelassen, sodass sich die Krankheit nicht verschlimmert hat.

Nun dachte ich, dass eine der beiden Frauen, die bei dem Kind hüten, als Bezahlung für die Pflege im Spital eine Arbeit übernehmen könnte. Bereitwillig sagte die eine zu. Die andere, die Mutter wie ich glaubte, blieb beim Kind. Später vernahm ich, dass die zweite Frau des Vaters beim Kind sitzt und die richtige Mutter am Arbeiten ist. Sofort wollte ich das ändern, aber die Frauen wollten nicht. Das sei gut so, meinten sie. Vielleicht dachte die Mutter, wenn sie arbeite, könne sie eher etwas Konkretes für ihr Kind tun. So habe ich gelernt, dass ich immer fragen muss, wer das Kind geboren hat, um die richtige Mutter herauszufinden. Hat ein Mann mehrere Frauen, fühlen sich alle als Mütter all seiner Kinder.

Ich sollte unbedingt für ein schwerkrankes Kind Windeln haben. Ich wusste, dass es welche in den Vorräten hat, die Ali unter sich hatte. Doch Ali wollte keine geben. Sie meinte, man könne die Kinder ohne Windeln in den Betten lassen, es werde ja sowieso schmutzig!! Was für eine Idee! Hier habe ich gelernt, fest zu sein, auf etwas zu bestehen, wenn es nötig ist. Wahrscheinlich hatte ihr meine Beharrlichkeit Eindruck gemacht. Jedenfalls bekam ich ein ordentliches Häufchen schöner Windeln.

Mein erster Geburtstag in Lambarene
Mit klopfendem Herzen wartete ich am Morgen hinter geschlossenem Vorhang auf die Geburtstagslieder. Gegen halb acht Uhr hörte

ich Schritte und Stimmengemurmel vor der Tür. Dann stimmte Dr. Schweitzer mit zittriger Stimme an: Harre meine Seele. Die anderen fielen mit ein. Und dann folgten alle zehn Strophen von: Ach bleib mit deiner Gnade…. Beim letzten Ton musste ich die Türe öffnen. Alle kamen herein zum Gratulieren, voran Dr. Schweitzer. Kinder brachten Blumen und von den afrikanischen Helfern bekam ich Erdnüsse und Kokosnüsse. Eine alte Frau überreichte mir mit rührendem Blick ein kleines Hühnerei.

Am Morgentisch empfing mich Kerzenlicht, ein Blumenkränzchen und eine Menge Geschenke. Darunter die traditionelle bemalte Bastmatte mit den Wünschen von Dr. Schweitzer und den Unterschriften aller Mitarbeitenden. Daneben, auch Tradition, eine kleine Truhe aus Rotholz mit einer Widmung von Dr. Schweitzer. Dann ging es unter Ah und Oh ans Päckli aufmachen. Ich bekam Bücher, eine Schreibmappe, selbstgegossene Kerzen, ein Petrollämpchen aus einer Kokosnuss, usw. Für die Pouponnière machte mir Catherine ein kleines, reizendes Puppenwägelchen mit einer Puppe. Eine Ueberraschung erwartete mich in meinem Zimmer. Erik hatte ein Kiste auf vier Füsse gestellt und eine Vorhangstange daran gemacht. Devika nähte dazu einen bunten Vorhang und hat die Kiste zu einem allerliebsten Bettchen ausstaffiert. Dieses Bett bleibt in meinem Zimmer für besondere Kinder, die ich hüten muss.

Mein Geburtstagsessen gab es erst am Abend, weil mittags der belgische Gesandte zu Gast war. Während des Essens kamen wie gewohnt an Geburtstagen die Kinder vom Lepradorf und sangen ihre fröhlichen Lieder zum Gratulieren. Dann hielt Dr. Schweitzer die Geburtstagsrede:

Liebe Marianne, das ist wohl das erste Mal, dass du eine Rede bekommst. Ich weiss zwar nicht, ob vor dem Volk schon jemand über dich geredet hat. Das muss ich auch nicht wissen. Auf meine Menschenkenntnis verlasse ich mich. Wo du gekommen bist, sagte ich mir, dass die für uns geschaffen ist, für alle Arbeit, die bei uns zu tun ist. Und da hat man dir gleich eine schwere Arbeit aufgeladen, die dir nicht erlaubt, die Zeit zu nehmen, um für dich zu sein. Du verrichtest deine Arbeit in einfacher, schlichter, kluger Weise. Immer, wenn ich in deine Abteilung komme, freue ich mich. Ich will dir keine lange Rede halten, denn ich sehe voraus, dass ich dir nicht die letzte gehalten habe und noch andere kommen werden, was ich sehr begrüssen würde. Es bleibt mir nichts anderes, als dir zu danken, dass du da bist, dass du so bist, wie du bist und dass du so arbeitest, wie du arbeitest. So steh auf, nimm dein Glas und stoss an.

Die fast schönste Geburtstagfreude für mich ist aber, dass Cecile und Faustin aus ihrer Bewusstlosigkeit zu erwachen scheinen. Faustin beginnt sich zu bewegen. Er will mir beim Schleim absaugen meine Hand wegstossen und hustet, wenn ich mit dem Schläuchlein in den Hals fahre. Er hat seit einigen Tagen kein Fieber mehr.
Cecile reagiert auch, aber weniger. Von Zeit zu Zeit stösst sie laute Schreie aus. Hie und da schlägt sie die Augen auf, schaut wirr umher, dann verfällt sie wieder in Halbschlaf und dreht sich unruhig hin und her, reagiert aber nicht auf Rufen. Auch sie wehrt sich beim Absaugen.

Abendstimmung
Ich sitze am Tisch in meinem Zimmer und staune und horche hinaus in die Nacht. Es ist ein angenehm kühler Abend nach einem heissen, schönen Tag von 34 Grad im Schatten. Ein kühler Wind streicht mir sanft über die Haare und zieht mich hinein in die majestätische Schönheit der Tropennacht. Vögel zwitschern, Frösche quaken. Aus Madoumas Hütte tönen Lieder. Die Familie hält ihre gewohnte Abendandacht. Sie singen und beten immer um dieselbe Zeit. Es ist 20.30 Uhr. Die Glocke läutet. Das Zeichen, dass im Spital alle Feuer ausgemacht werden müssen. Ich höre ein Kind weinen.
Zeit für mich, nochmals ins Spital hinunter zu gehen und nach meinen Kindern zu schauen.
Ein kleiner Bub wurde heute gebracht mit Krämpfen. Den ganzen Tag über war er sehr unruhig. Er schrie und wälzte sich im Bett herum und schnappte nach Luft. Er reagierte nicht, wenn wir ihn ansprachen. Alle Untersuchungen waren normal. Ob das Kind vom Feticheur behandelt wurde? Die Eltern standen still, verschlossen daneben und wollten nicht sagen, wie die Krankheit begann. Es schien, als sei es ihnen gleichgültig, was mit dem Kind geschah. Beide trugen Lianenbänder um den Hals und waren sehr schmutzig.

Die Tür zwischen Barbaras und meinem Zimmer steht offen. Siegfried hat mir für einige Zeit seinen Plattenspieler entlehnt. Wir hören das Violinkonzert von Beethoven. Wie geniesse ich diese Musik.

In letzter Zeit spielt Dr. Schweitzer häufig am Abend Klavier im Esszimmer. Von meinem Zimmer aus höre ich bei Kerzenlicht der Musik zu.

Der Genesung entgegen

Cecile und Faustin sind nun ganz wach, aber sie machen mir noch grosse Sorgen. Cecile hört nichts. Sie schaut uns an wie aus einer anderen Welt und scheint nichts zu begreifen. Sie isst und trinkt, wenn man ihr eingibt. Sie wehrt sich, wenn man etwas an ihr macht, aber ihr Geist scheint nicht da zu sein.

Faustin sitzt im Bett, spricht ganz vernünftig, aber er sieht nichts. Er betastet alles mit seinen Händen und fragt immer wieder: "Wann kann ich wieder sehen?"

Die Beiden sind nun zusammen in einem Raum. Es geht ihnen besser. Jeden Tag machen sie Fortschritte. Das ist ein Wunder! Cecile erwacht aus ihrer Apathie und ist ein herziges Kind und sie kann wieder hören.

Faustin beginnt wieder zu sehen. Er ist überglücklich, ich auch. Ich bin erstaunt, wie schnell sie sich erholen. Sie spazieren herum, noch unsicher, aber es geht. Wir freuen uns alle. Faustins Vater meinte: "Er macht Fortschritte, aber das war Arbeit für dich. Il faut avoir le coeur dur et doux."

Heute Abend, als ich meine Runde im Spital machte, hörte ich Kinder singen. Cecile, ihre Schwester und Faustin sassen im Bett eng aneinander gelehnt und sangen. Dazwischen lachten und plauderten sie fröhlich. "Das war schön" freute ich mich, "Kommt, wir gehen bei Dr. Munz vorbei und bringen ihm ein Ständchen". So schlichen wir leise vor sein Zimmer und die Kinder sangen. Diese Freude! Nun werden die Beiden bald heimgehen können, und ich habe wieder erlebt, dass man die Hoffnung nicht aufgeben darf.

Geht es den Einen besser, kommen andere Sorgenkinder. Momentan herrscht eine Durchfallwelle. Das kann bei kleinen, schwachen Kindern sehr gefährlich sein, besonders weil die Mütter ihnen nichts zu trinken geben wollen. Sie sagen, erst müsse alles heraus, bevor das Kind wieder Nahrung bekommt. Eigentlich keine schlechte Überlegung, aber sie wissen nicht, dass der Körper Flüssigkeit und Mineralien braucht. Sehr oft sind die Kinder ausgetrock-net oder sogar toxisch und ihr Leben hängt an einem Faden.

Raymond entwickelt sich gut. Er ist ein sonniges Kind. Gestern musste die Tante in ihr Dorf, weil ihre Mutter schwer krank sei. Doch heute stand sie schon wieder da: "Sie atmet noch. Ich sagte, ich könne nicht bleiben. Ich müsse zurück zum Kind. Wenn der gute Gott meine Mutter nimmt, wird man mich rufen." Das ist erstaun-lich. In der Regel bleiben die Leute bei so einer Gelegenheit mindes-tens zwei Wochen weg. Raymond ist ein gesundes Kind und müsste eigentlich nicht da sein. Aber weil er keine Muttermilch bekommen kann, braucht er Büchsenmilch und die ist im Dorf nicht vorhanden. Die Tante fühlt sich verantwortlich für Raymond wie zu ihrem eige-nen Kind.

Anders Marguerite. Schon mehrere Monate ist sie da mit ihrem Kind Jeanne. Jeanne hatte eine Tbc-Meningitis und braucht für län-gere Zeit Medikamente. Ihr Dorf liegt zu weit weg, als dass sie jeden Tag ihre Medikamente holen könnte. So bleibt sie mit ihrer Mutter vorläufig hier und geht auf die kath. Missionsstation zur Schule. Ihre Mutter ist schwanger, jedoch nicht von ihrem Mann. Der ist nicht hier. Nun will Marguerite ins Dorf, um sich Spülungen zu ma-chen mit einer Kräutermischung. Das sei bei ihnen Brauch und müs-se sein, wenn man schwanger sei. Sie ging. Doch ohne ihrem Kind etwas zu sagen. Als Jeanne aus der Schule kam, war die Mutter weg und hinterliess ein verzweifeltes Kind.

Sonntagsbesuch

Den Sonntag wollte ich zum Briefe schreiben benützen. Kaum sass ich am Tisch, hört ich meinen Namen rufen. Die Zwillinge wollten mir einen Besuch machen. Sie kauten an einem Zuckerrohrstängel und trugen einen kleinen Schemel auf dem Kopf. Jeden Sonntag trippeln sie mit dem kleinen Schemel zum culte. Sie setzen sich rechts und links von Maman Susanne, nehmen den Mittelfinger in der Mund und machen während der Predigt keinen Wank mehr. Manchmal schlafen sie ein. Jetzt kamen sie auf dem Weg nach Hau-se an meinem Zimmer vorbei. Sie wollten etwas tun. Ich schickte sie mit einer Flasche in die Pouponnière. Schon bald hörte ich sie wie-der zurückkommen. Zögernd standen sie vor den beiden Schimpansen. Sie hatten Angst, an ihnen vorbeizugehen. Die Affen aber wollten spielen und sprangen ihnen entgegen. Die beiden Buben verschwanden schnell hinter dem nächsten Gestrüpp. Das war ihnen doch zu riskant. Ich holte sie und führte sie sicher an den Affen vorbei. Sie bekamen noch eine Banane, dann gingen sie zufrieden mit ihrem Schemel auf dem Kopf nach Hause.

Da kam die alte Maman Josephine des Wegs. Auch sie hatte Angst vor den Affen und duckte sich nah an meinem Fenster vorbei. Sie ist erkältet und ich fragte sie, wie es ihr gehe. "Moi, fini boire le médicament. Le nez, ça coule, ça coule. Moi demain encore boire le médicament."

Ausflug nach Atsie

Ein leuchtend blauer Himmel wölbte sich über der Tropenlandschaft, durchzogen mit einzelnen kleinen weissen Wolkengebilden. Der kühle Wind trieb sie langsam westwärts. Ruhig, träge floss der Fluss dahin. Inge und ich sassen in einer Piroge hintereinander und liessen uns von Monemfore nach Atsie führen. Ich wollte sehen, wie es Angelique, die sehr krank im Spital lag, geht. Unser Ruderer, ein kleines, dickes Männchen, ist Lepra-Patient. Seine verkrüppelten Füsse stecken in schmalen, kurzen Schuhen. Während der Woche flickt er unsere Schuhe. So genau wie ein europäischer Schuhmacher macht er das nicht. Auf die kaputten Absätze und Sohlen nagelt er einfach neues Leder drauf und die Schuhe werden dadurch immer höher.

Jetzt sass Monemfore zuhinterst in seiner Piroge. Behände steckte er sein Ruder einmal links, einmal rechts ins braune Wasser des Flusses.

Das Spital mit seinen roten Dächern und dem Stimmengewirr lag hinter uns. Wir näherten uns der kath. Missionsstation. Buben spielten Fussball und die Mädchen sassen im Schatten eines grossen Bambusbaumes. Ähnlich einer Trauerweide lässt er sein Blätterdach zu Boden fallen. Der rote Backsteinbau der Kirche kam zum Vorschein. Wir fuhren eine Zeitlang entlang der Insel. Stille umgab uns. Doch plötzlich hörten wir ein helles Trommeln und ein eintöniges Singen. Ein dunkelbrauner Bub erschien hinter dem Gestrüpp. Verlegen und scheu duckte er sich hinter einen Busch. Neugierig verfolgte er uns mit seinen grossen, erstaunten Augen. Wir wendeten uns nun gegen eine kleine, mit blühendem Schilf umgebene Insel.

Ich brach eine Blüte ab. Sie sah aus wie eine Ähre, aber aus jedem Knötchen wuchsen zwei ganz kleine, orangegelbe Blüten an einem feinen, weissen Stiel. Ich steckte den Stängel ins Wasser, und da ertönte eine geheimnisvolle, sphärische Musik. Je nachdem wie weit das Boot oder der Stiel im Wasser stand und wie stark die Strömung war, gab es einen tieferen oder höheren Ton. Das regelmässige Einschlagen des Ruders, das ans Boot plätschernde Wasser, das dumpfe, monotone Trommeln eins Tam-Tams in der Ferne gaben die Begleitung dazu.

Unterdessen hatten wir die Insel umfahren. Wir ruderten wieder flussabwärts. Vor uns lag die Weite des Flusses mit ihren zahlreichen, grünen Inseln. Auf beiden Seiten erhoben sich majestätisch und unerschütterlich die mächtigen Bäume des Urwaldes. Im Schatten der herunterhängenden Äste fuhren wir ganz nahe dem Ufer entlang. Ich schaute in das dichte Blätterwerk über mir, gelb, grün in allen Variationen. Rosa bis rot leuchteten die jungen Triebe. Dazwischen wuchsen lila Glockenblumen und goldgelbe Blumen, die trotz faulenden Blättern noch blühten. Lianen schlangen sich rücksichtslos um Baumstämme. Vor uns erhob sich ein gewaltiger Kapokbaum, der König der Urwaldriesen. Durch seinen gespaltenen Stamm zwängte sich eine Palme. Wir bestaunten das Labyrinth des Wurzelwerkes und horchten auf die unzähligen Laute, die den Waldesdom erfüllten. Erschreckt kletterte ein kleines, graues Äffchen von Ast zu Ast und verschwand in der Höhe.

Hinter einer Bucht kam Atsie zum Vorschein. Das Dorf liegt etwa drei Meter über dem Wasser auf einer Terrasse. Steil fällt das Ufer ab. Die rote Erde leuchtet grell in der Sonne. Wir legten an und stiegen die in den harten Sand eingehauene Treppe empor. Ein schmaler Weg führte uns zwischen kniehohem Gras zu den ersten Häusern. Fröhlich wurden wir von allen Seiten begrüsst: "NZamba". Kinder tanzten lärmend um uns herum. Ein alter Mann zeigte uns strahlend seine vernarbten Geschwüre, die im Spital behandelt wurden. Ueberall trafen wir Bekannte. Eine Mutter zeigte uns stolz ihr wenige Monate altes, wohlgenährtes Bübchen, das im Spital geboren wurde. Alte Frauen hockten schwatzend um ihre Feuerstellen. Der Rauch biss uns in den Augen, worüber die Leute lachten.

Da kam Josephine mit Angelique daher. Etwas zögernd begrüsste mich das Kind. Es sah gut und gesund aus. Auch Janine begrüsste uns. Das bildhübsche, fröhliche Mädchen, war lange Patientin im

Spital. Ihre grossen, dunklen Augen leuchteten. Ihr schwarzes Kraushaar war zu vielen straffen Zöpfchen frisiert. Wie freute ich mich, die Kinder gesund und munter zu sehen.

Josephine führte uns zu einem kleinen, mit Seerosen bedeckten Weiher. Am Ufer wusch eine Frau Maniok. Diese sauer riechende Wurzel ist eine der Hauptnahrungsmittel der Leute. Sie wird gestampft und in Bananenblätter eingerollt, um sie länger haltbar zu machen. Aber auch frisch kann man sie zubereiten wie Kartoffeln.

Josephine ruderte uns in einem kleinen, schmalen Einbaum ans andere Ufer. Bis zum Rand stand die kleine Piroge im Wasser und drohte jeden Moment zu kippen. Aber glücklich kamen wir auf der anderen Seite an. Ein Bad wäre ja nicht so schlimm gewesen, aber wir haben Respekt vor den Bilharzien, die sich in stehenden Gewässern befinden. Die kleinen Würmer dringen durch die Haut ein und verursachen gefährliche Entzündungen.

Durch raschelndes Laub spazierten wir durch einen schmalen Weg und standen plötzlich vor einem See. Silbern glitzerten die Wellen im Sonnenlicht. Am Horizont zeigten sich dunkle Wolken und der Wind wehte hier stärker. Das hätte uns eigentlich warnen sollen. Doch wir machten noch eine Fahrt auf dem See, diesmal in einer grösseren Piroge. Immer neue Buchten kamen zum Vorschein. Diese stille Landschaft und dieser Glanz taten unserer Seele wohl.

Wie staunten wir, als wir zurückkamen und den Ogowe in wilder Aufruhr sahen. Wellen stiessen zischend und schäumend aneinander. Das Wasser war dunkelgrau. "Oh, nun könnt ihr nicht gehen, il faut attendre". Wir warteten. Plaudernd sassen wir mit einer Gruppe Leute am Fluss. Eine halbe Stunde verging. Eine Stunde. Der Zeiger der Uhr rückte bedenklich vorwärts und der Fluss wollte sich nicht beruhigen. Nun müssten wir doch gehen, meinten wir, wir hätten ja ein starkes Boot. So leicht werde das nicht kippen. Der Sturm sei auch gar nicht so schlimm. Aber Monemfore schaute uns angstvoll mit grossen Augen an. Er hatte plötzlich heiss und zog seinen Pullover aus: "Oh, ça ne va pas encore. Il y a des hypopotames". Trotzdem stiessen wir vom Land ab und fuhren am Ufer entlang. Plötzlich ein angstvolles Geschrei, und wirklich sahen wir am andern Ufer einige Punkte aus dem Wasser blitzen. Flusspferde! Unser Ruderer hielt zitternd an: "Nein, das geht nicht". Gleichzeitig schaute zu unserer Rechten eine grüne Wasserschange aus dem Wasser. Geistesgegenwärtig schlug ein Junge mit dem Ruder zu und sie verschwand in der Tiefe. Der Sturm legte sich nicht. Die grauen Wolken wurden dunkler, drohender. Es war schon fünf Uhr. Nun müssten wir doch gehen, sonst kämen wir vor der Dunkelheit nicht mehr heim. Zwei Junge begleiteten uns mit ihren Booten. Wir hatten uns ein Ruder entlehnt und ruderten tüchtig mit. Monemfores Gesicht war angstverzerrt. Sein glattrasierter Kopf glänzte von Schweiss. Sein Blick war starr nach vorne gerichtet. Die Wellen zischten und klatschten ans und manchmal ins Boot. Aber unsere Piroge war gross und stark. Wir fühlten uns sicher. Doch plötzlich sahen wir etwa zwanzig Meter rechts zwei schwarze Punkte, die auf- und niedertauchten. Flusspferde! Zum Glück sah unser Ruderer sie nicht. Nicht vor dem Sturm hatte er Angst. Die Flusspferde fürchtete er. Doch diese schienen uns gar nicht zu beachten. Der Sturm hatte sich etwas gelegt. Unsere Begleiter kehrten um. Es begann zu dämmern. In der Ferne zuckte ein Blitz. Wir hofften, noch vor dem grossen Regen zu Hause zu sein. Wir hatten den Fluss überquert. Es ging nun flussabwärts und wir kamen schnell voran. In der Dunkelheit erkannten wir die Häuser vom Spital und kurz darauf legten wir am Ufer an. Eine halbe Stunde später entleerten sich die schweren Wolken.

Grippezeit
Die Grippe geht um. Nie hätte ich gedacht, dass das in den heissen Tropen möglich ist. Annie hat sie hinter sich. Drei andere Kolleginnen liegen im Bett. Das gibt für die Anderen Mehrarbeit.
Zum Glück ist das Spital nicht überfüllt mit Patienten. Ich selber fühle mich wohl, habe viel im Sinn und keine Zeit, alles auszuführen.
Antoinette, die wie ein Kriegskind aussah, als sie zu uns kam, geht es gut. Sie ist immer noch mager, isst aber gut, lacht und ist fröhlich.
Jetzt schläft Raymond für einige Zeit wieder in meinem Zimmer. Seine Tante ist in ihr Dorf gegangen. Ihre Mutter ist nun gestorben. Der Kleine ist immer vergnügt. Er lacht den ganzen Tag und will alles nachsprechen. Er schläft die ganze Nacht und merkt nicht einmal, wenn ich in der Nacht gerufen werde. Am Morgen weckt er mich. Sein Bett steht neben meinem Bett. Wenn er erwacht steht er im Bett auf, zupft mir am Hemdärmel und tätschelt mir auf den Arm. Wenn das nicht nützt, streicht er mir über das Gesicht. Natürlich erwache ich sofort, wenn er sich im Bett regt, aber ich geniesse

es, ihn durch einen Augenspalt zu beobachten. Er ist ganz ratlos, wenn ich nicht "erwache", nimmt seine Finger in den Mund und sinnt vor sich hin. Schlage ich dann die Augen auf, jauchzt er.

Cecile und Faustin sind nach Hause gegangen.

Stiller Abschied

Ceciles Vater ist gestorben. Er war schon lange krank gewesen und im Spital behandelt worden. Weil man wusste, dass seine Krankheit bösartig war, liess man ihn auf seinen Wunsch nach Hause gehen.

In Dr. Munz Boot, das grad Platz für zwei Personen hat, ruderten wir nach Abongo. Der Tote war in seiner Küche aufgebahrt worden. Seine beiden Frauen sassen ihm zur Seite, und die ganze Verwandtschaft still um ihn herum. Zu unserem Erstaunen hörten wir kein Wehklagen, kein Schreien, kein sich am Bodenherumwälzen und Kleider zerreissen wie das sonst üblich ist. Alle standen oder sassen ruhig da. Einige beteten den Rosenkranz. Der Verstorbene habe es so haben wollen. Still, voll Ehrfurcht nahmen wir teil an der Andacht. Morgen werde der Tote auf der kath. Missionsstation begraben.

Als wir zurückfuhren, war es beinahe dunkel. Die Mondsichel leuchtete hinter den Wolken hervor. Die ersten Sterne kamen zum Vorschein. Leise wiegten sich die Palmen hin und her und zeichneten sich schwarz von vom helleren Nachthimmel ab, wie Scherenschnitte. Wir liessen uns von der Strömung treiben. Als wir uns dem Spital näherten, begannen die Glocken den Sonntag einzuläuten.

In der Regenzeit sind die Tage besonders leuchtend und klar. Die Sonne scheint heiss vom tiefblauen Himmel. Die Luft steht still und ist sehr feucht. Die Kleider kleben am Leib. Kein Blättchen regt sich, bis gegen Abend ganz plötzlich sich Wolken zusammenballen, Wind aufkommt, Blitze zucken, Donner grollt und ein heftiger Regen niederprasselt.

Ein österreichischer Pianist ist zu Besuch da und gab uns ein Konzert mit Werken von Bach, Mozart, Chopin, Schumann und eigenen Kompositionen. Er spielte alles auswendig. Seine Finger tanzten auf und nieder, hin und her. Präzise und doch gefühlvoll sprudelten die Töne hervor. Es war ein Genuss.

Wie ich so am Schreiben bin, steht plötzlich ein kleiner Bub vor mir und streckt mir ein Ei entgegen. Ich habe ihn nicht kommen hören. "Das ist ein Geschenk für dich". Er greift in seine beiden Hosensäcke und kramt noch zwei Eier hervor. Kaum ist der Bub fort, kommt Janine. Sie möchte mit der Puppe spielen, die immer in meinem Zimmer ist.

Es ist April geworden. Nachts jaulen die Katzen und machen ein ohrenbetäubendes Geschrei. Ein Hund hatte sieben Junge bekommen, davon er aber nur eines behalten durfte. Es sieht aus, wie eine kleine Bulldogge. Rassenreinheit gibt es hier nicht.
Die Truthenne hatte fünf Eier ausgebrütet und jetzt piepsen fünf kleine flauschige Kücken hinter ihrer Mutter her. Hoffentlich werden die nicht so aggressiv wie der Truthahn. Vor dem habe ich Respekt. Er springt federsträubend und laut gackernd hinter einem her und wehe, wenn man ihm zu nahe kommt. Dann pickt er einen in die Beine.

Die Früchte sind reif. Wir essen alle Tage Mandarinen und Grapefruits. Die Körbchen in den Zimmern sind immer gefüllt
.
Das Wasser im Fluss steigt stetig. Das Dorf Lambarene steht unter Wasser. Letztes Jahr ging das Wasser um diese Zeit schon zurück. Jetzt, Ende der Regenzeit regnet es immer noch heftig.
Wieder leiden viele Kinder an Keuchhusten, meist verbunden mit Komplikationen wie Pneumonien und sogar Hirnhautentzündungen.

Maman Sansnom und die Glocke
Mitten am Nachmittag bimmelte plötzlich eine Glocke. Mit leuchtendem Gesicht zog Maman Sansnom am Glockenstrang. Alles strömte zusammen. Gab das einen Auflauf und ein Gelächter. Mitten drin stand die alte Frau mit strahlendem Gesicht. Willig liess sie sich von Dr. Schweitzer wegführen, gefolgt von johlenden Leuten. Für gewöhnlich kommt Maman Sansnom mit wildem Blick und mit Stock oder Machete daher. Sie wirkt so angsteinflössend, dass alle ihr ängstlich ausweichen.

Kein Sonnenstrahl geht verloren

Als ich heute bei Mlle Matthilde Schreibpapier holte, meinte sie, sie wolle mir etwas Nettes schenken. Sie kramte zwischen ihren Büchern, Zeitungen und Briefen herum und zog ein kleines Büchlein hervor von Albert Schweitzer: "Kein Sonnenstrahl geht verloren". Damit ging sie zu Herrn Schweitzer, damit er etwas hineinschreibe. Da steht nun in seiner kleinen, sauberen Schrift: Für Marianne Stocker mit besten Gedanken. Herzl. Albert Schweitzer, Lambarene, 20.5.1962.

Mlle Matthilde beschäftigt sich den ganzen Tag allein in ihrem Zimmer mit Briefe schreiben. Sie freut sich immer, wenn man sie besucht. Manchmal gehe ich mit einem Kind sie grüssen. Brauche ich Milch für die Pouponnière kommen immer Kinder mit. Den Schlüssel für den Raum mit den Vorräten ist bei Matthilde in Obhut. Ich muss es ihr hoch anrechnen, dass ich selber in die Vorratskammer darf und nehmen darf, was ich brauche.

Ein zwei Monate alten Zwillingsbub bin ich am Aufpäppeln. Die Mutter hat nicht genug Milch für Beide. Der Kleinere ist über ein Kilo leichter als sein Bruder.

Antoinette konnte nach Hause gehen, gesund und wohlgenährt. An ihre Stelle ist ein anderes Sorgenkind gekommen. Ein sechs Monate altes Mädchen mit einer Lungenentzündung, die nicht bessern will. Zum Trinken ist es zu schwach. Ich ernähre es mit der Sonde.

Ich blicke in eine helle Vollmondnacht. Die Welt ist wie in blaues Licht getaucht. Langsam zieht der Mond zwischen den Wolken dahin. Vom andern Ufer her tönt das Trommeln eines Tam-Tams und monotoner Totengesang.

Ein unfreiwilliges Bad

Hanna und ich waren unterwegs nach Magnanga, einem kleinen Dorf gegenüber dem Dorf Lambarene. Dort wohnen zwei Kinder, die ich betreute. Ihr Vater schrieb mir und lud mich zu einem Besuch ein. Wir mieteten eine Piroge mit Ruderer. Wir überquerten den Fluss, die stärkste Strömung lag hinter uns und wir näherten uns der kath. Mission. Da kam uns mit rasender Geschwindigkeit ein Motorboot entgegen. Die Leute erblickten uns aber noch rechtzeitig, wie uns schien und verlangsamten ihr Tempo. Fröhlich winkten wir einander zu. Dann kamen uns aber doch Wellen entgegen, zweimal höher als unsere Piroge. Unser Ruderer fuhr spitzvoran in sie hinein. Eine Welle überflutete uns, eine Zweite füllte unser Boot mit Wasser und bei der dritten Welle wurden unsere Stühle von unten her weggezogen. Wir glitten ganz sachte ins Wasser. Mein erster Gedanke war: Der Fotoapparat und Siegfrieds Belichtungsmesser! Dass Siegfried mir den überlassen hatte, musste ich ihm hoch anrechnen. So gut es ging hielt ich mit einer Hand die Tasche in die Luft und mit der anderen machte ich Schwimmbewegungen. Endlich gelang es mir, die durchtränkte Tasche auf das umgekippte Boot hinaufzuschwingen. Während der ganzen Zeit blieb mein Hut auf dem Kopf, während Hannas Hut zwischen den Stühlen davonschwamm. Kann man sich das vorstellen: Zwei lachende Frauen mit Hut auf dem Kopf im Wasser zappeln, und es war ein herrliches Gefühl im warmen Wasser. Doch unser Ruderer hielt sich angstvoll am seiner Piroge fest. Er konnte nicht schwimmen. Das war weniger lustig. Doch die Leute auf der Pinasse hatten gesehen, was ihre Wellen angerichtet hatten. Sie kamen uns entgegen und fischten uns auf. Kaum standen wir tropfend, schmutzig und lachend zwischen den Männern auf ihrem Boot, kam uns die Pinasse des Hotels von Lambarene entgegen mit Dr. Mattison und Hariet, einer Pflegerin vom Spital. Sie erfassten unsere Situation und lachten. Doch uns war nicht mehr so ums Lachen zu Mute. Von diesem Bad sollte Dr. Schweitzer nichts erfahren. Hoffentlich erzählten sie nichts davon. Der Hut und die Stühle schwammen immer noch im Wasser. Die Männer sammelten alles zusammen, brachten am Ufer die Piroge wieder in die richtige Position, leerten das Wasser aus und wir stiegen wieder hinein. Doch unser Ruderer war noch so unter Schock, dass er nicht rudern wollte. So spazierten wir zur kath. Mission. In der Hitze waren wir bald etwas angetrocknet. Mit einer anderen Piroge liessen wir uns nach Adouma führen. Dort spazierten wir durch den Wald, suchten uns ein angenehmes Plätzchen um uns ganz trocknen zu lassen. Wir assen unsere Mandarinen und Orangen und versuchten ein wenig von den nassen Broten. Um die Mittagszeit, als alle im Spital am Essen waren und uns niemand sehen konnte, schlichen wir heim.

Zum Glück kam uns dieses schnelle Boot nicht beim Ueberqueren des Flusses entgegen. In der Flussmitte hat es oft starke Wirbel, die gefährlich werden können. Wenn möglich fährt man immer am Ufer entlang, wo das Wasser ruhig ist und man schnell Boden unter den Füssen hat.

Ausser Dr.Schweitzer und Ali und Matthilde vernahmen alle von unserem Abenteuer. Mein Fotoapparat ertrug das Bad nicht. Doch Siegfrieds Belichtungsmesser trocknete bei Dr. Matthison im Brutofen und kam nicht zu Schaden.

Auffahrt und Pfingsten

Die Festtage gehen hier meistens ohne besondere Festlichkeiten vorbei. An Ostern war es so stark gewitterhaft, dass nicht einmal die Glocken geläutet werden konnten. Nun anfangs Trockenzeit werden die Tage kühler.

Es geht schon gegen Mitternacht zu. Es ist wieder eine dieser schönen Nächte, in denen ich den Rank ins Bett nicht finde. In den Gebäuden brennen nur noch zwei Lampen, die bei Dr. Schweitzer und meine. Dr. Schweitzer sitzt meist bis spät in die Nacht hinein an seiner Korrespondenz mit Persönlichkeiten aus aller Welt und kämpft gegen Atomwaffen.

Jetzt höre ich ein Motorboot. Es hält an unserer Bootstelle und schon kommt jemand den Weg herauf und klopft an meine Türe: Co-Co-Co. Ein Kind mit Fieber. Ich ging mit der Familie zum Arzt, den ich wecken musste. Das Kind bekam Medikamente, und die Eltern konnten mit ihm wieder heimgehen und werden morgen zur Kontrolle kommen.

Unterdessen ist es ein Uhr geworden. Alles ist still. Ich gehe nun auch schlafen.

Letztes Jahr war ich an Pfingsten im Gottesdienst in Andende, der prot. Missionsstation. Heute genoss ich den Tag auf meine Weise. Ich hatte meinen freien Sonntag. Am Morgen, noch im Bett hörte ich die Bach-Kantate: Sei Lob und Ehr dem höchsten Gut. Sie ist so gewaltig. Die Alt-Arie mit der Flötenbegleitung ist wunderschön: ich will dich all mein Leben lang, oh Gott, von nun an ehren. Mit Inge und Ruth Lauper hörte ich die Kantate am späten Vormittag nochmals.

Den Plattenspieler hat mir Erling geliehen. Hoffentlich lässt er ihn mir noch einige Zeit.

Am Nachmittag begleitete ich Ruth Munz zum Flugplatz. Ihre Mutter sollte ankommen, schon gestern. Doch das Flugzeug kam nicht, und auch heute fiel es aus. Das ist afrikanische Zuverlässigkeit. Wir setzen die Hoffnung auf morgen.

Stoff für Vorhänge

Ich machte Ali auf die zerrissenen Vorhänge in der Pouponnière aufmerksam. Sofort sagte sie, ich könne Neue haben. Ich war erstaunt, dass es so reibungslos ging und freute mich auf schöne bunte Vorhänge. Doch schon kam die Einschränkung: "Es müssen Weisse sein. Wir haben im ganzen Spital weisse Vorhänge". Trotz meiner Einwände, das sei doch heikel und die Kinder hätten Freude an Farben." Nein, es müssen Weisse sein!" Ich wagte zu fragen, und wenn ich einen Stoff fände mit weissem Grund und kleinen, farbigen Mustern? Das wollte sie auch nicht. Ich könne ja etwas auf die Vorhänge machen. So gab ich das Diskutieren auf und ging zu Mlle Matthilde um nach Stoff zu fragen. Sie war eben am Auspacken einer Sendung des Deutschen Jugendrotkreuzes. Dabei waren viele, farbige Kindertaschentücher. "Oh, darf ich davon haben?" fragte ich. "Natürlich, nehmen Sie nur so viele wie Sie wollen". Der neue Vorhang sieht lustig und fröhlich aus, ein hängendes Bilderbuch.

Kommen und Gehen

Am Mittag wurde ich im Esszimmer von einer donnernden Stimme empfangen. Am Tisch sass ein älterer Mann mit weissem Schnurrbart, dickem Bauch und unternehmungslustigem Blick, die Hosen mit Hosenträgern festgehalten. Dr. Kocher aus Biel. Von Zeit zu Zeit zog er an den Hosenträgern und schaute schmunzelnd in die Runde. Er unterhielt die ganze Tischgesellschaft mit seinem breiten Berndeutsch. Dr. Schweitzer sei schon jahrelang sein Freund, betonte er. Nach dem Essen zündete er schmunzelnd eine Zigarre an. Niemandem käme es in den Sinn, im Esszimmer zu rauchen.

Auch Frau Munz ist angekommen. Sie hütet den kleinen Raymond, dessen Tante wieder einige Zeit in ihr Dorf gegangen ist. Vor einigen Tagen machte der Kleine die ersten selbständigen Schritte. Und sein erstes Worte war :"Majann".

Nächstens werden mehrere Helferinnen weggehen. Andere werden kommen. Es ist ein stetes Kommen und Gehen, ein sich gewöhnen an neue Gesichter.

Trockenzeit

Der Himmel ist nun meistens grau verhangen. Die Sonne zeigt sich selten. Die Trockenzeit brachte kühleres Wetter, kühle Nächte und Kinder mit Fieber, Husten und Atembeschwerden. Die Pouponnière ist voll schreiender Kinder.

Ich finde in meiner Arbeit mit den Kindern grosse Freude und Befriedigung. Wie schön ist es, zu sehen, wenn ein schwerkrankes Kind sich erholt und wieder fröhlich wird. Ich kann recht selbständig arbeiten. Oft schickt der Arzt ein Kind zu mir mit einem Zettel, wo nur draufsteht: Pian, Durchfall, Kwashiorkor usw. Verordnung und Behandlung überlässt er mir. Mir zeigt das ein grosses Vertrauen. Ich spüre aber auch eine grosse Verantwortung

Immer wieder denke an den Raum mit den Medikamentenmustern. Selten geht da jemand hinein. Da sollte man einmal Ordnung machen. Sicher ist vieles abgelaufen. Die kleine Frühgeburt, die im Moment besondere Betreuung braucht, könnte ich viel besser beobachten, wenn ich diesen Raum benützen könnte.

Auch viele Erwachsene sind krank. Wir verteilten Wolldecken und warme Kleider. Niemals hätte ich gedacht, dass ich in den Tropen eine Jacke anziehen müsste.

In letzter Zeit kam ich kaum dazu, einige Minuten für mich zu sein. Ich kam nicht aus der Arbeit heraus. Einige Nächte musste ich bei einem schwerkranken Kind hüten und am anderen Tag trotzdem da sein. Das Bettchen in meinem Zimmer ist ständig besetzt. Bis vor zwei Tagen war ein Frühgeborenes darin. Jetzt geht es ihm besser und die Eltern können es selber betreuen. Und schon habe ich ein neues Sorgenkind. Heute Morgen wurde ein Kind in der Piroge geboren. Das Boot hatte ein Leck und das Kleine lag im Wasser und war ganz durchkältet. Es wiegt 1700g, liegt jetzt warm eingepackt im Bettchen und bekommt prophylaktisch Antibiotika.

Ein sechs Monate alter Bub wurde gebracht mit nur 10% Blut. Unvorstellbar. Sofort bekam er eine Transfusion. Ich war während einer ganzen Nacht bei ihm. Er atmete unregelmässig und mühsam, bekam Sauerstoff und war gar nicht recht bei sich. Doch gegen morgen wurde er ruhiger und atmete besser. Tagsüber konnten wir direkt zusehen, wie es ihm besser ging und zwei Tage später schien er ganz gesund. Doch Blut hatte er immer noch zu wenig und der Grund dafür ist noch ungewiss.

Gefährlicher Brechdurchfall

Christoph ist ein Waisenkind und in der Pouponnière aufgewachsen. Er wurde vor einigen Monaten adoptiert. Nun brachten ihn seine Eltern ins Spital wegen Durchfall und Erbrechen seit mehreren Tagen. Und wie sah der Bub aus! Ich erkannte ihn kaum mehr. Bis zum Skelett abgemagert und ganz ausgetrocknet. Innert weniger Stunden kann ein Kind an Brechdurchfall sterben. Warum kamen die Eltern nicht früher? Der Vater ist Staatsangestellter und besitzt ein Motorboot. Da würde man denken, dass er schneller hätte reagieren können.

Ich drang in den OP ein zu Dr. Müller, der sofort eine Infusion verordnete. Zwischen zwei Operationen untersuchte er das Kind. Christoph lag da ohne Besinnung mit verdrehten Augen. Der Arzt stand kopfschüttelnd daneben und zog die Stirne kraus. Ich merkte, dass er keine grossen Hoffnungen hegte. Aber bei mir regte sich Widerstand. Ich wollte nicht, dass dieses Kind stirbt. Am Abend atmete er zwar regelmässig, war aber immer noch nicht ansprechbar. Aber nach einigen Tagen erholte er sich langsam. Welche Freude.

Ausflug mit Hindernissen

Walter Munz, Hanna und ich wollten heute nach Zengeville fahren. Dieses Dorf liegt einige Kilometer unterhalb von Lambarene. Wir hatten um 7 Uhr mit Obiang abgemacht. Aber Obiang war nicht da und wir warteten bis er gegen acht Uhr erschien. Als wir glaubten endlich gehen zu können, merkten wir, dass das Boot rann. Wir konnten zusehen, wie das Wasser ins Boot sickerte. Das zweite Boot war so eng, dass es zu kippen drohte, weil Dr. Munz gar nicht richtig Platz hatte und ganz schief sitzen musste. Wir waren etwa drei Meter vom Ufer entfernt, als wir meinten, ins Wasser zu plumpsen. Mit Müh und Not, Geschrei und Gelächter und Hilfe der Herumstehenden kamen wir trocken an Land. Nun war guter Rat teuer. Woher ein Boot nehmen?

Da kam uns Mendume Jean in den Sinn. Er hatte eine grosse Piroge. Vielleicht war er da und lieh sie uns. Und wirklich, wir hatten Glück. So konnten wir doch noch zu unserer Fahrt starten und erlebten einen etwas anstrengenden, aber schönen Tag.

Der Doktor Gärtner

Dr. Kocher spaziert mit einer grünen Schürze herum. Er arbeitet im Garten. Mit Donnerstimme befiehlt er seinen Helfern, was sie zu tun haben.

Während der Trockenzeit ist der Garten besonders üppig. Alles wächst sehr schnell. Die Geissen und Schafe liefern den Dünger dazu. Das Spital ist beinahe Selbstversorger. Wir essen viel Gemüse: Kohlraben, Bohnen, Rettich, Peperoni, Aubergine, Salat. Letztes Jahr gab es viele, schöne Tomaten. Auch jetzt wachsen sie gut. Die Stöcke sind voll grüner Kugeln. Sobald sie aber zu reifen beginnen, faulen sie. Niemand weiss warum. Auch der Doktor Gärtner findet die Ursache nicht heraus und weiss keine Therapie.

Täglich kommt Ruth Breitenstein mit den geisteskranken Patienten in den Garten. Sie helfen beim Pflanzen und Begiessen.

Im Spital erscheint Dr. Kocher selten. Von Zeit zu Zeit macht er Impfungen gegen Rheuma. Er macht am Oberarm der Patienten eine etwa sechs Zentimeter lange Ritze und streicht dann eine Flüssigkeit ein. Es ist ein beinahe ritueller Vorgang und macht den Leuten Eindruck.

Schulferien

Wie in Frankreich haben die Kinder in Gabun auch zwei Monate Schulferien. Immer ist eine Gruppe kichernder Buben und Mädchen um mich herum. Alle möchten helfen und es gibt gar nicht für alle etwas zu tun. Am Samstag halfen sie putzen. Das war lustig. Sie fegten Tische, Stühle und Betten. Den Boden einölen machte ihnen besonderes Vergnügen. Da konnten sie sich die Füsse anstreichen und es glänzte wunderbar. Heute habe ich alle mit Büchsen ausgeschickt um Hiobstränen zu sammeln. Daraus können sie Ketten machen. Immer muss ich etwas herausfinden, damit sie beschäftigt sind und es friedlich zugeht.

Oft geben die Afrikaner ihren Kindern Namen einer bekannten Person, auch wenn das gar nicht passt. Sie wollen damit die Person ehren und im Andenken bewahren. So gibt es ein Kind, das heisst Mlle Matthilde, ein Bub heisst Walter Munz und ein Mädchen heisst Mme Marion. Es wird mit Vergnügen von allen so gerufen. Die Kleine ist zwei Monate alt. Isabelle, ihre Mutter ist sehr jung, etwas beschränkt und leprös. Sie wohnt im Lepradorf. Dr. Takahashi schickte sie zu mir, weil sie zu wenig Milch für ihr Kind hat und auch ein wenig Aufsicht braucht. Sie sollte auch ein wenig helfen, doch das ist nicht so einfach.

1. August und verhinderter Abschied
Wieder standen wir mit Lampions um ein grosses Feuer herum. Dr. Kocher hielt mit Inbrunst eine 1. Augustrede. Er brachte dabei die Namen Schweitzer und Schweizer in eine nette Verbindung.

Inge ist heute abgereist. Es gab ein grosses Abschiednehmen. Die Glocken läuteten. Eine Menge Leute begleitete sie durch die Sandbank zum Boot. Neben viel Lachen wurden auch Tränen vergossen. Bis das Boot hinter der kath. Mission verschwand winkten wir. Am Abend kamen einige Kinder zu mir gesprungen: "Inge ist wieder da". Tatsächlich. Da stand sie. Das Flugzeug war besetzt. Sie hatte keinen Platz mehr, obwohl sie eine Platzkarte hatte. Jemand hatte dieselbe Nummer, kam von Brazzaville und sass schon im Flugzeug. Inge blieb nichts anderes übrig, als wieder zurückzukommen und es morgen wieder zu versuchen.

Geboren werden und sterben
Ein neugeborenes Zwillingspärchen ist gebracht worden. Die Kinder wurden im 42 km weit entfernten Dorf geboren. Ihre Mutter starb nach der Geburt. Die zweite Frau des Vaters kam mit den Kindern ins Spital. Der Vater blieb im Dorf. Der Bub wiegt 2300g, das Mädchen 1980g. Die Beiden sehen, eingebettet im Lianenkörbchen so niedlich aus. Das Mädchen wollte nicht trinken und wird mit der Sonde ernährt. Eine junge Mutter schaute mir beim Schöppeln zu. Ich erzählte ihr, dass die Mutter der Kinder gestorben sei und die Kinder ganz allein seien. Sie schaute mich betroffen an, klatschte in die Hände und schnalzte mit der Zunge als Zeichen ihrer Traurigkeit. Lange stand sie vor dem Körbchen. Dann sagte sie: "Ich will dir helfen. Wenn ich zu viel Milch habe, will ich dir geben". Sie nahm eine Schoppenflasche vom Tisch, zog ihre Brust heraus und fing an Milch abzudrücken bis die Flasche voll war. Ich staunte und freute mich. Das kommt sonst nicht vor. Keine Mutter gibt gern für andere Kinder von ihrer Milch. Sie möchte auch nicht, dass ihr Kind Milch von einer anderen Frau erhält, besonders nicht, wenn sie von einem

anderen Stamm ist. Lieber drückt sie ihre Milch ab in den Strassengraben, wenn sie zu viel hat.

Für diese frühgeborenen Zwillinge brauche ich aber Muttermilch. Allen Müttern mit Durchfallkindern erkläre ich, dass es im Moment besser sei, wenn ihr Kind vorerst Tee mit einem Medikament bekäme. Sie sollen ihm löffelweise davon geben. Ich gebe ihnen eine Tasse, damit sie ihre Milch abdrücken können, die ich natürlich nicht wegschütte.

Nach einigen Tagen erscheint der Vater der Zwillinge. Um seinen Kopf hat er ein weisses Tuch gebunden, daraus zwei rote Papagayenfedern gucken. Um Hals und Achseln trägt er kreuzweise Lianenschnüre. Alles Zeichen für Zwillinge. Als er die Kinder sah, schlug er die Hände zusammen. Tränen fielen ihm aus den Augen. Er setzte sich auf den Boden und verharrte dort eine halbe Stunde unbeweglich. Er erzählte, er habe drei Frauen gehabt. Zwei seien gestorben. Die Dritte, resp. seine erste Frau habe ihm acht Kinder geboren. Sie habe die Zwillinge ins Spital gebracht und helfe mir jetzt. Es ist interessant mit dem Mann zu sprechen. Er ist Chef seines Dorfes und interessiert sich für Vieles. Die Kinder haben nun auch einen Namen. Der Bub heisst N'Gola Paul und das Mädchen N'Gillingi Celine.

Celine wirkte sehr apathisch und machte keine Saugbewegungen. Drei Tage später ist sie gestorben.

Sie begann unregelmässig zu atmen und bekam Krämpfe. Das Kind wurde ganz grau. Ich war die ganze Nacht bei ihm. Gegen Morgen schien es etwas ruhiger. Doch bald bekam es wieder Krämpfe und die Atmung setzte aus, aber das Herz schlug weiter, unregelmässig, aber es schlug. Es kam mir vor, als ob das Kind auf ein besonderes Zeichen, auf einen besonderen Ruf warte, um ganz von uns zu gehen. Da um 9 Uhr beim ersten Glockenschlag zum Gottesdienst stoppte das Herzchen. Und es kam mir vor als sei seine Seele mit dem Schwingen der Glocken entschwebt.

Der kleine Paul machte mir auch Sorgen. Er nahm nicht recht zu und hatte immer mehr Mühe mit trinken. Seine "Tante" hilft, was sie kann. Sie wäscht die Windeln so sauber wie selten jemand. Wenn es dem Kleinen besser geht, wird sie allein für ihn sorgen können. Aber es kam anders. Drei Wochen später ist er auch gestorben. Sein Gesicht nahm eine graue Farbe an und es kam mir älter, sorgenvoll vor. Manchmal atmete er unregelmässig. An einem Tag wollte er nicht trinken, am andern Tag war es wieder gut. Dann bekam er Durchfall, sah schnell eingefallen aus. Mit den Infusionen schien es ihm besser zu gehen. Doch dann begann er zu erbrechen und bekam Krämpfe und sein Herz hörte auf zu schlagen. Es machte mich so traurig, dass Beide sterben mussten. Tränen rannen mir herunter. Da spürte ich eine Hand auf meiner Schulter. Der Vater tröstete mich: "C'est comme ça chez les jumeaux. Si l'un est mort, l'autre ne veux pas".

Kinder kommen, Kinder gehen. Kinder werden geboren und sterben wieder. Das war ein trauriges Wochenende. Eine Mutter kam mit ihrem halb verhungerten Kind ins Spital. Sie lebte unter einer Tabuvorstellung. Jemand sagte ihr, dass sie ihr Kind nicht stillen dürfe, sonst werde sie sterben. Und so wollte, konnte sie ihm die Brust nicht geben. Sie gab dem Kind irgendeinen Schoppen. Trotz eindrücklichem Raten der Leute im Dorf wollte sie nicht ins Spital gehen. Als sie dann doch kam, war es zu spät. Schon drei Kinder hatte sie auf diese Weise verloren.
Leben und Tod sind hier so nah beieinander, immer gegenwärtig, gehören zum Leben.
Auf dem Weg zum Lepradorf im Wald liegt der Spitalfriedhof. Doch Kinder werden hier nie beerdigt. Sie werden von ihren Angehörigen immer in ihr Dorf heimgebracht und dort begraben.

Marie-Geneviève, meine Helferin, hat ein kleines Mädchen geboren. Bis kurz vor der Geburt hat sie gearbeitet. Am Morgen um sieben Uhr kam sie wie immer zur Arbeit. Gegen elf Uhr ging sie weg. Ich dachte, vielleicht sei sie ein wenig müde und machte die Arbeit allein fertig. Um 13 Uhr finde ich sie strahlend auf dem Bett sitzend im Gebärzimmer mit ihrem neugeborenen Kind.

Erweiterung des Spitals
Herr Schweitzer ist immer am Bauen und Erweitern seines Spitals. Sein Schreibtisch unten im Spital ist momentan verwaist. Dr. Schweitzer findet man dieser Tage nur auf dem Bauplatz. Er will das Wohnhaus der Pflegerinnen, das Sans Souci, verlängern. Es wird am Ende 22 Zimmer haben. Wir meinen ein neues Haus für die Kranken wäre nötiger gewesen, besonders ein Haus für die kranken Kinder. Sie liegen verstreut in den verschiedenen Baracken, das

macht die Pflege nicht einfach. Für Kinder, die ich in meiner Nähe besonders beobachten muss, habe ich kaum Platz. Sie liegen in einem schmalen Durchgang. Die Pouponnière liegt auch ganz ungünstig. Die Kinder haben nur ein kleines Plätzchen zum Spielen neben dem Abwassergraben.

In der Pouponnière habe ich Zuwachs bekommen. Die Mutter ist keine 14 Jahre alt, selber noch ein Kind. Sie hat fast keine Milch für ihr Neugeborenes und so kann sie unmöglich nach Hause gehen. Die leicht debile Isabelle kann nicht sehen, wenn das Kleine weint. Sie nimmt es aus dem Bettchen und legt es an ihre Brust. Das Kind trinkt und seine Mutter steht strahlend daneben. Isabelle hat selber für ihr Kind nicht genug Milch, aber mit "Stillen" bekommt das Kind ja nicht nur flüssige Nahrung.

Unsere gute Maman Susanne ist krank. Letzte Woche hatte sie einen Hirnschlag. Ihre linke Seite ist gelähmt. Sie wird wohl nicht mehr aufstehen können. Sie tut mir so leid. Sie fehlt uns sehr.

Oktober. Die Regenzeit rückt näher.
Ich bin froh, dass es wieder wärmer wird. Die Gewitter häufen sich. Der Regen wird stärker. Bald werden die Sandbänke verschwunden sein. Ich freue mich auf das viele Wasser, wo wir wieder mit der Piroge auf der Strasse durch den Wald nach Adouma fahren können.

Sonntagmorgen. Es ist ein ruhiger, sonniger Tag heute. Ich habe Dienst und sitze an meinem Medikamententisch. Von draussen höre ich Stimmengemurmel, das Blöken von Schafen, krähende Hähne und Vogelgesang. Auf dem blauen, kräuselnden Wasser des Flusses ziehen Pirogen vorbei. Der Pelikan fliegt majestätisch mit seinen grossen, silbernen Schwingen in weite, klare Höhen. Plötzlich stürzt er herunter und schnappt mit seinem gelbbraunen Schnabel einen Fisch.
Eine Weile schwimmt er auf dem Wasser dahin, bis er sich mit lautem Flügelrauschen wieder in die Luft schwingt. An diesem Sonntag hüte ich Raymond. Er rutscht auf dem Boden herum und ruft von Zeit zu Zeit "Ajanno". Dann kommt er näher, guckt mich an und sagt "Cococo". Er wird jetzt langsam ungeduldig. Ich muss mich ein wenig mit ihm beschäftigen.

Inselromantik

Rings um mich ist Ruhe. Leise bewegen sich die Blätter über mir. Vereinzelte Vögel singen. Fliegen summen. Vor mir liegt die weite, silbrige Fläche des Ogowe, umrandet von den grünen bis blauen Bäumen des Urwaldes. Ich verbringe den freien Sonntag mit Vreni und Percy auf einer Insel in der Nähe des Spitals. Obwohl wir nur wenige hundert Meter vom Spital entfernt sind, habe ich das Gefühl weit weg zu sein. Es tut gut, vom Spitalbetrieb etwas Abstand zu haben. Wir liegen auf Decken, ruhen, träumen in den blauen Himmel hinein, schreiben und plaudern.

Vreni spielt sehr gut Klavier. Massandi hörte ihr verwundert zu mit dem Geschirrtuch über der Achsel. Er meinte: "Quand la fatigue ha trappé son corps, tu crois, elle va encore sonner comme ça?"

Herr Schweitzer wurde auch aufmerksam auf Vrenis Klavierspiel. Er setzte sich neben sie ans Instrument und erklärte ihr Bachs Spielweise.

Vreni ist erst seit einigen Wochen da. Sie ersetzt Ruth Lauper, die nach Hause gegangen ist. Ruth fehlt mir. Jetzt höre ich nicht mehr ihr fröhliches Lachen

Percy ist Architekt und ist erst in Lambarene angekommen. Wir sahen ihn allein durch das Spitaldorf spazieren und fragten ihn, ob er mit uns auf die Insel kommen wolle. Jetzt sind wir da und lernen uns kennen, nicht ahnend, dass daraus zwischen Vreni und Percy Liebesfäden gesponnen würden.

November

Jeder Tag wird nun schöner. Das Grün der Bäume glitzert im Sonnenlicht. Die Orangen- Mandarinen- und Grapefruitsbäume verbreiten ihren süssen Blütenduft. Junge Pflanzen spriessen hervor. Die Tage werden immer heisser.

Täglich kann Raymond ein Sonnenbad nehmen. Das Wasser wird an der Sonne so heiss, dass wir kaltes nachschütten müssen. Strahlend sitzt er darin und spielt. Wenn er heraus muss, gibt es ein Geschrei.

Kürzlich war der Kleine einen Moment allein am Spielen. Als ich nachschauen wollte, was er mache, war kein Kind zu sehen. Da hörte ich hinten in der Ecke etwas plätschern. Dort stand ein Zuber mit Wasser, bereit um an die Sonne gestellt zu werden. Vergnügt sass

Raymond samt den Kleidern darin. Voll Freude schlug er mit einer Büchse auf das Wasser, dass es weit herumspritzte.

Solche Erlebnisse sind Lichtblicke neben traurigen Begebenheiten.

Anfangs Jahr wurde ein eineinhalbjähriges Kind an einer Darmeinstülpung operiert. Die Operation verlief gut. Das Kind erholte sich. Nun wurde es wieder gebracht. Man vermutete die gleiche Krankheit. Doch es war viel schlimmer. Der ganze Darm war ineinander verwickelt. Dem Bub ging es gar nicht gut. Er überlebte die Operation nicht.

Endlich mehr Platz

Ein Wunder ist geschehen. Die Kammer mit den Medikamentenmustern wird geräumt. Ich werde den Raum für die kranken Kinder benützen können. Die Gestelle werden herausgerissen und das Zimmer neu gestrichen. Ali sagte sogar, ich könne es so einrichten, wie ich wolle. Einen Schrank werde ich auch bekommen. Ich bin freudig überrascht. Was lange währt, wird endlich gut. Das Kinderbett, das neben dem Zahnarztraum steht, wird hinein kommen. François, der Schreiner, wird aus Kisten zwei Bettchen zimmern. Dann hat es noch Platz für einen Wickeltisch und eine Kinderwaage. So werde ich ein schönes Beobachtungszimmer haben grad neben meiner Medikamentenausgabe.

Die Luft ist wieder viel feuchter geworden und die Mücken stechen. Auch Durchfallkranke gibt es wieder mehr. Einige weisse Mitarbeiter liegen mit Magenverstimmungen, Fieber, Kopfweh und Erkältungen im Bett. Ich bin froh, dass es mir gut geht.

Einige Fälle von Varizellen sind aufgetreten. Möglicherweise werden bald mehrere kommen. Komplikationen wie bei den Masern erwarten wir nicht.

Zucca, deren Mutter an schwerer Tuberkulose litt, hat ein Brüderchen bekommen. Stolz kam die Mutter daher, um es uns vorzuführen. Das Neugeborene hielt sie auf den Armen, Zucca hatte sie auf ihren Rücken gebunden. Strahlend und schön stand sie da, zwölf Stunden nach der Geburt des Kindes. Dieses Kind darf sie nun selber nähren und pflegen. Von ihrer Tbc hat sie sich gut erholt.

Später Abend

Es ist wieder eine schöne, klare Nacht. Nach dem gestrigen Platzregen wird es heute kaum zum Regnen kommen. Die fliegenden Hunde lassen unerschütterlich ihr markdurchdringendes Geknatter hören. Da dringt plötzlich ein Schreien, Weinen und Jammer vom Spital her zu mir herauf. Totengesang! Ein Licht kommt den Weg hinauf und macht vor meinem Fenster Halt. Es ist Dr. Munz. Ein Mann ist gestorben. Ich habe Abenddienst und muss hinunter, um ihn ins Totenkämmerchen bringen zu lassen. Dieses Kämmerchen liegt auf einem Hügel oberhalb der Spitalbauten neben der Anatomie. Zwischen diesen Gebäuden hat Maman Sansnom ihr Lager eingerichtet. Auf einer Bahre tragen die Angehörigen den Verstorbenen hinauf. Die Bahre muss so hingestellt werden, dass ihre Füsse in Büchsen mit Kresil zu stehen kommen. Ohne Kresil würden in kürzester Zeit die Ameisen kommen. Die Toten müssen in diesem Klima so bald als möglich begraben werden. Ist ihr Dorf zu weit weg, werden sie auf unserem Friedhof beerdigt. Sie werden in grosse, grüne Palmblätter geflochten und in diesem Naturkleid der Erde übergeben. Eine Pflegerin hält beim Grab eine kurze Andacht. Der Friedhof liegt im Wald auf dem Weg zum Lepradorf. Dort befinden sich Gruben, in denen mehrere Tote begraben werden können. Als ich das zum ersten Mal sah, entsetzte ich mich. Ich fand das unwürdig. Nun begreife ich, dass es nicht anders möglich ist.

Für die Einheimischen ist ein toter Mensch nichts mehr, aus, vergangen, nur ein Kadaver. Es ist oft schwierig, Träger für einen einsamen Toten zu finden. Es gibt einige Regeln, die einem Mann verbieten, Tote anzufassen. Z.B. Wenn seine Frau schwanger ist. Dann glauben sie, dass ihr Kind tot zur Welt kommen wird.

Schon ist Mitternacht vorbei. Ich musste noch einem unruhigen Hustenkind Medikamente geben. Nun will ich schlafen gehen. Branca, der einarmige Affe, wird mich am Morgen wieder wachpoltern. Wenn Dr. Munz Dienst hat, bindet er sie unter meinem Zimmer an. Er kann sie nicht vor seinem Zimmer lassen, weil sie die Leute, die ihn rufen kommen, gefährlich belästigt.

Nicht nur Kinder sind Sorgenkinder. Auch Mütter müssen betreut werden. Die Mutter eines zwei Monate alten Bübleins mit einer schweren Toxikose schrie und tobte und weinte und wollte das Kind immer aufheben. Natürlich war sie in Sorge, doch ich musste sie beinahe schütteln, bis sie sich beruhigte. Wie durch ein Wunder, ging es am andern Tag dem Kind besser. Doch ich sagte der Mutter, dass es noch sehr krank sei. Da warf sie sich wieder auf den Boden und jammerte und tobte. Ich versuchte ihr zu erklären, dass das dem Kind nichts nütze. Sie könne ihm nur helfen, wenn sie ruhig bleibe. Das schien ihr Eindruck zu machen und von da an blieb sie ruhig neben dem Kind und berührte es sanft. Ernst schaute sie mich an und sagte: "Marianne, tu es la mère pour le bebé et pour moi. On parle beaucoup de toi. J'ai entendu au village. On m'a dit, Marianne elle est bien. Il faut pas avoir peur".

Dieses so grosse Vertrauen berührt mich und gibt mir Kraft. Ich fühle in mir eine grosse Freude und Dankbarkeit aufsteigen, dass ich für diese Menschen da sein darf, dass ich für sie etwas sein darf. Ich spüre auch, dass sie mir einmal sehr fehlen werden.

Die Afrikaner wollen über ihre Krankheit genau informiert werden. Sie verlangen, darüber die Wahrheit zu wissen. Man muss ihnen klar sagen, wenn die Krankheit ernst ist und zum Tode führen kann, dass wir aber mit der Pflege und den Medikamenten alles werden, um dem Kranken zu helfen. Man darf sie nicht mit ungenauen Aussagen vertrösten. Wenn man das macht und der Patient stirbt, denken sie wir hätten über den Verlauf der Krankheit nichts gewusst und seien nicht fähig gewesen zu helfen.

Erster Advent

Ruhig gehen wir Weihnachten entgegen, fernab vom Geschäftsrummel, Lichtreklamen, üppigen Schaufensterauslagen. Die Natur zeigt sich im schönsten Licht. Die Palmblätter glitzern und funkeln im Sonnenlicht. Der Himmel ist tiefblau und der Fluss spiegelglatt. Für mich ist das Weihnachtslicht.

Im Esszimmer hängt wieder ein Adventskranz. Wir hören bei Kerzenlicht weihnächtliche Musik und singen Weihnachtslieder.

Dezember, die heisseste Zeit in den Tropen beginnt

Das Spital liegt in mittäglicher Stille da. Keine Menschenseele rührt sich. Keine Piroge gleitet vorbei. Alles scheint zu schlafen. Nur die drei Schimpansen, die an den Palmen vor meinem Zimmer angebunden sind, kennen keine Ruhe. Rastlos springen und hopsen sie herum so weit wie ihre Kette reicht. Sie klettern zuoberst auf die Palmen. Die balgen miteinander und kreischen einander an, die Zähne fletschend und auf die Brust trommelnd. Dann klammern sie sich wieder fest aneinander oder pflegen, lausen einander den Pelz. Sie sind lustig. Trotz der Gefangenschaft geht es ihnen gut. Sie sind als ganz kleine Äffchen ins Spital gebracht worden, weil ihre Mütter abgeschossen wurden. Eigentlich gehörten sie in den Wald. Aber ob sie sich da eingewöhnen könnten, nachdem sie von Menschen aufgezogen worden sind?

Branca hingegen, der einarmige Affe, hat ein trauriges Affenleben. Sie ist gefährlich. Wenn man ihr zu nahe kommt, greift sie an. Man kann sie nicht frei herumspringen lassen. So muss die Arme meistens in ihrer Kiste sein. Ich verstehe nicht, warum man sie nicht sterben liess. Ehrfurcht vor dem Leben wirft Fragen auf.

Von Zeit zu Zeit kommt Olga zu Besuch. Sie ist Teilhaberin von "Shell", eine reiche, unglückliche, alleinstehende Frau Mitte dreissig. Wohl warben Männer um sie, doch die hatten es vor allem auf ihr Geld abgesehen. Wie alle Besucher im Spitaldorf wird auch ihr eine Arbeit zugewiesen. Doch Olga hat wenig Ausdauer. Sie ist sich nicht gewohnt zu arbeiten. Sie sollte das kleine Kämmerchen streichen, doch das geht nur langsam vorwärts. Oft kommt sie tagelang nicht zur Arbeit. Ich bezweifle, dass das Zimmer bis Weihnachten fertig sein wird. Ich hätte es jetzt schon bitter nötig. Von Jo, der Hebamme bekam ich wieder eine Frühgeburt in Betreuung.

Geburt im Urwald mit Folgen
Zitternd steht eine alte Frau vor mir. Auf dem Arm trägt die ein farbiges Tuchbündel, das sie mir ängstlich mit weit offenen Augen hinhält. Darin regt sich ein winzig kleines Kind, eiskalt, schmutzig. Meine erste Reaktion: an die Wärme. Ein warmes Bad lässt seine Haut etwas heller erscheinen. Es kommt in warme Kleider und in ein vorgewärmtes Körbchen. Da liegt es nun. Drei Pfund schwer, hilflos. Woher kommt es? Wem gehört es? Die alte Frau ist verschwunden.

Doch auf Dr. Müllers Konsultationstisch liegt eine junge, bewusstlose Frau. Daneben steht ihr Mann, besorgten, traurigen Blicks. Vor einer Woche habe seine Frau Zwillinge geboren im vielen Kilometer entfernten Dorf im Urwald. Das Kleinere, ein Mädchen, sei kurz nach der Geburt gestorben. Bald darauf sei die Mutter krank geworden. Auf einem beschwerlichen Weg brachte der Vater Mutter und Kind zu uns. Aber auch die Mutter sollte nicht mehr lange leben. Nach zwei Tagen liegt sie am Sterben. Der Mann drängt nach Hause. Der Sitte gemäss soll die Frau im Dorf sterben und begraben werden. So zieht er den langen, mühsamen Weg zurück mit der sterbenden Frau. Nach einigen Tagen wolle er wieder kommen, nach dem Kind sehen und eine Hilfe mitbringen.

Unterdessen schläft der kleine Bub im Körbchen und weiss nicht, was um ihn herum geschieht. Oder ahnt er doch etwas? Seine Stirn ist in kleine Fältchen gezogen, die seinem Gesicht einen ernsten Ausdruck verleihen. Der Vater ist weg, ohne uns den Namen des Kindes zu sagen. Wie sollen wir ihn den nennen, den Kleinen mit seinen winzigen, geballten Fäustchen, den schwarz gekrausten Härchen. Hänschen klein……..

Das kleine Hänschen ist zu schwach, um am Schoppen zu ziehen und zu schlucken. Ein Nylon-Schlauch führt durch die Nase in seinen Magen. Einfach und mühelos lasse ich ihm alle drei Stunden die nötige Menge Milch hinunter, ganz langsam, fast tropfenweise, jeden Tag ein wenig mehr. Schon nach drei Tagen scheint er kräftiger zu sein. Er versucht am Schoppen zu ziehen, etwas langsam, aber es geht. Noch immer ist er sehr müde und hält die Augen geschlossen. Doch mit der Zeit gewöhnt er sich an die dreistündige Essenszeit und fängt kurz vorher an zu schreien. Unglaublich was der kleine Wicht für eine feste, laute Stimme hat. Ich freue mich darüber, scheint er doch im Sinn zu haben, sich mit dieser Welt auseinander zusetzen.

Von seiner Familie hatte sich zwei Wochen nach seiner Ankunft immer noch niemand gemeldet. Nachts schläft er in meinem Zimmer. Es geht ihm gut. Er wiegt schon fast zwei Kilo, schläft und erwacht zu den Schoppenzeiten und schaut schon recht interessiert herum.

Dem anderen kleinen Frühchen geht es nicht so gut. Es will nicht trinken und ich musste es sondieren. Es wirkt sehr müde und apathisch. Zwei Tage später konnte ich beinahe zusehen, wie das Kind an Gewicht verlor. Es wurde grau und eingefallen. Ich glaubte, es würde unter meinen Händen sterben. Dr. Müller versuchte, eine Vene freizulegen für eine Infusion. Das war eine schwierige Arbeit. Der kleine Arm war so dünn, die Vene so klein und fein. Wir atmeten auf, als es gelang einen winzig kleinen Katheter einzuführen.

Als Armschiene benutzten wir einen Mundspatel aus Holz. Nun läuft die Infusion und es besteht wieder ein wenig Hoffnung.

Zwei Tage habe ich Tag und Nacht bei diesem Kind gehütet. Nun scheint der Kleine über dem Berg zu sein. Er trinkt wieder, schreit recht kräftig und lutscht am Daumen und braucht keine Infusion mehr. Leider hat seine Mutter keine Milch. Ich gebe mir so Mühe, von den andern Müttern etwas Milch zu bekommen, aber das ist schwierig. So muss halt Nestlé einspringen. Zum Glück haben wir genügend Büchsenmilch. Vorläufig bekommt der Kleine alle zwei Stunden zu trinken, auch nachts, bis er richtig zunimmt.

Endlich ist das Zimmerchen fertig geworden. Daniel und François, die Schreiner, haben an zwei Holzkisten Beine gezimmert, haben die Bettchen geschmückt mit Blumen und Palmzweigen und sie ins Zimmer gestellt. Ein ganz schönes Weihnachtsgeschenk. Ich habe die Bettchen umrandet mit rotweiss gemusterten Vorhängen. Die beiden kleinen Buben haben das Zimmer eingeweiht.

Neujahr 1963
Weihnachten ging vorbei wie im Traum. Ich kam kaum dazu in meinem Herzen weihnächtliche Stimmung aufkommen zu lassen. Fast Tag und Nacht war ich beschäftigt mit den Kindern. Zum Glück ging es den beiden Kleinen gut. Es kamen andere, die mich in Anspruch nahmen. Es sah aus, als ob sie Weihnachten ausgelesen hätten, um krank zu sein. Dazwischen musste ich noch irgendwie die Weihnachtspäckli für die Kinder machen.

Das Neue Jahr fing etwas ruhiger an. Das kleine Hänschen entwickelt sich prächtig. Wie das Kind wirklich heisst, wissen wir nicht. Seine Familie hat sich immer noch nicht gemeldet.

Sonntagsausflug
Morgens um 7 Uhr sind wir mit dem Camion in den Sonntag hinein gefahren. Walter Munz, Ruth Munz, Hanna, ich und Obiang. Wir hatten zwei Pirogen aufgeladen. Wie genoss ich es, nach der strengen Zeit wieder einmal dem Spital den Rücken zu kehren. Siegfried führte uns nach Adange. Wir sassen neben den Pirogen auf dem Lastwagen, mussten uns festhalten, damit wir nicht heruntergerumpelt wurden. Wir fuhren am Wald und an Dörfern vorbei. Siegfried kennt diese Strecke gut. Er fährt jede Woche in die Dörfer zum

Bananeneinkauf. Auch die Leute in den Dörfern kennen den Camion vom Spital. Sie sprangen an den Wegrand und winkten uns zu. Plötzlich hörten wir Gesang und Tam-Tam schlagen. Da musste ein Tanz, ein Fest sein. Wir stoppten. Eine Reihe Männer in farbiger Strohbekleidung tanzte im Kreis herum. In einem düsteren Raum, erhellt durch ein Feuer, wurde laut und heftig getrommelt. Wir befürchteten, unser Erscheinen werde den Tanz unterbrechen. Doch im Gegenteil. Der Vortänzer begrüsste uns freudig. Mit tänzelnden Bewegungen wies er uns auf Stühle. Das ganze Dorf war versammelt, Alte, Junge, Kinder, Mütter mit Kindern auf dem Rücken oder an der Brust. Die ganze Nacht habe das Fest angedauert. Man trank Palmwein, ass Gitzibraten. Auf einer Matte sass ein Mann, der fortwährend Fleisch in Stücke schnitt. Neben ihm loderte ein Feuer. Es roch herrlich. Mitten auf dem Platz sass eine alte Frau, eingehüllt in ein farbenfrohes Tuch. Ihre Tochter erklärte uns, was das Fest für eine Bedeutung habe. Ihre Mutter sei gestern vom Spital nach Hause gekommen, nachdem sie von einer eingeklemmten Hernie operiert worden sei. Ihr zu Ehren, ihrer Genesung und Heimkehr wegen, würde nun dieses Fest begangen. Sie zeigte uns strahlend ihr Ticket und den Entlassungsschein vom Spital. Mit guten Wünschen nahmen wir Abschied, begleitet von Lachen und Winken der fröhlichen Leute.

In Adange wurden unsere Boote aufs Wasser gesetzt. Bevor wir aber wegfuhren, spazierten wir durch das Dorf. Adange ist ein ziemlich grosses, bedeutendes Dorf. Obiang führte uns und rief allen Kindern zu: "Venez, Mlle Marianne est là". Die Kleineren nahm er auf den Arm, damit sie mich begrüssen konnten. Obiang meinte, alle Kinder würden mich kennen. Doch mehrere fingen an zu weinen, als sie mich anblickten. Gegen 11 Uhr fuhr Siegfried mit dem Camion zurück und wir bestiegen unsere Pirogen. Obiang, Hanna und ich in die Grössere, Walter und Ruth nahmen die Kleinere. Nun begann der schönste Teil unseres Ausflugs auf einem Nebenfluss des Ogowe. Obiang als guter Kenner dieser Gegend führte uns. Anfangs war der Fluss noch breit, dann wurde er immer schmaler. So schmal, dass unsere Pirogen grad noch einen Weg bahnen konnten zwischen dem dichten, feinen, grünen Papyrus hindurch. Wir waren allein mit der Unberührtheit der Ur-Landschaft, allein mit der Stille.

Das war wunderschön. Nur die Stimmen der Natur hörten wir: das leise Rauschen des Papyrus, vereinzelte Vogelrufe, hie und da ein Rascheln. Blaue und weisse Vögel schwangen sich in die Luft. Fische sprangen nach Mücken schnappend aus dem Wasser, blitzten silbern im Sonnenlicht und verschwanden wieder. Ein Graureiher stürzte sich senkrecht ins Wasser und kam mit einem Fisch heraus. Gegen 15 Uhr kamen wir aus dem ruhigen Flüsschen in den stürmischen Ogowe. Er riss uns aus unserem Traumland heraus. Mit manchem Spritzer, aber doch heil und glücklich erfüllt von diesem Tag kamen wir im Spital an.

Sonntagsandacht im Urwald
Ein blauer, wolkenloser Himmel wölbte sich über den Urwaldriesen. Ich sass auf einem Baumstamm am kleinen Waldsee, umgeben von grünen Papyrusstängeln. Weisse, kahle Baumstämme lagen kreuz und quer übereinander im blühenden Seerosenteich. Vögel sangen ein Halleluja und Mücken summten die Begleitung dazu. Eine feierliche Ruhe umgab mich. Trotzdem, meine Gedanken kreisen immer um meine Sorgenkinder.

Der Frühgeburt, der wir die Vene freilegen mussten, geht es täglich besser. Der Kleine wiegt schon 2400 g. Dr. Müller meinte, wenn es dann ganz gut sei, müsse ich die Lebensrettungsmedaille bekommen. Diese Anerkennung freut mich, doch bin ich ja nicht allein schuld an seiner Genesung.

Eine Mutter mit ihrem zwei Monate alten Kind zeigte mir ihre Entlassungsbescheinigung. "Le docteur a dit, que je dois te dire merci, parce que c'est toi, qui ha sauver la vie de l'enfant", sagte sie. Das Kind war zwei Wochen alt, als es mit einer Lungenentzündung ins Spital gebracht wurde. Dr. Müller gab ihm keine Hoffnung. Wenn er so pessimistisch ist, regt sich in mir Abwehr: Nein, dieses Kind wird nicht sterben. Es ist wie wenn ich das auf das Kind übertragen könnte. Und wirklich, es durfte nun gesund nach Hause gehen.

Gestern ist ein sieben Monate altes Kind mit einer Meningitis angekommen. Es geht ihm schon besser. Die Krankheit konnte ganz am Anfang behandelt werden. Der Vater selber hatte beim Kind beobachtet, das die Fontanelle sehr gespannt war und stark pulsierte.

Diese Beobachtung ist erstaunlich. Nicht einmal ausgebildetem Personal würde das immer auffallen.

Noch immer hat sich niemand von der Familie des kleinen Hänschens gemeldet. Nachts schläft er bei Ruth. Ich hätte gerne, wenn sich einer unserer afrikanischen Angestellten nachts um ihn kümmern könnte. Schon oft dachte ich an Engone. Er arbeitet in der Küche, ist immer freundlich und zuverlässig. Gestern kam er zufällig dazu, als ich den Kleinen schöppelte. Ich erzählte ihm ein wenig von dem Kind. Er sagte nicht viel, schien aber nachdenklich zu werden. Am Abend erschien er wieder: "Je veut prendre le petit. Je l'ai très, très besoin. Ich bin selber eine Waise und will immer hier bleiben. Ich weiss sonst nicht, wohin ich gehen soll". Ob denn seine Frau einverstanden sei? fragte ich. Oh, ja, sie liebe Kinder. Seine Kinder seien alle gross. Und er betonte nochmals, dass er den Kleinen sehr nötig habe. Ich erklärte ihm, ich sei einverstanden, sogar froh. Wenn aber der Vater jemanden von der Familie des Kleinen schicke, müsse er ihn ihnen überlassen. Tagsüber müsse das Kind in der Pouponnière bleiben. Engone strahlte. Ich werde ihm für das Kind ein Bettchen richten.
Momentan ist Hänschen tagsüber bei Ruth auf der Terrasse, fern der kranken Kinder. Sein Körbchen steht den ganzen Tag an der frischen Luft. Ruth schaut von Zeit zu Zeit nach ihm. Heute sass den ganzen Tag der Pelikan daneben, als ob er das Kind beschützen wollte.
Ich möchte den Kleinen nicht bei den Kranken haben. Wir haben wieder viele Masernkinder und fast alle mit Komplikationen. Viele Kinder waren vor der Ansteckung schon geschwächt. Die Meisten haben Würmer, leiden an Blutarmut oder Malaria und sind wenig widerstandsfähig.

Wenn die Mutter mit dem zehn Monate alten Mubamba die Medikamente holt, streckt er mir die Arme entgegen und ich muss ihn ein wenig halten. Erst dann schluckt er die Medikamente.
Er wurde bewusstlos, schlecht atmend und ganz steif ins Spital gebracht. Während der Lumbalpunktion setzte seine Atmung aus. Schnell Intubation und Beatmung, dann atmete er wieder, aber schlecht. Er hatte eine schwere Pneumonie. Davon hatte er sich nun erholt, aber seine Blutwerte sind noch nicht gut.

Immer wieder staune ich, wie schnell Kinder sich erholen können. Ich erschrecke aber auch, wenn ich sehe, wie schnell es ihnen ganz schlecht gehen kann.

Worte von Albert Schweitzer zum Geburtstag

"Liebes Geburtstagskind. Zwei Jahre bist du nun schon da. Wir alle kennen dich. Und ich kenne dich besonders gut, denn ich beschäftige mich in Gedanken oft mit dir. Ich freue mich, wie du arbeitest mit den Kindern und ich sehe, dass du das Beste willst in Allem. Ich will dir keine lange Rede halten, nur kurz immer wieder das Wort: Bleibe lange bei uns."

Gewitterstimmung

Die Tage werden heisser, feuchter. Nun kommen wieder die tiefklaren Tage der Regenzeit und die kühlen Nächte, in denen der Regen auf das Blechdach trommelt. Heute ging das erste, heftige Gewitter nieder. Innert kürzester Zeit ballten sich die Wolken zusammen, wurden bleigrau, fast schwarz. Blitze zuckten, Donner krachte. Valentin, der Pfleger, stand zitternd mit angstvollem Blick vor der Tür und bekreuzte sich, bis die erlösenden Wassermengen vom Himmel stürzten und dem Donner den Garaus machten. Die Kinder tanzten fröhlich kreischend unter den klaren Bächen, die von den Dachrinnen flossen. Schnell wurden überall Kessel und Becken in den Regen gestellt, um das herrliche Nass aufzufangen.

Hänschen hatte beidseitig einen Leistenbruch und musste operiert werden. Die Operation ging gut vorbei, aber plötzlich wollte der Kleine nicht mehr atmen und musste reanimiert werden. Zum Glück kam es bald wieder. Noch liegt er etwas bedämmert da, aber er atmet ruhig.

Neben mir sitzt eine Mutter und drückt ihre Milch ab. Ihr Kind hat Durchfall und Tee verordnet bekommen. Es weint. Die Mutter sagt: "Tu ne peux pas lui donner le Quinine, pour qu'il pleure pas toujours pour le Toto". Sie hat gemerkt, dass ich ihre Milch für ein anderes Kind brauche, doch sie hat nichts dagegen. Dieses mal konnte sie nicht viel Milch abdrücken und meinte: " Je vais boire du lait à la Pouponnière, pour que ça revient".

Gäste aus aller Welt

Besucher bringen die Welt zu uns. Abbé Pierre beeindruckte mich mit seiner starken und doch sanften Ausstrahlung. Er hielt eine eindrückliche Predigt im Spital, an der auch Dr. Schweitzer teilnahm. Hingegen Père Pire aus Belgien machte einen harten, energischen, unnahbaren Eindruck auf mich.

Besucher, die länger bleiben helfen im Spital mit.

Vor kurzem ist ein Herr von Frankreich zu uns gekommen. Er stand plötzlich da mit nur einer Aktenmappe als Gepäck. Er wohne in der Dordogne, in der Nähe der Doktoresse van der Kreek, die im Lambarene-Spital arbeitete. Er sei Bürgermeister einer Stadt, Besitzer eines Weinberges und wohne in einem Schloss. Er habe Erholung nötig, darum sei er gekommen. Wir konnten nicht so recht glauben, was er da erzählte. Doch er lud uns zu sich ein.

Willi Kaufmann, Kunstmaler aus Salzburg, betätigt sich in der Schreinerei. Gegen Abend sehe ich ihn oft mit Papier und Bleistift irgendwo in der Natur sitzen und zeichnen. Er zeichnete mich zusammen mit dem kleinen Hänschen. Der Kleine hatte sich von der Operation gut erholt. Wenn er lacht öffnet er seinen Mund ganz weit und rund und streckt die Zunge nach oben. Aus seinen Augen strahlt so viel Sonne. Marie-Geneviève schaute staunend mit ihrem Kind auf dem Arm zu, wie ich ihm Bananen mit Zitronensaft gab. Sie erklärte mir, warum sie das ihrem Kind nicht gebe: "Chez nous, les noirs, c'est comme ça. Quand on donne le Toto, on ne donne pas de bananes douces. Chez nous, il y a beaucoup de vampirs. Si l'enfant mange des bananes douces, le vampir va tuer l'enfant ou il va tomber malade. Quand l'enfant est assis, il peut manger des bananes cuites ecrasées".

Heimreisegedanken

Vor dem Esszimmer legte Herr Schweitzer seine Hände auf meine Schultern und fragte: "Warum bisch au so schmal worde?"

Das Tropenklima zehrt. Zwei Jahre strenge Arbeit ohne Ferien mit nur zwei freien Tagen im Monat und oft Nachtarbeit, das zehrt. Langsam sollte ich an eine Erholung denken. Lambarene zu verlassen wird mir zwar schwer fallen. Auch wenn ich jetzt noch nichts von Müdigkeit spüre, möchte ich nicht warten, bis ich ungeduldig und ungeniessbar werde. Damit wäre niemandem geholfen.

Zwei neue Pflegerinnen sind angekommen, davon eine Kinderkrankenschwester, die mich ablösen könnte.

Barbara, Ruth Munz und ich denken zusammen auf die Heimreise zu gehen. Wir planen Ende Mai mit dem Flussboot den Ogowe hinunter zu fahren nach Port Gentil und dann mit dem Schiff nach Frankreich.

.

Der kleine Mendoume hat die Masern auch bekommen. Er sieht fast nicht mehr aus seinen dick geschwollenen Augen heraus. Trotzdem lacht er. Samuel meinte: "Man kennt diese Krankheit. Alle Kinder sehen gleich aus. Sie weinen. Sie brauchen Medikamente".

In einer hellen, sternklaren Vollmondnacht gegen Mitternacht
Diese Nacht ist zu schön und ich bin zu wach um ins Bett zu gehen. Neben dem Knattern der fliegenden Hunde, dem Quaken der Frösche, dem Grillen-Zirpen und dem Gesang der Vögel plätschern Laute einer Gitarre zu mir heran. Siegfried Behrend, ein Gitarrist aus Deutschland ist zu Gast. Er gab uns heute Abend ein wunderbares Konzert. Die Gitarre erlebte ich bis jetzt nur als Begleitinstrument beim Singen. Ich bin beeindruckt über die schöne, virtuose Gitarrenmusik.

Am frühen Abend erschien ein junges Paar mit ihrem winzig, kleinen Kindchen. Ich traute meinen Augen kaum, als ich das Kleine sah. Es sei zwei Monate alt und sie kämen, weil es nicht wachse. Zwei Monate? Das bezweifle ich, jedenfalls aber ist es kein Neugeborenes. Es hat eine dunkle, glänzende Haut und der Nabel ist verheilt. 1300g wiegt es und es trinke an der Brust! Dr. Müller war wieder sehr pessimistisch und denkt nicht, dass es überleben wird. Es habe keine grosse Chance nach den Strapazen der Reise. Aber das Kind sog kräftig an der Brust und bekam 30g.
Ich richtete ihm ein warmes Körbchen. Die Mutter wird sicher gut zu ihm schauen. Sie ist noch sehr jung, aber sie versteht, dass das Kind Wärme braucht. Sie wird die Bettfalsche erneuern und ihm alle zwei Stunden zu trinken geben. – Um drei Uhr muss ich einem andern Kind noch eine Spritze geben, dann will ich nachschauen, was das kleine Mädchen macht. Bis dahin sollte ich wohl noch ein wenig schlafen.

Nach N'djole

Mr. Thomas, der französische Polizist von Lambarene und Umgebung, kommt oft für einen Sprung bei uns vorbei. Immer ist er vergnügt, lebenslustig, voll Humor. Uebermütig kam er heute zu Dr. Munz: "Also Herr Munz, morgen geht's nach N'Djole". Walter stieg sofort darauf ein: "Wann, nach dem Mittagessen?" "Ja, vielleicht komme ich auch noch zum Essen." Und schon schwirrte er davon. Ich hörte das so und dachte, er fantasiert wieder etwas und nahm es nicht ernst. Im Spass sagte ich, ich käme auch mit.

Dr. Munz war sofort dafür, sprang Mr. Thomas nach, um ihn zu fragen. Ich war ganz verblüfft. Also stimmte es doch. Ganz so wohl war mir nicht dabei. Morgen ist Montag. Da gibt es immer am Meisten zu tun. Wohl ist Emma, die neue Kinderkrankenschwester, da, aber sie ist noch nicht gut eingearbeitet. Es hat sehr viele Masernkinder und die kleinen Frühgeburten sind auch noch zu betreuen. Aber Walter holte gleich die Einwilligung bei Dr. Schweitzer. Ich weiss noch nicht recht, ob ich mich freuen soll. Zwei Tage weg, das war ich in diesen zwei Jahren noch nie.

Ein Gewitter ist im Anzug. Trotzdem fahren wir los mit dem Motorboot des Polizisten. Bis N'Djole sind es 120 km. Wir dürfen keine Zeit verlieren. Kaum sind wir auf dem Wasser, kommt der Sturm. Die Wellen schlagen an und ins Boot. Dieses schaukelt und schwankt und wird von den wütenden Wellen immer wieder angegriffen. Der Regen prasselt auf uns. Wir werden pflotschnass. Trotzdem gefällt es uns. Wir sind beeindruckt von dem unheimlichen Wetter. Nie sind wir ihm sonst so ausgesetzt, immer befinden wir uns geschützt und sicher unter Dach. Mr. Thomas fährt langsam und sicher. So fahren wir dahin auf dem grauen, schäumenden Wasser zwischen den undurchdringlichen, grünen Ufern. Bis zur Einmündung des N'Gounje in den Ogowe ist der Wellengang wild, hoch. Dann beruhigt sich der Sturm und bald fliesst das Wasser ruhig, silbern glänzend dahin.

Unser erster Halt ist in Sogabol. Auf dieser Oelplantage lebt seit 17 Jahren ein Elsässer ganz allein. Mit seinem Landrover führt er uns durch die Plantage. Kleine, etwa mannshohe Ölpalmen werden hier gezüchtet. So gross, dass ihre Früchte bequem, ohne hochzusteigen, gepflückt werden können. In einer primitiv anmutenden Fabrik wird das Palmöl zubereitet. Riesige Dampfkesser stehen da mit hohen Kaminrohren. Wir haben keine Zeit, uns über die Art und Weise der Herstellung des Palmöls zu informieren. Wir müssen weiter. Das Wetter ist trüb, grau, aber es regnet nicht mehr. Doch im Boot ist es kalt. Ich bin froh um den Regenmantel, den mir Mlle Matthilde mitgegeben hat.

Zwischen hohen, dunklen Bäumen kommt plötzlich die Kirche von Samkita zum Vorschein. Die einfache, braune Holzkirche lädt uns zum Besuch ein. Wir steigen den schmalen Weg zum Kirchhügel hinauf. Aber erschüttert stehe ich vor einem Gebäude, das langsam am Zerfallen ist. Im Turm nisten Vögel. Im Chor verscheuchen wir einige Ziegen und Hühner. Neben der Kirche stehen Reste einst schöner, stattlicher Gebäude: einer Schule, einer Druckerei, Häuser der Missionare. Unbarmherzig breiten sich die Arme des Urwaldes über sie. Bäume stehen da vollbehangen mit Früchten und niemand pflückt sie. Etwas abseits ist das Grab eines Missionars mit einem grünen Blätterteppich zugedeckt, vergangen, vergessen...

Samkita war einst eine der grössten, blühendsten Missionsstationen in Gabun!

Ebenso trostlos und traurig wie Samkita ist die Insel Galagouga, eine langgezogene, dichtbewachsene Insel etwas weiter flussaufwärts. Einige Palmen deuten noch auf die frühere Palmenallee der Missionsstation hin. Niemand ist mehr da. Still, dunkel, verlassen liegt die Insel mitten im Ogowe und träumt der Vergangenheit nach.

Wir können bei Herrn Fullhaber übernachten. Er ist Direktor dreier Holz-Schlagplätzen. Sein Haus liegt auf einer Anhöhe, 40 km vor N'Djole. Er ist Elsässer. Seine Frau und sein Kind leben in Frankreich. Auch er wolle bald abreisen und später eine andere Aufgabe in Port Gentil übernehmen. Herzlich werden wir von ihm empfangen. Während er mit seinem Boy fürs Essen besorgt ist, können wir eine heisse Dusche nehmen. Die erste, warme Dusche nach zwei Jahren, wie geniesse ich das! Wir werden hier richtig verwöhnt, essen und trinken gut und haben es gemütlich. Die drei Männer schlafen im Eheschlafzimmer und ich auf der Couch im Wohnzimmer. Unter dem Moskitonetz fühle ich mich geborgen, schlafe aber trotzdem nicht gut. So bin ich am Morgen schon früh auf einem Spaziergang. Das kleine Dorf sieht noch verschlafen aus. Ein Hund schaut mich misstrauisch an. Eine Geiss verschwindet meckernd hinter einer Hütte. Unter der Tür erscheint eine junge Frau mit einem Becken warmen Wassers. An ihrem Rockzipfel hängt ein kleiner, scheuer Bub. Er wird von der Mutter in das Becken gestellt, von unten nach oben eingeseift und abgespült. Wasser und Seife rinnen ihm in die Augen. Er reibt sie mit seinen kleinen Fäusten, gibt aber keinen Ton von sich. Die Mutter trocknet ihn notdürftig ab und schlägt ein buntes Tuch über ihn. Dann nimmt sie ihn auf den Arm und kommt lachend auf mich zu. Der Kleine soll mir "Mbolo" sagen, aber er versteckt sein Gesicht auf der Achsel der Mutter. Unter ihrem Kleid sucht er nach ihrer Brust, zerrt sie heraus und lutscht daran.

Nach dem Morgenessen fahren wir weiter nach N'Djole. Die Fahrt auf dem Fluss in den hellen Morgen hinein ist wunderbar. N'Djole sieht ähnlich aus wie Lambarene-Dorf. Wir gehen den Hügel hinauf, an der Schule vorbei zur Polizeistation. Mr. Thomas geht seinen Geschäften nach. Wir steuern dem Regierungsspital zu. Vom jungen, französischen Arzt werden wir herzlich begrüsst. Das Spital macht einen netten, freundlichen Eindruck. Es besteht zum Teil aus ganz neuen Gebäuden, die noch nicht bezugsbereit sind. Vor Dr. Debris Konsultationsraum wartet eine Menge Patienten auf Behandlung. Deshalb kommt der Arzt nicht dazu, uns durch das Spital zu führen. Fast allein müsse er die Arbeit bewältigen. Es sei schwierig gute Pfleger und Pflegerinnen zu bekommen. Sein bester, tüchtigster Pfleger sei fast jeden Nachmittag betrunken. Dr. Debri führt uns zu seiner Frau und seinem eineinhalb Jahre alten Töchterchen. Selbstverständlich sollen wir zum Mittagessen bleiben. Die Gastfreundschaft überall ist beeindruckend. Wir werden so empfangen, als ob man grad auf uns gewartet hätte. Nach einem Apéritiv suchen wir im Dorf nach den Spuren von Mr. Thomas. Wir finden ihn bei Bekannten und können nicht anders, als mit ihm weiterzugehen, von Haus zu Haus, von Apéro zu Apéro. Er muss verschiedene Franzosen aufsuchen wegen einer Mitteilung oder Mahnung. Und was wir da in dieser Stunde erleben, ist abscheulich. Heruntergekommene, halbbetrunkene Leute hocken herum. Der Abschaum von Europa, der sein Glück wohl in Afrika hatte suchen wollen. Männer und Frauen, die den ganzen Tag bei Wein und Schnaps sitzen und immer mehr herunterkommen, immer tiefer sinken. Es ist traurig, diese Leute zu sehen. So etwas hatte ich nicht erwartet. Kein Wunder, dass Einheimische dieses Verhalten übernehmen, wie der Pfleger von Dr. Debri.

Am Nachmittag fahren wir früh weg. Mr. Thomas muss noch einen Holzfällerplatz am N'Gounie, einen Nebenfluss vom Ogowe, besuchen. Wir fahren ziemlich weit diesen Strom hinauf zu einem kleinen Dorf. Dort kommt mir eine junge Frau mit ihrem Kind entgegen. Das Kind war längere Zeit bei uns im Spital. Es geht ihm nun gut. Die Wiedersehensfreude ist gross. Die Grossmutter zieht mich am Ärmel: "Hier ist die Matte, die ich dir versprochen hatte". Sie streckt mir eine schöne, kunstvoll geflochtene Matte entgegen. Ihre Tochter mit dem Kind steht stolz daneben. Sie hatte die Matte gemacht. Die Leute des Dorfes sind dazugekommen und nehmen freudig Anteil. Mit Winken, Rufen und Lachen nehmen wir Abschied.

Wieder umgibt uns Stille. Nur durch das Motorenbrummen wird sie unterbrochen. Schon bald wird es dunkel. Wie ein Silberstreifen fliesst der Fluss dahin, eingebettet zwischen den dunklen Mauern des Urwaldes. Ueber uns leuchtet ein klarer, sternenübersäter Himmel. Leuchtkäfer fliegen herum und werfen ihr Licht ins dunkle Wasser und all die vielen, vielen Sternenlichter blinken auf den kräuselnden Wellen. So fahren wir dahin in der Mitte des Flusses. Kurz bevor wir in Lambarene ankommen, steigt leuchtend die rotgoldene Kugel des Mondes hinter den schwarzen Silhouetten der Bäume auf.

Afrikanisches Kunsthandwerk

In regelmässigen Abständen besuchen uns Haussa-Händler. Die grossen, buntgekleideten Männer machen einen vornehmen Eindruck. Sie breiten auf dem Boden zwischen Dr. Schweitzers Haus und dem Esszimmer ein buntes Tuch aus mit ihren Kunstwerken wie geschnitzte Gegenstände aus Ebenholz, kunstvolle Elfenbeinschnitzereien, Figuren aus Speckstein, Halsketten und Armringe.

Auch die Leute im Spital verfertigen Kunstgegenstände. Ein gelähmter Patient schnitzt aus Ebenholz kleine Elefanten, Krokodile, Brieföffner, Löffel und andere Gegenstände. Xabi im Lepradorf fabriziert mit seinen kleinen Fingerstummeln afrikanische Harfen. Andere machen Figuren aus Speckstein und Schnüre aus Ananasfasern.

Mendoume Jean treffe ich am Fluss beim Knüpfen eines neuen Fischnetzes.

In den Dörfern flechten die Frauen Körbe und Matten aus Lianen und getrockneten Palmblättern mit kunstvollen Mustern.

In Kalebassen, die als Schüsseln gebraucht werden, werden geometrische Muster eingebrannt.

Und unsere Neugeborenen im Spital liegen eingebettet in geflochtenen Lianenkörbchen.

Masernepidemie

Eine unruhige Woche liegt hinter mir. Die Masernepidemie will und will nicht abnehmen. Die Kinder sind sehr krank, husten fest, alle leiden an Bronchitis und viele haben eine Pneumonie. Die Luftwege sind stark entzündet und angeschwollen. Die Kinder bekommen keine Luft mehr. So der kleine Serge. Er wäre beinahe erstickt und brauchte einen Luftröhrenschnitt. Tag und Nacht muss er gehütet werden. Zwei andere schwerkranke Kinder erfordern Nachtdienst. Täglich holen etwa 140 Kinder ihre Medikamente. Viele brauchen besondere Beobachtung und Pflege. So kam ich in den letzten Tagen kaum zur Ruhe und fast nicht zum Schlafen. Ich bin froh, dass Emma da ist und helfen kann. Für einige Tage wurde sie vom Spritzen geben dispensiert. Das führte bei den andern zu Reklamationen. Sie beklagten sich bei den Ärzten, sie würden so nicht weiter machen. Und so musste Emma wieder ins Spritzenhäuschen. Die Behandlungsräume für die Kinder sind etwas abseits der übrigen Gebäuden und so wird kaum wahrgenommen, was hier alles geschieht und die Arbeit mit den Kindern wird weniger ernst genommen! Die Schwerkranken liegen verstreut in verschiedenen Häusern und das macht die Arbeit noch komplizierter. Die operierten Patienten, die Medizin, die Unfälle, die Wöchnerinnen, die Tuberkulosen, alle haben ein dafür bestimmtes Haus. Nur für die Kinder ist keine Abteilung da.

Endlich nach vier Wochen sehe ich etwas klarer. Die Masern flauen ab. Es kommen nur noch vereinzelte Fälle. Es waren gegen 200. Serge mit dem Luftröhrenschnitt hat sich gut erholt. Er ist munter, aber mich scheut er. Ich habe ihn wohl zu fest geplagt.

Das Allerkleinste, das vor vier Wochen mit 1300g Gewicht zu uns kam, wiegt nun knapp zwei Kilo. Es wird voll gestillt. Ich habe nicht viel zu tun mit ihm. Am Morgen bade ich es, schaue, dass es genug

Kleidchen und Windeln hat und überlasse es dann ganz der Mutter. Von Zeit zu Zeit schaue ich bei der Familie vorbei.

Dafür braucht ein neues Zwillingspaar meine Aufmerksamkeit. Sie kamen von NGomo. Dort hat es eine kleine Pflegestation, die von einer elsässischen Krankenschwester geleitet wird. Eliane arbeitete früher im Schweitzer-Spital. Von Zeit zu Zeit geht der Arzt vom Regierungsspital von Lambarene bei ihr vorbei. Oft ist sie knapp an Medikamenten oder Verbandmaterial und auch an Büchsenmilch. Die Zwillinge bekommen nicht genug Muttermilch und sind etwas trinkschwach. Sie wiegen 1600 und 1900g.

Ich habe nun etwas mehr Zeit für Hänschen. Er braucht es. Es geht ihm gut. Er ist immer zufrieden, auch wenn er stundenlang allein sein muss. Wenn er mich sieht, lacht und strampelt er und geniesst meine Zuwendung. Er ist jetzt mehr als drei Monate alt und immer noch hat sich von seiner Familie niemand gemeldet! Haben sie das Kind vergessen? Oder einfach abgeschoben und denken Dr. Schweitzer sorgt dann schon für es?

April
Zwei Jahre bin ich nun hier. Zwei Jahre strenge, aber glücklich erfüllte Tätigkeit. Barbara, Ruth Munz, Hanna und ich denken nun oft ans Abreisen. Wir werden mit dem Miang, dem Flussschiff, den Ogowe hinunter fahren bis nach Port Gentil. Das machte bis jetzt noch niemand. Dr. Schweitzer hat seine Einwilligung gegeben. Von Port Gentil soll es mit dem Schiff nach Kamerun gehen, wo wir auf einer Missionsstation den Bruder von Annelies besuchen werden. Dann werden wir mit dem Schiff weiter fahren bis nach Bordeaux, wo uns der französische Gast mit der Aktenmappe, der vor einigen Wochen hier war, abholen wird und uns zu Doktoresse van der Kreek in der Dordogne bringen wird. Wenn alles klappt mit Visa und Billet können wir Ende Mai abreisen. Wir freuen uns auf diese Reise, aber den Abschied von Lambarene schiebe ich noch weg.

Ameisen
Der Tisch in meinem Zimmer ist voll grosser, schwarzer Ameisen. Die Tiere krabbeln auf meine Arme. Sie beissen und wenn ich sie zerdrücke, haben sie einen widerlichen Geruch.

Neben dem Zimmer geht eine Ameisenstrasse vorbei. Ehrfurcht vor dem Leben hin oder her, ohne Insektenmittel werde ich diesen Tieren nicht mächtig.

18. April 1963: 50 Jahre Albert-Schweitzer-Spital

1913 fuhr Dr. Schweitzer mit seiner Frau Helene den Ogowe hinauf, um auf dem Areal der Pariser Missionsstation in Andende ein Spital aufzubauen.

Zur Feier erschienen Gäste schon Tage vorher. Dinners vom Schweizer Hilfsverein, Hanna Obermann aus Rotterdam und Doktoresse Wildikann aus Israel, Erika Anderson aus Amerika, und Herr Kik vom deutschen Hilfsverein sind angekommen.

Reporter bestürmten Dr. Schweitzer schon am frühen Morgen. Mit Geduld und Humor gab sich der 88-jährige mit ihnen ab.

Am Vormittag sangen die Kinder vom Lepradorf vor seinem Zimmer und am Grab seiner Frau Helene. Der Mittagstisch war voll mit Gästen, auch Abgeordnete der Regierung waren anwesend.

Am Nachmittag fuhr Schweitzer mit Gästen, Freunden und einigen Helfern nach Andende zur ersten Gründungsstätte des Spitals.

Am Abend feierten wir ruhig im Esszimmer mit Dr. Schweitzer. Die meisten Gäste waren abgereist.

Wir sassen beisammen, sangen und hörten Musik. Mlle Matthilde, die seit den 20er Jahren in Lambarene weilt, erzählte allerlei aus den Anfängen des Spitals. Dr. Müller verlas Gratulationsschriften von Freundeskreisen aus aller Welt. Eine herzliche Gratulationsschrift mit einem etwas kitschigen Bild traf ein von Günsbach im Elsass, Schweitzers Heimatdorf.

Mitte Mai

Die Zeit vergeht schnell. Ich möchte sie gerne aufhalten. Ich sitze im Garten. Neben mir auf einer bunten Patchworkdecke liegt Hänschen. Er spielt, plaudert, lacht und jauchzt. Emma wird zu ihm schauen, wenn ich weggehe. Was bringt ihm wohl die Zukunft?

Emma ist nun ganz bei den Kindern eingeteilt. Ich bin froh, dass im Moment nicht so viele Schwerkranke da sind. So ist der Anfang für sie leichter. Wir benützen die freien Stunden zum Nähen von Kleidchen und Schlafsäcken für die Kinder. Auf die grosse Reise freue ich mich, aber ans Abschiednehmen denke ich noch wenig.

Nächtlicher Totentanz

Letzte Nacht waren wir in Moussamoukougu bei einem Totentanz. Um Mitternacht unter einem sternklaren Himmel spazierten wir auf der Landstrasse zum Dorf. Das Dorf lag dunkel da, umgeben vom Wald. Kein Feuerchen brannte, keine Laterne schien. Nur der Mond und die Sterne gaben Licht. Aber alle Leute waren auf den Beinen. Ein Stimmengesurr schwebte über dem Dunkel. Dann begann der Tanz, fantastisch, gespenstisch. Unter dem monotonen Trommeln der Tam-Tam drehten, wendeten sich Frauen mit brennenden Fackeln. Ihr Tanz wurde immer schneller, wilder, wahnsinniger und führte bis in Ektase. Die bewegungslosen, ins Leere blickenden Gesichter wurden von den Fackeln gespenstisch erhellt. Ein unvergessliches Schauspiel, das die ganze Nacht andauerte. Gegen drei Uhr wanderten wir unter dem Schein des Mondes nach Hause.

25. Mai

Ein letztes Mal sitze ich am Medikamententisch. Vor mir steht eine lange Reihe Mütter mit ihren Kindern. Als ich dem kleinen Albert sein Medikament eingeben will, merke ich, dass seine Mutter weint. Dicke Tränen rollen ihr über die Wangen. Sie setzt mir ihr Kind auf meinen Schoss und schluchzt: "Et toi, tu vas partir et même l'enfant pour moi n'a pas encore fini guerit". Da kommen mir auch Tränen. Der Abschied fällt mir auch schwer. Doch nach zwei Jahren strenger Arbeit im tropischen Klima, kaum Freizeit, ohne Ferien, ist Erholung nötig.

26. Mai

Mein Zimmer ist leer. Der Koffer gepackt. Die Kinder vom Lepradorf sangen ihre Abschiedslieder. "Au revoir, bon voyage". Ich machte alles wie im Traum mit und kann nicht recht glauben, dass es Wirklichkeit ist.

Abschied

Die Glocken läuten. Viel Volk strömt zum Flussufer. Die Leute winken, rufen. Bevor das Ruderboot bei der katholischen Missionsstation abbiegt, schauen wir zum letzten Mal auf die roten Dächer des Spitals. Dr. Munz, Doctoresse. Wilikann und Hanna Obermann begleiten uns bis zur Schiffstation von Lambarene-Stadt.

Der Miang, das Flussschiff, fährt flussabwärts. Lambarene wird immer kleiner und verschwindet.

In meinem Herzen wird die Erinnerung an zwei glücklich erfüllte Jahre erhalten bleiben.

Was ich auf diesem Fleck Erde zwischen Wasser und Urwald erlebt habe, ist tief in mich eingedrungen. Ich werde es mittragen wie einen kostbaren Schatz.

Oben: das Urwald-Spital in Lambarene / unten: Anstehen für Medikamente

Oben: Schneider beim Nähen von Spital-Kitteln
Unten: Maman Suzanne

Oben: Monique
mit ihrem Baby

Unten links:
Francois

Unten rechts:
vor allem Mäd-
chen werden
früh bei der Be-
treuung ihrer Ge-
schwister einge-
spannt

Albert Schweitzer der Tierfreund, hier mit dem Pelikan zum Stelldichein auf der Veranda nach der allabendlichen Fütterung

Zwei Jahre später, 1965 - 1967

27. Mai 1965

Das Boot schafft sich mühsam durch die starke Strömung flussaufwärts. Nach der Biegung bei der Kath. Missionsstation grüssen die roten Dächer des Spitals. Beim Singen und Rufen der Ruderer beginnen die Glocken vom Spital zu läuten und Leute strömen ans Ufer, wie zwei Jahre zuvor. Doch Dr. Schweitzer ist nicht dabei.
Kaum setze ich meinen Fuss ans Ufer werde ich von einer Frau stürmisch begrüsst. Sie schiebt mir ihr Kind entgegen mit den Worten: "Voilà Marie-Solange, c'est toujours la même chose avec ses oreilles". Somit bin ich wieder in die Gemeinschaft des Spitaldorfes aufgenommen.

Ali entschuldigt Dr. Schweitzer. Ich begrüsste ihn an seinem gewohnten Platz in der Pharmacie.
"Bis willkomme", sagte er herzlich, "Gäll, du entschuldigscht mich, dass ich nüd cho bin. Ich hab viel zu tun". Mir scheint eher, dass er zu müde war, um an den Fluss zu kommen. Nach dem Nachtessen hielt er nur eine kurze Andacht. Wir sangen statt den üblichen drei Strophen nur eine nach einem sehr kurzen Vorspiel. Schweitzer las über die Austreibung der Wechsler aus dem Tempel und sagte einige kurze Worte dazu.

Genau heute vor zwei Jahren nahm ich Abschied von Lambarene. Mir schien, ich sei nur zwei Tage fort gewesen. Ich wohne im Sans Souci No7. Da sitze ich nun sinnend am Tisch. Die Luft ist feucht und heiss.
Mir kommt vor, als hätte sich nichts geändert. Die Grillen zirpen, die Frösche quaken, die Vögel singen. Vertraute, nächtliche Geräusche umgeben mich. Leicht und sanft beginnt es zu regnen.
Aus dem Esszimmer ertönt Musik. Walter Munz spielt Flöte und Herr Jacobi begleitet ihn am Klavier. Sie üben an einem Konzert für uns.

Meine Reise verlief gut, fahrplanmässig. Zwischen Douala und Libreville geriet das Flugzeug in ein heftiges Gewitter. Es schwankte auf und ab und hin und her. Viele Passagiere benützten die für einen bestimmten Zweck bereit gelegten Papiersäcke. Mir ging es gut. Ich hatte einen Fensterplatz. Das war ein Vorteil. Ich konnte gut hinausschauen und war auf die Schwankungen eher gefasst. Wir flogen durch dichte, tropisch dampfende Wolken. Von der Landschaft sah ich leider sehr wenig.

Zwischen Libreville und Lambarene war die Sicht besser. Unter mir breitete sich der Urwald wie ein riesiges Petersilienbeet aus, durchzogen von glänzenden Seen und Flüssen. Im kleinen Flugzeug war ich die einzige Passagierin. Um mich herum türmte sich haufenweise Gepäck. Wie erwartet empfing mich am Flugplatz Annelies. Auch sie ist zum zweiten Mal nach Lambarene gekommen. Während ihres Aufenthaltes in der Schweiz hatte sie sich zur Hebamme weitergebildet.

Ueberraschungen

Wieder höre ich das altvertraute "Marianno". Ein Gang durch das Spitaldorf zeigte mir, dass sich doch einiges verändert hat. Auf dem Hügel oberhalb der Behandlungsräume sind drei neue Krankenbaracken sind gebaut worden. Mein sehnlichster Wunsch nach einem Haus für die Kinder ist in Erfüllung gegangen. Drei Kinderkrankenschwestern sind nun für die Kinder verantwortlich zusammen Dr. Pope. Er ist zwar nicht Pädiater, aber doch nur für die Kinder da. Die Hospitalisierten und Schwerkranken im Kinderhaus betreut Annegret.

In der Medikamentenausgabe und Kinderkonsultation arbeitet Susanne. Unten am Fluss, im Gehege wo vorher Palmöl hergestellt wurde, ist Franziska. Sie betätigt sich präventiv und macht Impfungen. Die Kinder können nun gegen Masern geimpft werden. Damit hoffe ich, dass Masernepidemien mit schweren Komplikationen nicht mehr ausbrechen können.

Wenn ich daran denke, wie ich vor zwei Jahren für mehr Platz und Aufmerksamkeit für die Kinder gekämpft habe, freut mich nun der grosse Einsatz sehr.

"Marianne, tu es revenue, c'est bien ça", werde ich begrüsst. Es ist schön, wieder hier zu sein, das Lachen der Kinder zu hören, ihre strahlenden Augen zu sehen, ihr Grüssen und Entgegenspringen. "Tu as grandi", sagt Marguerite. Damit will sie sagen, dass ich zugenommen habe.

Vorläufig bin ich noch nirgends fest eingeteilt. In einigen Wochen, wenn Annegret abreist, werde ich wohl die Kindercase übernehmen. Annegret sieht müde aus und scheint nicht so glücklich zu sein. Sie ist wenig gesprächsfreudig. Ich spüre, dass sie es nicht liebt, wenn ich in sie in der Kindercase besuche.

Alte Bekannte und neue Begegnungen

"M'Bolo, Marianno." Strahlend begrüsst mich Jeanne mit den Zwillingen, die vor drei Jahren hier im Spital geboren sind. Weil Jeanne zu wenig Milch für beide hatte, blieben sie eine Zeitlang in der Pouponnière. Die Kinder sehen prächtig aus. Neben Jeanne steht die Mutter mit Albert, die so traurig war, als ich wegging. Auch Albert sieht gut aus. Als Wiedersehensgeschenk streckt mir die Mutter ein Huhn entgegen.

Es weht ein angenehm kühles Lüftchen. Der Himmel ist bedeckt. Der Ogowe fliesst ruhig dahin. Ob es wohl regnen kommt? "Nein" meint Mbounga Jean, "c'est la saison de pluie, qui dit aurevoir".

Ich geniesse den Abend am Fluss, lausche und sinne. Kinder tummeln sich im Wasser. Dunkel heben sich ihre Körper vom dämmernden Abendhimmel ab. Sie jauchzen, plantschen und schlagen auf das Wasser, dass es wie das Trommeln von Tam-Tams tönt. Drei Mädchen stehen mit hochgezogenen Röcken im Wasser. Sie legen Flaschen ins Wasser um kleine Fische zu fangen.
Ein Mann fragt einen kleinen, dicken Buben: " Bist du ein Mädchen oder ein Bub?" Schüchtern antwortet er, er sei ein Bub. "Mais pourquoi tu has pris une figure comme une femme?"

Durch Gäste kommen wir im Urwald zu guter Musik. Zum zweiten Mal ist Siegfried Behrend da und gab uns ein Gitarrenkonzert. Eine deutsche Sängerin sang dazu Volkslieder. Heute Abend spielte Walter Munz Flöte und Herrn Jacobi begleitete ihn am Klavier.

In Lambarene treffen sich Leute aus verschiedenen Ländern und Kulturen. Das betrifft Besucher und Arbeitende. Durch die Eigenwilligkeiten der Leute ist die Zusammenarbeit nicht immer einfach. Da ist Agnes, 45 Jahre alt, Schweizerin. Sie sei im Leben sehr enttäuscht worden und suche in Lambarene eine Aufgabe und Verständnis. Immer wieder erfahren wir, dass Leute mit persönlichen Schwierigkeiten in Lambarene noch mehr Schwierigkeiten haben. Hier muss man sich ganz einsetzen können. Agnes erwartet von uns Rücksicht und Geduld. Sie hat ein grosses Mitteilungsbedürfnis, mit dem sie uns in Beschlag nimmt. Sie kann fast nicht Französisch und so kann sie sich mit den Leuten kaum verständigen. Sie arbeitet in der Case Japonaise. Da liegen Patienten mit verschiedenen Krankheiten. Ali wünscht, dass Agnes in der Geburten-Abteilung arbeite und ich soll die Case Japonaise übernehmen. Doch ich als Kinderkrankenschwester sehe mich schlecht bei den Erwachsenen. Ich könne immer fragen, meint Walter.

Ich stehe auf dem Hügel bei der Anatomie und dem Totenhäuschen. Vor zwei Jahren war da Wald. Nun stehen hier die drei neuen Krankenbaracken. Daneben ist ein Haus im Bau. Dr. Schweitzer überwacht täglich die Bautätigkeit. Es scheint grösser und höher zu werden, als die anderen. Dr. Pope möchte es gerne für die Kinder haben. Das wäre schön.
Gegenüber steht das "Maison Blanche", ein weiss angestrichenes Haus mit Einer- und Zweierzimmer für Patienten, die bezahlen können.
Die einheimischen Angestellten haben auch neue Unterkünfte bekommen. Das war bitter nötig.

Maman Sansnom ist auch noch da. Trotz der Neubauten ist sie nicht von ihrem alten Platz gewichen. Immer noch schläft sie an ihrer Feuerstelle zwischen der Anatomie und dem Totenhäuschen, jetzt umgeben von den neuen Häusern.
Das Spitaldorf erscheint mir sauberer als vor zwei Jahren. Schade nur, dass die Häuser so schnell schwarz werden vom Rauch der vielen Feuerstellen.

"Voilà, Marianne, je suis la maman du petit Änseli", begrüsst mich strahlend eine junge Frau.
"Anseli"? frage ich.
"Oui, Änseli, que tu has eu"
"Aber wo ist er denn"? frage ich und merke nicht, wen sie meint.
"Im Dorf, in Moussamoukougou".
Jetzt geht mir ein Licht auf. "Das kleine Hänschen"?

Ja, sagt sie. Sie scheint die neue Frau des Vaters des Kindes zu sein. Seine Mutter ist ja gestorben.

Sie solle doch mit ihm vorbeikommen, meine ich.

"Oui, moi vient demain".

"Voilà, Änseli". Gut sieht er aus. Er hat immer noch das gleiche, runde Wuschelköpfchen.

Aber er weint. Er fürchtet sich vor mir und drückt sich an seine Pflegemutter. Vor allen Weissen täte er sich fürchten, sagt die Mutter. Das erstaunt mich, war er doch während seinem ersten Lebensjahr von vielen Weissen betreut worden. Seine jüngere Schwester lacht mich vertrauensvoll an. Sobald ich den Rücken kehre, wird auch der Kleine vergnügt. Mit flinken Fingern schält er eine Banane und lacht den Papageien zu. Er trägt die roten Hosen, die ich ihm geschickt hatte. Allerdings sind sie ihm zu klein geworden.

In der Kinderkonsultation treffe ich Marianne aus Abongo. Das zwölfjährige Mädchen hat Sichelzellen-Anämie. Vor zwei Jahren ging es ihr noch ordentlich. Sie hatte von Zeit zu Zeit Schübe und musste Blut haben. Jetzt sind ihre Gelenke dick geschwollen und fast unbeweglich. Sie kann sich nur mit Krücken fortbewegen. Ich bin recht erschüttert.

Nachtwache

Ich wache bei einem Kranken in der "Bouka", so heisst das Haus der Frischoperierten. Der Patient hatte vor zwei Tagen einen Unfall und wurde erst heute eingeliefert mit Beinbruch und Milzruptur. Es geht ihm wie durch ein Wunder ordentlich. Ich sitze neben seinem Bett. Die Nacht ist drückend heiss. Rings um mich sind die Betten mit Moskitonetzen verhängt. Darunter atmen, husten, stöhnen, jammern Patienten. Von Zeit zu Zeit höre ich kesseln, klappern. Jemand geht auf den Topf. Um mich herum tanzen Mücken. Ein verlorenes Geisslein meckert.

Aus dem Gebärzimmer im Haus gegenüber höre ich das Weinen eines soeben geborenen Kindes. Was wird das Leben diesem Kind wohl bringen?

Mein neues Arbeitsgebiet

Heute sollte mich Agnes in die Arbeit in der Case Japonaise einführen. Es war mühsam. Das unruhige, laute Wesen dieser Frau breitet sich auf alle aus.

Ob ich mich da wohl zu Recht finden werde? Es kommt mir schwierig vor. Über erwachsene Patienten weiss ich wenig Bescheid. Aber das Kind, das mit seiner Mutter und dem kranken Vater da ist, fällt mir sofort auf. Es ist etwa 18 Monate alt, ist dünn, müde, hat spärliche, rötliche Haare und geschwollene Beine. Kwaschiorkor? (Eiweissmangelkrankheit). Seit einigen Tagen habe es Durchfall. Es trinkt nicht und isst nicht und erbricht. Es bekommt sofort eine Infusion.

Die Mutter pflegt es mit viel Liebe und die Patientin im Bett nebenan gibt Acht, dass sie es richtig macht.

Meine beiden Pfleger, Valentin und Fidèle geben sich auch Mühe, alles recht zu machen. Ich hoffe, dass das mir auch gelingt.

Ein alter Mann ist gestorben. Während seiner Krankheit war die ganze Verwandtschaft anwesend und pflegte ihn hingebungsvoll. Nach seinem Tod führten sie ihre Tänze auf, begleitet von durchdringendem Jammern und Gesang. Kurz darauf waren alle verschwunden bis auf eine alte Frau mit einem kleinen Kind. Da soll ich nun weiter schauen, dass der Tote begraben wird, Leute finden, die ihn in Palmblätter einflechten und auf den Friedhof im Wald bringen. Ich müsste dann den Toten zum Grab begleiten und einen Psalm aus der Bibel vorlesen. Ich hoffe aber, dass doch noch jemand von seiner Familie zurückkommen wird. Meistens wollen die Angehörigen mit dem Verstorbenen in ihr Dorf zurück zum Begräbnis. Die Afrikaner sehen im toten Menschen nur noch einen Kadaver, nichts mehr.

Ein altes, dürres Mütterchen ist gebracht worden. Es leidet an einer Darmfistel und ist ganz ausgetrocknet. Der Sohn sorgt sich rührend um seine Mutter. Er geht mit ihr an den Fluss und badet sie. Er kocht für sie und schaut mit viel Geduld, dass sie ein wenig davon isst. Lange wird sie nicht mehr leben, denke ich.

Und schon am nächsten Tag, wie ich zur Arbeit komme, atmete die Frau bedenklich schlecht. Sie starb bald darauf. Ihr Sohn war tief traurig. Er weinte lautlos und zog seiner Mutter die zwei besten

Kleider an. Das Eine war ihr Hochzeitskleid. Dann ging er ins Dorf und kam am Mittag mit seinem jüngeren Bruder zurück, um die Tote zum Begräbnis ins Dorf zu bringen. Still und traurig zogen sie weg.

Nachtruhe im Spital. Ich horche in die Nacht hinaus. Alles scheint zu schlafen. Hie und da Ist ein Husten vernehmbar, ein Kinderweinen. Die Vögel singen und die Frösche quaken wie immer. Der Mond zeichnet seine Silberstreifen auf das Wasser des Flusses.

Pfingstausflug
Gottesdienst am Vormittag auf der Missionsstation in Andende. Die starken, frohen Stimmen der Afrikaner, begleitet von Klatschen, Tanzen und Tam-Tam ziehen mich wieder in den Bann. Da sieht man keine ernsten Gesichter. Da ist lauter Fröhlichkeit.
Auf dem Heimweg durch Adouma begleiten uns drei Buben. Im Dorf wurde ich freudig begrüsst. Eine Frau umarmte mich: "Tu es venue, merci, merci".

Am Nachmittag fuhren Annelies und ich in die Sümpfe von Abongo. Langsam, beinahe lautlos glitt die Piroge durch Schilf und grünen, feingliedrigen Papyrus. Bäume und Sträucher spiegelten sich im dunklen Wasser. Ruhe, wohltuende Ruhe und Natur umgab uns. Nur die Vögel sangen und die Wellen plätscherten sachte ans Boot. Das Schilf raschelte leise, wenn wir ihm zu nahe kamen. Ein Eisvogel pfiff auf einem Zweig. Dicht über dem Wasser flog ein gelbbrauner Sumpfvogel vorbei. Tiefblaue, kleine Vögelchen flogen von Baum zu Baum.

Am Abend wehte ein kühler, angenehmer Wind, frisch und lebensvoll. Unter Tam-Tam-Begleitung wanderten meine Gedanken in alle Richtungen: zu den Patienten, zu den Kindern, zu Annelies, die schlecht aussieht und erbricht und nicht zugeben will, dass sie krank ist.

"Ich bin ganz verzweifelt", sagte Dr. Schweitzer beim Nachtessen." Noch haben nicht alle eine Antwort bekommen auf ihre Wünsche zu meinem Geburtstag. Ich muss unbedingt hinter die Briefe." "Die Leute erwarten doch keine Antwort, Herr Doktor", meinte Erika

Anderson. Darauf entgegnete Dr. Schweitzer: "Umso mehr freut es sie, wenn sie einen Brief bekommen."

Dr. Schweitzer legt Wert darauf, alle Briefe handschriftlich zu beantworten. Danken ist ihm wichtig.

Abendrundgang

Ein leiser Regen fällt.

Nach dem Nachtessen mache ich die abendliche Runde bei den Patienten und verteile die Medikamente für die Nacht. Gabriel lag schon unter seinem Moskitonetz. Sachte hob ich das Netz und wollte ihm die Pille geben. Er blickte mich vorwurfsvoll an: "Tu peux pas attendre? Tu ne vois pas que je fais la prière."

Julienne, die junge Frau, die bewusstlos eingeliefert wurde, ist nun in einer Art Dämmerzustand. Wenn man mit ihr spricht, versucht sie Antwort zu geben, aber es gelingt ihr nicht. Sie liegt mit starren, offenen Augen da und dreht sich manchmal im Bett hin und her. Sie ist nicht fähig zu schlucken. Ihr Mann ist rührend besorgt um sie. Er pflegt sie so gut er kann und gibt ihr durch die Sonde zu essen. Er sagte: "D'abord c'était moi, qui était malade, et elle m'a sauvé la vie. Maintenant c'est elle, et c'est moi, qui va lui sauver la vie. Et le Bon Dieu ne dort pas."

Dr. Pope übergab mir ein Kind mit hohem Fieber in Pflege. In der Kinderabteilung habe es keinen Platz. Es ist die kleine Schwester von Faustin, der vor zwei Jahren mit einer Enzephalitis im Spital war. Das Kind leidet an Amöbendurchfall und ist sehr krank. Die Mutter sagte: "Je te connais bien. Tu soignes bien les enfants". Hoffentlich hat sie Recht, wenn sie damit glaubt, dass ihr Kind davon kommen wird.

Kinder können schnell schwer krank und schnell wieder gesund werden, aber sie können auch sehr schnell sterben. So wie heute Morgen. Da kam eine Mutter schreiend zu Annegret mit ihrem achtjährigen Kind. Es hatte Durchfall, doch die Mutter beachtete es nicht. Nun war es schon ganz toxisch und starb bald darauf.

Die ausgebüxten Hühner

Wenn Maman Sansnom nicht auf Nahrungssuche ist - sie sammelt Käfer, Würmer und anderes Getier - hockt sie neben ihrem Feuer und schwatzt in ihrer unverständlichen Sprache vor sich hin. Von Zeit zu Zeit winke ich ihr zu. Heute stand sie plötzlich auf ihren Stock gestützt breit vor mir und redete laut auf mich ein. Ich verstand nicht, was sie wollte. Nach einer Weile ging sie wieder weg. Aber schon nach einigen Minuten war sie wieder da und streckte mir ein Ei entgegen. Mich erstaunte dieses Geschenk. Wo sie es wohl her hatte? Wieder redete sie eindringlich auf mich ein und verwarf die Arme. Dann zog sie mich am Arm mit sich fort. Neben ihrem Lager bedeutete sie mir, mich zu bücken. Und was sah ich unter dem Haus der Anatomie? Eine Menge Enten und Hühner hatten diesen Platz ausgewählt, um dort ihre Eier zu legen. Und Maman Sansnom kriecht täglich darunter und holt sich ihre Ration. Am Abend kam aufgeregt Mendoume Jean daher. Er vermisste seine Hühner. Mit einem langen Stock versuchte er sie hervor zu scheuchen. Doch immer wieder flüchteten die Hühner unter das Haus. Maman Sansnom war wütend. Sie drohte mit ihrer Machete. Mendoume Jean flüchtete angstvoll und die Hühner gackerten zufrieden unter dem Haus.

Das alte Klavier

Dr. Schweitzer erzählte den Gästen beim Nachtessen die Geschichte des alten, schwarzen Klaviers:

"Dieses Klavier war ein altes, deutsches Klavier und stand auf dem Schiff, mit dem ich immer fuhr. Dann wurde das Elsass und seine Schiffe französisch und ich hörte, dass die Schiffe an die Griechen verkauft würden. Als alter Passagier fragte ich, ob sie mir dieses Klavier verkaufen würden. Sie schenkten es mir dann. Es wurde mit dem Schiff von Port Gentil den Fluss hinauf gebracht. Auf dem Dach des Schiffes überstand es einen Tornado. In Lambarene musste ich es dann mit dem Ruderboot holen gehen".

Das Elfenbein der Tasten ist fast überall abgefallen, und es ist schrecklich verstimmt. Einige Tasten klingen gar nicht mehr. Doch wenn Herr Schweitzer darauf spielt, tönt es ganz gut. Er kennt sein Klavier und weiss, welche Tasten er überspringen muss.

Lilli Kraus, eine Pianistin aus Oesterreich lässt nicht locker, bis sie darauf spielen darf. Doch sie gibt es schnell auf und wechselt zum Instrument daneben.

Samstagsputzete mit Hindernis

Der ganze Hausrat der Patienten liegt in einem unbeschreiblichen Durcheinander vor der Case. Valentin verteilt Bürsten und jagt die Angehörigen der Kranken unter einem grossen Palaver herum. Ich will lieber nicht zuschauen, wie geputzt wird. Wenn es nachher nur sauber ist. Eben will ich in die Pharmacie verschwinden, da höre ich laut schreien. Leute, grosse und kleine verfolgen mit Lärmen und Rufen eine Geiss, die verzweifelt meckernd herumspringt. Sie ist mit dem Kopf durch den Bogen einer Laterne geraten und springt erbärmlich meckernd mit dem unbequemen, klappernden Halsband hügelauf, hügelab, verfolgt von einer schreienden Menge. Es dauert einige Zeit, bis es jemandem gelingt, das Tier zu halten und von der Laterne zu befreien. Diese ist übel zugerichtet. Das Glas ist zerbrochen, das Petrol ist ausgelaufen. Tränen kollern Seraphine, der Besitzerin der Laterne aus den Augen. Doch hellt sich ihr Gesicht rasch auf, als ich ihr die Lampe wieder fülle und das Glas ersetze. Seraphine wurde vor einigen Wochen von einer giftigen Schlange gebissen. Die drei kleinen Bissstellen wurden immer grösser und eitern immer noch.

Klavierabend mit Lilli Kraus

Ich bin ganz erfüllt vom Klavierkonzert heute Abend von Lilli Kraus. Spielend, hüpfend, tanzend flogen ihre Finger über die Tasten und entlockten dem Klavier die herrlichsten Töne. Unglaublich, was ihre starken Finger aus dem Instrument herauslockten. Mit Mozart führte sie mich in eine grüne, blühende Frühlingswelt. Schuberts Impromptu erklang.

Mit Haydn versetzte sie mich in eine Märchenwelt. Ich träumte von einer Mondnacht im Wald:

Bäume, Sträucher, Blumen, alles glitzerte silbern und war wie verzaubert. Ein seltsames Leben begann. Tiere versammelten sich im Mondlicht. Blumen verzauberten sich in liebliche, lebendige Wesen. Zarte Elfen erschienen und führten unter märchenhafter, feiner Musik einen Reigen auf. Anmutig, lautlos bewegten sich die Gestalten immer schneller und leichter. Die kleinen Blumenwesen hüpften lustig auf der samtgrünen Wiese. Ringsum standen schwarz und fest und stark und beschützend die Bäume. Der Mond bestaunte das rege Treiben und wanderte müde gegen Morgen. Mit seinem Verlassen und der Ankündigung der Sonne gingen langsam die Waldwesen zur Ruhe. Der neue Tag begann.

"Wenn ich zu spielen beginne, kann ich kaum mehr aufhören", sagte Lilli Kraus. Doch mit einem feurigen rumänischen Tanz und einem lüpfigen Ländler von Schubert schloss sie. Einen Moment lang sass sie still auf dem Stuhl vor dem Klavier. Eine grosse Pianistin im Urwald, bekleidet in einer langen, weissen, weiten Schürze und in baumwollenen, weissen Kniestrümpfen!

"Ihr könnt jeden Tag Musik hören, wenn ihr wollt." Sie betrachte dieses Können als ein gnädiges Geschenk und möchte diese Gabe auch zur Ehre Gottes ausführen, sagte sie am Anfang ihres Konzertes.

Lilli Kraus wünschte, dass Dr. Schweitzer auf seinem Klavier Bach spiele. Aber Herr Schweitzer lehnt ab. So lang sie lebe, werde er ihr diesen Wunsch nicht erfüllen, ausser sie stelle ihm eine Orgel zur Verfügung.

Lilli Kraus antwortete: "Also, ich werde für eine Orgel sorgen." Dr. Schweitzer: "Es muss eine grosse Orgel sein. Ich meine, schon eine Orgel mit zwei Klavieren kann gross sein."

Lilli: "Es wäre schön, in Lambarene eine Orgel zu haben. Aber wo wollen wir sie hinstellen?" Schweitzer: "Eine Orgel gehört in eine Kirche. "Damit dachte er, das Thema abgeschlossen zu haben. Aber Lilli meinte: "Dann bauen wir eine Kirche."

Still für mich höre ich in meinem Zimmer die Kantate von Bach "Sei Lob und Ehr dem höchsten Gut" mit der wunderbaren Arie:
Ich will dich all mein Leben lang, o Gott, von nun an ehren.
Man soll, o Gott, den Lobgesang an allen Orten hören.
Mein ganzes Herz ermuntre sich, mein Geist und Leib erfreue sich.
Gebt unserm Gott die Ehre.

Ich komme morgen
"Pardon, Mademoiselle, ça ne va pas avec l'enfant. Depuis que tu es parti, c'est toujours la fièvre. C'est du poison dans le cœur. Il faut

l'opérer", klagt ein Vater. Ich erinnere mich gut an ihn und sein Kind. Es kam mit Fieberkrämpfen ins Spital.
Er solle mit dem Kind kommen, sagte ich.
"Oui, moi vient demain."
"Ich komme morgen" kann heissen, dass er wirklich morgen kommt, vielleicht auch übermorgen, oder nächste Woche, oder gar nicht! Darauf kann man sich nicht verlassen. Die Zeit läuft hier anders.
"Oh, du bist wieder da", werde ich von einer Frau begrüsst. "Voilà, le nouveau-né. Mais l'autre enfant c'est tomber malade derrière vous. Il est mort.

Moussavou erklärte, er habe seinen Zwillingen geschrieben, dass sie kommen um mich zu sehen. "La mère pour lui" wie er sagte.

Ich fühle mich wieder wohl und aufgenommen bei diesen einfachen, fröhlichen Menschen.

Das Wasser im Ogowe zieht sich schnell zurück. Innert eines Tages ist bei Atadie eine Sandbank zum Vorschein gekommen. Wenn in Europa Sommer ist, kommt hier die kühle Trockenzeit. Tagsüber ist es noch heiss, aber in der Nacht kühlt es stark ab. Ein lauer Wind weht, gleich dem Föhn. Die Nächte sind hell und sternklar. Neben den gewöhnlichen Nachtgeräuschen ertönt jetzt auch tiefes, heiseres Hornen. Etwas Schweres plumpst und spritzt im Wasser herum. Flusspferde! Wenn das Wasser in den Nebenflüssen und Tümpeln zurückgeht, erscheinen die Ungetüme im Ogowe.

Eile mit Weile
"Valentin, der Bekale muss jetzt um 7 Uhr einen Einlauf haben und am Mittag nochmals einen", sagte ich zu meinem Pfleger. Das ist einfacher gesagt, als getan. "Oui, Mademoiselle, aber ich will ihn im Souterrain machen. Dann soll er den Schlüssel holen bei Annemarie. Nach einer Weile kam er zurück: "Das ist um 8 Uhr". "Nein, das ist jetzt", betone ich. Ich ging zu Annemarie, die sagte, Makosso, der für alle, die operiert werden, die Einläufe mache, komme erst um 8 Uhr. Aha, Valentin wollte sich von dieser Arbeit drücken. Aber Bekale muss den Einlauf jetzt haben und durchgeführt von Valentin. Ich bringe ihm den Schlüssel. Aber nun war der Patient verschwun-

den. Ich ging ihn suchen. Wie ich mit ihm zurückkomme, ist Valentin nicht mehr da. Bekale soll vor dem Souterrain warten, bis Valentin komme, betone ich. Nach einer Weile steht die Tür zum Souterrain offen, aber weder Bekale noch Valentin sind da. Letzteren finde ich in der Case Bouka. "J'ai envoyer le typ pour chercher de l'eau". Unterdessen war es 7.30 Uhr geworden. Fast eine Stunde hatte ich versäumt, wegen dieser Einlaufgeschichte und der Einlauf ist immer noch nicht gemacht!

Mysteriöse Krankheit

Julienne, die junge Frau, ist nun ganz wach. Sie hat keine Sonde mehr, aber sie will nicht recht schlucken, besonders wenn ihr Mann ihr zu Essen gibt. Er sagte:
"Vous voyez, chez vous elle mange. Chez moi, elle ne veut pas. L'esprit pour vous, c'est l'esprit de bon dieu. L'esprit pour nous, ça ressemble un peu de l'esprit de diable."
Die Ursache ihrer Krankheit konnten die Ärzte nicht herausfinden. Ob sie wohl bei einem afrikanischen Heiler gewesen war? Darüber wird geschwiegen.

Allerlei Begegnungen

Täglich kommt Maman Sansnom ein paar Mal bei mir vorbei, steht vor mich hin und lächelt mich stumm an. Während sie Anderen mit grimmigem Gesicht begegnet, scheint sie mich zur Freundin erkoren zu haben. Eier bringt sie nicht mehr. Die Hühner unter dem Haus der Anatomie sind weg.

Nachts hüpfen auf den Wegen Frösche herum. Ein kleiner Frosch sprang unter meine Füsse und bekam einen unsanften Fusstritt. Ich wusste gar nicht, dass Frösche so schreien können und bin ordentlich erschrocken. Doch anscheinend hatte er Glück gehabt. Er hüpfte eilig davon.

Eine alte Frau besuchte mich. Sie stiess leise murmelnd die Türe zu. "Mademoiselle", sagte sie, und dann sprach sie weiter auf Fang und für mich unverständlich. Ich merkte aber bald, was sie wollte. Sie zog ihren schmutzigen, kaputten Rock hoch und sagte fragend: "N'a pas"? Sie hatte keine Hosen an und möchte gerne Hosen bekommen von mir.

Ich bedeutete ihr, wenn sie für die zwei Männer, die alleine da sind, ein wenig schauen wolle und für sie Essen zubereite, bekäme sie nachher ein Geschenk. Sie war einverstanden und befriedigt ging sie weg.

Ich sitze auf den Steinen unter dem grossen Kapokbaum in Atadie und geniesse die abendliche Ruhe. Das Wasser unter mir erscheint dunkel, fast schwarz. In starker Strömung rauscht es um die Steine. Einige Leute sind am Fischen. Hie und schnappt ein kleiner Fisch die Angel. Kühl sind jetzt die Abende und angenehm nach dem heissen Tag. Plötzlich sitzen drei, vier, fünf Kinder um mich herum. Wir unterhalten uns über mancherlei. Celine schmiegt sich vertrauensvoll an mich und spielt mit meinen Fingern. Sie zeigt mir stolz ihre Zahnlücke. Wie ich lache, bemerkt sie meinen Goldzahn. Alle wollen den nun sehen und können sich fast nicht erholen vor staunen. "Oh, du hast weisse Haare wie Dr. Munz", entdeckt ein Bub. "Hast du Läuse"? fragt ein anderer und beginnt sachlich meinen Kopf zu untersuchen. "Nein, du hast nicht", meint er befriedigt.

"Marianne, kennst du mich nicht mehr?" fragte mich eine junge Frau. Sie sei die Tochter von Biebi Pierre, der im OP arbeite. Wie es ihr gehe, fragte ich. "Oh, ça ne va pas. L'enfant que tu as laisser avec nous, c'est perdu. C'etait la variole".
Vor einem Jahr wütete hier eine schreckliche Pockenepidemie. Viele Leute starben.

Die zwei Kinder von Dr. Pope spielen täglich mit Paulette, einem sechsjährigen Afrikaner Kind. Sie verstehen sich, ohne miteinander sprechen zu können. Die Pope-Kinder sprechen nur englisch. Paulette kann ein wenig Französisch. Keine Sprachschwierigkeiten oder Rassenunterschiede hindern die drei fest zueinander zu halten. Gemeinsam ziehen die beiden Blondlockigen und das Schwarze mit dem Kraushaar den Weg zum Fluss hinunter, um einen Kessel zu waschen.

Das Sonntagskind
Ein düsterer, grauer Sonntagmorgen. Die Sonne hält sich hinter einer Wolkenwand versteckt.

Am Mittagstisch berichtet Dr. Munz: "Heute Morgen wurde ein ganz kleines Kind zu uns gebracht. Es ist vor 10 Tagen im Regierungsspital in Lambarene geboren. Seine Mutter ist an Schlafkrankheit gestorben. Im Regierungsspital haben sie keine Ernährung für das Kind. Das kleine Mädchen wiegt 1600g. Der Vater ist in sein Dorf gegangen, um die Mutter zu begraben. Jemand sollte zu dem Kind schauen".

Das sei etwas für mich, sagte ich. So ein Kleines ist grad das, was ich brauche. In der Case Japonnaise bin ich nicht so ausgelastet.

Das kleine Mädchen liegt in einem bunten Frottéetuch. Zwei Männer stehen hilflos vor mir. Sie seien die Brüder des Vaters. Er komme dann später und schaue zum Kind.

Ich bette es in ein Körbchen. Es murrt und jammert ein wenig und weint schliesslich mit lauter Stimme. Es scheint hungrig zu sein und versucht an seinen Fingern zu lutschen. Wie ich es an meine Wange halte, versucht es sie mit den Lippen zu fassen und will trinken. Gierig zieht es dann am Schoppen. Trotzdem es so klein ist, ist es ein kräftiges Kind. Mit weit offenen Augen schaut es mich an.

"Co-co-co", ruft eine Stimme vor meiner Tür. Ein Mann steht da. Er sei der Bruder des Vaters vom kleinen Mädchen, das ich pflege. "Chez nous, les noirs, c'est comme ça. L'homme ne doit pas sortir le village pendant 14 Jours quand sa femme est morte". Er habe sehen wollen, wie es dem Kind geht. Wie es heisst, weiss er nicht.

Dem kleinen Mädchen geht es gut. Es trinkt gut und ist zufrieden. Es bleibt in meinem Zimmer. Von Zeit zu Zeit schaue ich nach ihm, pflege es und gebe ihm zu trinken.

Ziemlich genau nach zwei Wochen erscheint der Vater meines Pflegekindes. Er zeigt mir den Geburtsschein. Nun das Kind nicht mehr namenlos. Es heisst Mambela Marie-Caroline. Sein Heimatort ist MBigou. Das liegt ganz im Süden von Gabun. Das Land sei dort ziemlich bergig, unterbrochen mit Wald und Savanne. Mambela sei seine einzige Tochter, berichtet der Mann. Er habe noch zwei Buben von seiner anderen Frau, aber die wolle nichts von Mambela wissen und wolle deswegen auch nicht zu uns kommen. Er aber möchte erst mal für vier Monate bei uns arbeiten. Er sei Maurer. Und so könne er etwas für sein Kind tun.

Johannisnacht

Das Johannisfest im Juni ist eine lange Tradition in Lambarene. Unten am Fluss im Garten lodern die Flammen des Feuers zum schwarzen Nachthimmel empor. Der mächtige Kapokbaum ist hell erleuchtet und weit herum sichtbar. Laut knisternd brennen die dürren Palmenäste. In Gedanken versunken stehen wir alle da. Die Kinder staunen mit grossen Augen und offenem Mund in das Licht. In die Stille hinein sagt Herr Schweitzer plötzlich: "Ali, denk daran, dass ich nächstes Jahr einige Bänke herunterschaffe, dass man sitzen kann." Sobald das Feuer abgebrannt ist, und wir uns genügend von den Mücken haben stechen lassen, sitzen wir zusammen im Esszimmer bei Saft und Brötchen.

Die wilde Katze

Das war eine grosse Aufregung heute Nachmittag! Dr. Sedlacek ist von einer tobenden Katze gebissen worden! Die Wunde wurde sofort ausgeschnitten und er bekam Serum gegen Tollwut. Hoffentlich beginnt die Sache mit der Tollwut nicht nochmals. Das muss schlimm gewesen sein vor einigen Monaten. Susanne und Erling wurden von einem Hund gebissen und mussten in die Schweiz reisen zur Behandlung. Serum war keines vorhanden. Alle Hunde mussten ihr Leben lassen. Eigentlich bin ich ganz froh, dass nun keine Hunde mehr herumstreunen.
Nach dieser Aufregung sitzen wir am Abend mit Dr. Schweitzer zusammen im Esszimmer und hören von der Stereoanlage von ihm gespielte Orgelmusik. Eine Seelenfreude.

Mitten im Leben sind wir vom Tod umgeben

Wie erschrak ich heute Morgen, als ich um halb sieben zur Arbeit kam. Da sassen Mutter und Sohn eines Patienten jammernd und klagend auf seinem Bett. Der Mann war bewusstlos, atmete unregelmässig und stossend. Warum haben die Leute nicht gerufen? Valentin wohnt ganz in der Nähe und wo ich bin, wissen sie auch. Der Patient wurde vor zwei Wochen an einer Hernie operiert und hat sich davon nie recht erholt. Dr. Sedlacek hatte ihn gestern Abend noch gesehen und nichts Auffallendes beobachtet. Schnell schickte ich Valentin zu ihm und wenn er nicht da sei (ich hatte ihn am morgen früh fortgehen sehen) solle er Dr. Munz holen. Dem Mann ging es ganz schlecht. Puls kaum fühlbar, Blutdruck unter 100. Walter

kam und verordnete eine Infusion und Medikamente. Der Patient war sehr unruhig und es war schwierig die Infusion zu stecken. Sie lief bald daneben. Neuer Versuch. Walter war jetzt im OP und Dr. Sedlacek immer noch unauffindbar. Zum Frühstück kam er auch nicht. Endlich um halb neun erschien er. Den ganzen Tag ging es dem Mann schlecht und um 17 Uhr lag er am Sterben. Und wieder war Dr. Sedlacek nicht zu finden. Der Sohn des Sterbenden ging auf die kath. Mission, um den Pater zu holen. Valentin kniete vor dem Bett und las Gebete. Im Haus war es ganz still. Fast alle Patienten versammelten sich am Sterbebett und murmelten die Gebete mit. Die beiden Ehefrauen sassen still am Boden. Sie verstanden kaum etwas von dem, was Valentin auf Französisch vorlas. Als der Mann starb, verhielten sich alle ganz ruhig. Niemand schrie, weinte oder wälzte sich am Boden herum, wie das sonst der Brauch ist. Als der Pater kam, knieten wieder alle, die konnten am Totenbett und murmelten im Chor die monotonen Gebete mit. Morgen wird der Mann auf der katholischen Missionsstation beerdigt.
Währenddessen ging das Leben rund herum im gewohnten Gang weiter. Kinder spielten und lachten. Frauen sassen schwatzend und kochend an ihren Feuern. Für alle gehört der Tod zum Leben, ist ganz etwas Natürliches, Selbstverständliches, das zum Lauf des Lebens gehört.

Die zwei Frauen des verstorbenen Mannes kamen nach der Beerdigung nochmals vorbei. Es sei mit dem Begräbnis gut gegangen. Sie hätten dafür 4000 CFA bezahlen müssen. Das sind etwa 80 Schweizerfranken. Für viele Leute hier ist das eine grosse Summe. Père François habe ihnen gesagt, dass wegen dieses Preises viele nicht nach kath. Ritus begraben werden könnten.
Ein Vergleich: Für eine Operation verlangt das Schweitzer-Spital 500 CFA. Operiert wird auch, wenn man nicht bezahlen kann.

Komischerweise regnet es am Abend. Mitten in der Trockenzeit, das ist aussergewöhnlich, aber die Abkühlung tut gut. Ich geniesse die Ruhe in meinem Zimmer. Die beiden Kleinen, die ich hüte, schlafen. Ruhig atmend liegen sie in ihren Körbchen wie kleine Engel. Auf dem Tisch flackert eine Kerze. Die roten Zinnien in der Vase leuchten in ihrem Schein. Die zierlichen Gräser daneben werfen einen feinen Schatten an die Wand. Ein Duft von Ananas steigt mir in die

Nase. Zwei Stück dieser königlichen Frucht liegen im Korb am Boden. Ich habe sie heute von einem Patienten bekommen. Es ist ruhig geworden im "Sans-Souci". Vor einer Viertelstunde noch klapperte Erika auf der Schreibmaschine. Jetzt ist es dort auch ruhig. Bald ist Mitternacht.

Mambela gedeiht. Sie ist recht hungrig und nimmt an Gewicht zu. In einer Minute hat sie den Schoppen ausgetrunken und möchte noch mehr. Momentan bekommt sie Muttermilch von einer Frau, die für ihr Kind, das vor einigen Tagen auf die Welt kam, zu viel Milch hat. Ihr kleiner Bub war Steisslage und wiegt auch nur 1700g. So hat sich im Moment mein Zimmer in ein Neugeborenen-Zimmer verwandelt.
Mambela schaut mich nun ganz richtig an und fixiert meinen Finger, schaut ihm nach, wenn ich ihn bewege. Ihre spärlichen, schwarzen Haare beginnen sich zu kräuseln.

Abschied und Wiedersehen
5 Uhr morgens, 1. Juli. Hilda und Myrtha sind abgereist. Lange haben wir ihnen in der Dunkelheit unten am Fluss mit unseren Laternen gewinkt. Mit dem Krähen der Hähne und dem Pfeifen der Vögel ruderten sie in den dämmernden Morgen hinein. Sie haben eine abenteuerliche Reise vor sich. Mit dem Flussboot fahren sie den Ogowe hinauf nach N'Djole. Von dort aus wollen sie auf dem Landweg nach Kamerun und dann nach Senegal.
Auch die Nacht nimmt Abschied. Schnell wird es heller. Die Unruhe des Tages beginnt.

Jeden Tag erlebe ich viel Freude. Immer wieder tönt es von irgendwoher: Marianno. Leute, an die ich mich nicht erinnern kann, grüssen mich. Rufend und winkend sprangen gestern zwei Frauen hinter einem Haus hervor und gaben mir eine Handvoll Ketten aus Hiobstränen. Und sie wollen noch mehr machen. Ich war grad am Schöppeln, da öffnete sich behutsam die Tür. Herein kamen glückstrahlend François und Joseph. Die Zwei sind gross geworden. Sie sind jetzt acht Jahre alt und immer noch dicke Freunde. Beide gehen auf die kath. Mission zur Schule. Joseph setzte sich auf das Bett und zog lange Fäden mit dem Kaugummi. Warum dieses kleine Kind bei mir sei, will er wissen, und fragt dann: "Wirst du es beschützen? "

Am Nachmittag besuchte mich Moussavou mit Jeno. Wora, sein Zwillingsbruder, sei in Isaak. Er werde dann auch kommen. Der Bub ist gewachsen, aber er sieht mager aus. Der Vater meint, die beiden hätten Würmer. Ich gebe ihm einen Zettel für eine Stuhluntersuchung im Labor.

An meinem freien Sonntag besuche ich den Culte im Lepradorf. Dr. Sedlacek hielt eine kurze, aber gute Predigt. Eine alte lepröse Frau sprach zu mir: "Während du in Frankreich warst, habe ich dich nicht gesehen. Aber nun sehe ich dich wieder".

Isabelle mit ihrem Kind Marion ist auch noch da. Eine Frau mit Zwillingsbuben kam mir entgegen. Ich erkannte sie nicht. Sie gab sich alle Mühe, mein Erinnerungsvermögen wach zu rütteln: "Du hast meine Zwillinge im Spital gepflegt. Sie wurden krank, als ich mit meiner Mutter im Spital war. Ich wohne in Port Gentil. Du hast den Kindern zwei schöne Pullover gegeben. Sogar das Fräulein in Port Gentil hatte gefragt, woher ich diese hätte. Ich war auch bei deiner Abreise dabei, aber es hatte zu viele Leute."

Der Nachmittag verlief ruhig. Ich besorgte Mambela. Sie ist ein einfaches, zufriedenes Kind.

Gegen Abend sass ich am Fluss bei Atadie. Kinder spielten auf den Sandbänken, die jeden Tag nun grösser werden.

Ich freue mich, die Sorgenkinder von vor zwei Jahren nun gesund und froh antreffen zu dürfen. Der Vater von Antoinette, die wie ein Kriegskind aussah, begrüsste mich: "Tu es de nouveau là. Je suis bien content. Antoinette, elle va bien, bien grande, bien grosse."

Und wirklich, das vierjährige, hübsche Mädchen kommt mir lächelnd entgegen. Sein Vater bemerkte zu ihm: "Voilà, la maman pour toi, Antoinette. Oh, elle ha beaucoup souffert pour toi. Nuit et jour." Und zu mir sagte er: "Wir haben ein neues Bébé bekommen. Ich werde es holen".

"Ich bin der Vater von Serge, der die Operation am Hals hatte", begrüsste mich ein Mann. Ich erinnere mich. Serge hatte einen Luftröhrenschnitt. Als es ihm besser ging, sind die Eltern mit ihm verschwunden. Es sei nicht gut gewesen, mit dem Kind wegzugehen, als es noch nicht ganz gesund war, sagte ich. "Ja, aber jetzt geht es ihm gut. Ich werde mit ihm kommen".

Im Esszimmer heute Abend kniete Lilli Kraus beinahe vor Dr. Schweitzer nieder: "Lieber Herr Doktor, können sie sich vorstellen, wie mich jeder Tag in Lambarene freut? Jeder Tag ist schöner wie der andere." Herr Schweitzer entgegnete nüchtern: "Ja, wir haben selten schlechtes Wetter hier".

Kinderarbeit
Eine junge Frau mit dick geschwollener Wange erschien in meiner Abteilung. Der Arzt musste ihr einen Weisheitszahn heraus operieren. Mühsam sprach sie: "Voilà, das ist mein Kind. Elle peut donner un coup de main au Grand Docteur". Wie alt das Kind sei, fragte ich. "Acht Jahre". Dann müsse es nicht arbeiten, meinte ich. Vielleicht hätte ich hier hie und da etwas für es zu tun.
Doch am Nachmittag traf ich das Kind in der Lingerie an, wie es geschickt Wäsche bügelte. Für die Mutter sorgt es auch, wäscht und kocht für sie.
Den Kindern werden früh schon Arbeiten aufgetragen, besonders den Mädchen. Ich sehe sie ihre kleinen Geschwister oder schwere Bananen-Regimes oder Holz auf dem Rücken tragen. Von klein auf lernen sie mit der Machete umzugehen. Noch nie hatte sich deswegen ein Kind verletzt.

Das kleine Hänschen ist wieder mit seinem Vater gekommen. Diesmal war er zutraulicher und kam sofort zu mir. Die Hosen, die ich ihm vor Monaten schickte sind ihm nun viel zu klein. Die Träger sind mit Bändel verlängert worden. Sie kämen zur Kontrolle, sagte der Vater. Der Kleine hatte Würmer.

Lilli Kraus gab ihr Abschiedskonzert. Ruth Pope, ihre Tochter, sang eine Arie aus einer Bachkantate, begleitet von Walter und Siegfried mit der Flöte und Lilli am Klavier.
Die täglichen Musikabende werden nun für eine Weile vergangen sein.
Nur die Frösche und die Grillen werden weiter musizieren.

Ausflug nach NZoghemintange
Der Chef vom Dorf NZoghemintange lud Walter ein, in seinem Dorf eine Sonntagspredigt zu halten.

Mit zwei Motorbooten fuhren wir in den kaum erwachten, glänzenden Sonntagmorgen hinein. Die Sonne schimmerte hinter silbernen Wolken hervor und warf ihren Schein auf das leise wellende Wasser. In der Ferne sahen wir den dunkel glänzenden Rücken eines Flusspferdes.

NZoghemintange ist ein grosses Dorf am Fluss NGounie, der in den Ogowe einmündet. Obiang, unser Führer, sagte, aufwärts sei es 14 kam, abwärts 10 km. Nach etwa einer Stunde Fahrt durch die Wellen, am dichten Urwald entlang, bogen wir in den NGounie ein. Er ist um weniges schmäler, als der Ogowe, aber von viel mehr grünen Inseln durchzogen. Langsam näherten wir uns dem Dorf und wurden von Gilbert, dem Chef, begrüsst. Mit lauten Rufen forderte er die Leute zum Gottesdienst auf.

Aufs herzlichste wurden wir von ihnen aufgenommen. Unter ihnen hatte es natürlich mehrere, die wir als ehemalige Patienten erkannten. Eine alte Frau meinte: "Marianne, tu es belle comme toujours".

NZoghemintange ist ein sauberes, schönes Dorf, bewohnt von Fang-Leuten. Das zweistöckige Haus des Chefs fällt sofort auf. Er habe es selber gebaut, als er sich verheiratete, sagte er stolz. Er lud uns zu einem Apéro ein, Limonade und Bier. Das Haus ist beinahe europäisch eingerichtet. In der Stube steht ein sehr schönes Buffet. In der Ecke bequeme Sessel und Stühle um den Tisch. Sein Bruder habe das alles gemacht, sagte Gilbert, er sei Schreiner. Ich war vor zwei Jahren schon einmal in dieser Stube. Walter und ich waren auf dem Weg nach NDjole mit dem Polizisten von Lambarene und machten in diesem Dorf Mittagshalt. Gilbert lud uns in seine Stube ein, damit wir bequem unser Rucksack-Mittagessen einnehmen konnten. Er stellte uns sogar sein Töchterchen als Bedienung zur Verfügung. Obwohl wir das Essen unter freiem Himmel vorgezogen hätten, konnten wir nicht anders, als das Angebot annehmen. Wir waren sehr beeindruckt von so viel Gastfreundschaft.

Als wir Gilbert fragten, was der Name seines Dorfes bedeute, meinte er umständlich, weil immer viele Weisse zu Besuch gekommen seien, habe es diesen Namen erhalten. Das heisse übersetzt "Besuch der Weissen". Er sei immer stolz und glücklich, wenn Besuch käme. Das Dorf besteht aus vier Teilen. Gilbert führte uns durch einen schmalen, mit dichtem Gestrüpp überwucherten Pfad. Es war wunderschön im Morgensonnenschein durch das Grün zu wandern, an mit Lianen behangenen Bäumen vorbei, durch eine Bananenpflanzung, neben überwucherten Büschen, aus denen blaue und weisse Blumen leuchteten. Vogelgesang begleitete uns. Vor uns protzte ein mächtiger Kapokbaum mit einem doppelten Stamm.

Plötzlich öffnete sich der Weg und im goldenen Licht lag ein Dorf an einem See. Grün leuchteten die Matten und golden der Sand. Eine Glocke bimmelte zum Gottesdienst. Mit Palmzweigen und Blumen war ein Haus zu einer "Kirche "ausgeschmückt worden. Walter wurde von einem Mann begrüsst. Er sei der Uebersetzer von Französisch auf Fang und wollte vorher noch mit Walter sprechen. Seine Brille machte ihm Schwierigkeiten. Immer wieder rutschte sie ihm herunter und ungeduldig schob er sie wieder auf die Nase. Schliesslich verstanden sich die Beiden und der Gottesdienst konnte beginnen.

Andächtig sassen Alte und Junge da, Mütter mit ihren Kleinen an der Brust, Grossväter die Hand vor dem Gesicht. Mit lauter, kräftiger Stimme übersetzte der Mann mit der Brille Walters Predigt Satz um Satz auf Fang. Dazwischen wurde gesungen.

Ueber Mittag sassen wir unter einem mächtigen Bambus. Seine grünen Äste liess er schützend über uns fallen. Zum Dessert brachte uns ein Kind von Gilbert Grapefruits.

Am Nachmittag fuhren wir auf eine Sandbank und genossen ein Bad im Ogowe (es ist jetzt erlaubt). Es war ein schönes Gefühl, im niederen Wasser durch den Sand zu waten.

Gegen Abend machten wir uns auf den Heimweg. Der Chef des Dorfes überschüttete uns mit Grapefruits, Ananas, Süsskartoffeln, Kürbissen. Reich beschenkt an Leib und Seele ging dieser Sonntag zu Ende.

Toidi

Dr. Pope kam mit einem mageren sechsjährigen Buben in meine Abteilung. Ob ich Platz hätte für ihn. In der Kindercase sei alles besetzt. Zum Essen könne ich ihn aber in die Kindercase schicken. Doch das wollte ich nicht. Wenn er bei mir sei, werde ich auch zu ihm schauen. Die Mutter solle für ihn das Essen zubereiten. Das sei viel besser, so könne sie lernen, was für ihr Kind gut ist. Der Arzt ist einverstanden. Er meint, der Bub müsse jetzt viel und gut essen, damit er rasch zunehme. Ich wäre für einen langsameren Aufbau, meinte ich. Doch Dr. Pope war nicht damit einverstanden. Wie gut wäre es, wenn ein ausgebildeter Kinderarzt hier wäre. Unsere Ärzte sind oft überfordert, wenn es um Kinder geht.

Der Bub, er heisst Toidi, sieht schrecklich mager aus. Er wiegt nur 13 kg, ist bis auf die Knochen abgemagert und hat ein runzeliges Greisengesicht. Was ihm fehlt, wissen wir noch nicht. Nach Kwashiorkor sieht er nicht aus. Die Laboruntersuchungen zeigen nichts Besonderes.

Ich dachte schon, dass es mit Toidi nicht so gehen wird, wie Dr. Pope es wollte. Er mag doch gar nicht essen, jedenfalls nicht so viel, wie der Arzt wünscht. Nun hat er Durchfall und braucht eine Infusion. Die hätte ich ihm gerne schon früher gegeben. Sein Magen soll sich langsam an die Nahrung gewöhnen.

Schon nach einer Woche geht es Toidi deutlich besser. Er wirkt aufgeweckt, spielt, spricht und besucht mich im Medikamentenzimmer. Noch ist er sehr zerbrechlich. Ich wage fast nicht, ihn anzufassen und habe das Gefühl er gleite unter meinen Händen weg. Er hat noch kaum zugenommen, aber dass er so munter ist, ist ein gutes Zeichen. Die Mutter, eine intelligente Haussa-Frau, kocht und sorgt für ihn nach meinen Angaben. Sie besorgt ihm alles, was für seine Ernährung wichtig ist. Von mir bekommt er Milch.

Ich machte für Toidi ein wenig Seifenwasser und gab ihm ein Stückchen Infusionsschlauch als Röhrchen, damit er Seifenblasen machen kann. Er freute sich an den farbig glitzernden Kugeln. Selber gelangen ihm aber die Blasen nicht. Er blies zu fest ins Röhrchen. Mit grosser Geduld versuchte er es immer wieder. Von seinem Bett aus rief er mir zu: "Tu es bien".

Nur drei kleine Worte und sie machen mich so froh.

Brechdurchfall

Wie bin ich erschrocken als ich Jeno sah. Vorgestern hatte ich ihn munter herumspringen sehen. Jetzt lag er mit eingefallenen Augen, mit grauer Gesichtsfarbe und ganz ausgetrocknet da. Brechdurchfall! Wie kann das doch schnell gehen! Auf dem Konsultationstisch von Dr. Pope lag er wie ein Häufchen Elend. Susanne sollte versuchen, ihm zu trinken zu geben.

Jeno kenne ich seit seiner Geburt und fühle mich ihm sehr verbunden. Für mich war klar, dass er eine Infusion brauchte. Er konnte in diesem Zustand gar nichts zu sich nehmen. Erst auf mehrmaliges Drängen gab Dr. Pope nach. Erschöpft lag er dann da mit der Infusion im Arm. Und schon am Abend ging es ihm besser. Er wollte trinken und sagte, er habe Hunger.

Und wieder staune ich, wie schnell es Kindern ganz schlecht gehen kann, und wie schnell sie sich wieder erholen können

Die Alte

Mambelas Vater erschien mit einer älteren Frau. Das sei seine Mutter, sagte er. Sie sei gardienne im Spital. Dann könne sie sicher für das Kind die Windeln waschen, meinte ich. Sie sah zwar nicht so sauber aus, aber wir werden sehen.

Am Morgen um sechs Uhr polterte es energisch an meine Türe. Im gleichen Moment öffnete sie sich. Ich war noch im Bett. Herein kam mit energischen Schritten die Grossmutter. Sie ging schnurstracks zum Bettchen und deckte Mambela ab. Da wurde ich aber hellwach und stieg flugs aus dem Bett. Was sie da mache, fragte ich nicht grad freundlich. Sie wolle die Wäsche zum Waschen. Warum sie jetzt schon da sei, es sei ja noch viel zu früh, fragte ich sie. Da brummte sie, um acht Uhr hätte sie keine Zeit. Da wolle sie in die Messe gehen. Dann solle sie jetzt nur gehen. Sie könne dann morgen wieder kommen. Murrend ging sie weg. Die Frau hat mir einen gehörigen Schrecken eingejagt. Ich meinte, sie wolle das Kind stehlen.

Erster August

Meinen freien Tag habe ich richtig genossen.

Vor dem Morgenessen sass ich am Fluss, las und lauschte in die sonntägliche Stille hinein. Der Spitalbetrieb schien weit weg zu sein. Der Vormittag verlief gemächlich. Ein wenig aufräumen, Haare waschen, plaudern mit den Vorübergehenden. Mambela wollte gewaschen werden und den Schoppen trinken. Ich genoss es so richtig, Zeit zu haben für sie. Sie wächst und entwickelt sich zu einem hübschen Kind und lacht mich an. Am Nachmittag nähte ich für sie ein blaukariertes Kleidchen. Niedlich sieht sie darin aus. Sie wurde von allen bewundert. Ich spazierte mit ihr in die Pharmacie zu Dr. Schweitzer, der wie üblich an seinem Schreibtisch sass. Sein Gesicht verzog sich in lachende Fältchen beim Anblick des Kindes.

Ich erzählte ihm seine Geschichte, die ihn recht beeindruckte. "Wenn du es mitnehmen willst, musst du schauen, dass alle seine Papiere in Ordnung sind", meinte er. Sicher werde ich Mambela nicht in die Schweiz entführen. Ihre Wurzeln sind in Afrika.

Natürlich feierten wir Schweizer unseren Nationalfeiertag. Mit leuchtenden Lampions standen wir um ein grosses 1. Augustfeuer. Hoch loderten die Flammen gegen den sternenübersäten Nachthimmel. Funken sprühten und fielen Sternen gleich vom Himmel. Als das Feuer versunken war, spazierten wir mit unseren Lampions um die glühende Glut und sangen Schweizerlieder. Eine amerikanische Besucherin fragte, was das bedeuten solle. "Einfach Freude". Im Esszimmer gab es eine schön verzierte Fleischpastete, Tee und Saft. Walter hielt eine Ansprache. Keine patriotische Rede. Er drückte seine Dankbarkeit aus, dass wir da sein dürfen und Lambarene in dem Geist weiterführen, der seit seiner Gründung da sei...

Der Geist von Lambarene. Was ist das? Wie zeigt er sich? Wir leben hier wie in einer grossen Familie, leben eng beieinander. Wir sind auf Zusammenarbeit untereinander angewiesen. Wir setzen uns im Sinne von Schweitzers Ethik "Ehrfurcht vor dem Leben" für Hilfs- und Schutzbedürftige ein. Geist von Lambarene?

Das Lianenkörbchen ist Mambela zu klein geworden. Sie bekommt ein schönes Kinderbett aus Holz. Wie eine kleine Prinzessin sieht sie darin aus. Bis jetzt bekam sie immer noch acht Mahlzeiten am Tag. Höchste Zeit, sie auf sechs Mahlzeiten umzustellen. Nun muss sie sich an eine längere Nachtruhe halten. Ihre letzte Mahlzeit habe ich etwas hinausgezögert und ihr erklärt, dass sie nun bis am Morgen schlafen müsse. Sie schaute mich ganz ernst an, als ob sie mich verstanden hätte. Und wirklich, wir haben beide bis halb sechs Uhr geschlafen.

Wenn ich ins Zimmer komme, richtet sie immer die Augen nach mir. Sie schläft nicht gern auf der linken Seite, wo sie gegen die Wand schauen muss. Sie will wissen, was um sie her geschieht.

Obwohl wir noch in der Trockenzeit stecken, werden die Tage im August schon etwas wärmer. Die Sandbänke dehnen sich immer weiter aus. Man kann beinahe bis zur kath. Mission zu Fuss gehen. Alles sieht trocken und ein wenig trostlos aus. Die Blätter der Palmen sind braun und dürr. Die Gräser und Sträucher haben ihr Grün und ihren Glanz verloren. Der Pomme-de-Citère-Baum steht kahl und knorrig da. Aber es ist doch Leben da. Der Tulpenbaum blüht in roter Pracht. Er ist weit herum sichtbar wie eine lodernde Flamme. Die mächtigen Mangobäume sind übersät mit rostroten Blütenkerzen und verbreiten einen lindenblütenähnlichen Duft. Tausende Bienen summen herum. Das Rot der Weihnachtssterne leuchtet durch das ganz Jahr.

So nah steht hier Werden und Vergehen beieinander.

Fast täglich begutachtet Dr. Schweitzer den Bau des neuen Hauses. Es steht am unteren Ende der neusten Krankenbaracken und wird grösser als sie.

Dr. Schweitzer hat bestimmt, dass es ein Haus für die Kinder werden soll. Ich kann es kaum glauben. Wie freue ich mich darüber! Das schönste und hellste Haus für die Kinder, wie schön! Es wird das letzte Haus sein, das Dr. Schweitzer für sein Spital baute.

Marie-Genevieve möchte wieder bei uns arbeiten. Sie war vor zwei Jahren meine Hilfe in der Pouponnière. Doch die Pouponnière gibt es nicht mehr. Dr. Pope hatte sie aufgelöst und den Raum zu seinem Konsultationszimmer gemacht.

Er und Ali wollen Marie-Geneviève nicht mehr anstellen. Sie habe drei Kinder und die könne das Spital nicht ernähren! Die Kinder sollten unter Aufsicht sein und auf ihre Ernährung sollte speziell geachtet werden. Marie-Geneviève könne wieder kommen, wenn sie die zwei grösseren Kinder daheim lasse. Daheim habe sie nur den Vater. Er sei alt und zu müde um zu den Kindern zu sehen.

Was denkt sich da Dr. Pope. Er selber hat drei Kinder, die vom Spital ernährt werden. Seine Frau tut kaum etwas fürs Spital und beansprucht erst noch ein Mädchen, das vom Spital unterstützt wird. Wir haben viele Angestellte mit Kindern. Es gibt kaum ein Mädchen, das kein Kind hat. Sie tragen ihre Kinder bei der Arbeit auf dem Rücken, oder die Kleinen hängen an ihrem Rockzipfel. Die Frauen könnten viel mehr leisten, wenn die Kinder während ihrer Arbeitszeit betreut würden.

Dr. Pope sagt, die Kinder sollten unter Aufsicht sein, aber die Pouponnière, wo sie betreut wurden, machte er zu! Was mache ich mit Mambela, wenn sie grösser wird und mehr Anregung und Aufsicht braucht?

Ich nehme kein Blatt vor meinen Mund und sage dem Doktor meine Meinung. Es scheint ihn doch etwas nachdenklich zu machen, als ich ihm die Situation hier und auch seine klar machte.

Bald ist die neue Kindercase fertig. Dr. Pope fragte mich, wie ich sie einrichten würde. Natürlich würde ich mich freuen, wenn ich an der Einrichtung helfen dürfte, aber noch arbeitet Annegret da. Wenn Dr. Pope daran gelegen ist, könnte er das mit uns zusammen besprechen.

Mysteriöse Denkweise
Emil ist ein Patient in meiner Abteilung. Er ist querschnittgelähmt. Seine Frau, die für ihn sorgt, hatte Amöbendurchfall. Ich schickte sie zum Arzt. Nach einer Weile kam sie zurück. Ich dachte, sie hätte Medikamente bekommen. Es stellte sich dann heraus, dass sie beim Arzt weggelaufen war ohne Behandlung. Am Abend lag sie ganz elend auf dem Boden. Ich gab ihr ein Bett und ging selber zum Arzt, der Medikamente verordnete gegen Amöben und Durchfall. Diese schluckte sie nur, wenn ich sie ihr in den Mund steckte. Am Morgen darauf, als ich ihr die Spritze machen wollte, war sie nicht da. Sie sei unten am Fluss, sagte Emil. Ich konnte das nicht verstehen, so krank und schwach wie sie war. Am Abend war sie immer noch nicht da. Sie sei "aller faire le cabinet" (WC). Ich war unruhig und dachte, vielleicht sei sie vor Schwäche umgefallen. Ich schickte Fidèle, den Pfleger, um in der näheren Umgebung nachzusehen. (Ich bin sicher, dass Fidèle genau wusste, was vor sich ging, aber mir gegenüber schwieg). Sie blieb verschwunden. "Fini sauver" sagen die Gabonesen. Emil gab ausweichende Antworten. Er tat, als verstünde er kein Französisch. Einen Tag später lag er schreiend und weinend im Bett. Seine Frau sei im Dorf gestorben. Er hatte sie holen lassen, um sie auf eingeborene Art behandeln zu lassen!
Diese Frau hätte nicht sterben müssen. Eigenartig, der Mann wollte nicht, dass seine Frau hier behandelt wird. Er aber lässt sich hier pflegen. Warum? Was steckt dahinter? Wir werden wohl die Denkweise der Afrikaner nie richtig verstehen können.

Aller faire le cabinet oder die Tücken mit dem WC
Abseits der Bewohnungen der weissen Mitarbeiter steht unser Plumpsklo. Der Weg dorthin ist ziemlich weit, darum nennen wir das kleine Häuschen Hinterindien. Nicht weit daneben haust der Truthahn. An ihm vorbeizukommen ist nicht einfach. Er fühlt sich dadurch in seinem Revier gestört und zeigt das, indem er laut gackert und versucht, uns in die Beine zu picken und uns mit gespreizten Federn zu verfolgen. Dieses Tier habe ich gar nicht gern. Ich kann ihm nur ausweichen, wenn ich über den Hof springe, so, dass er mir nicht nachkommen kann.

Obwohl auch für die Einheimischen und die Patienten WC-Kabinen eingerichtet wurden, gehen viele lieber in den Wald pour aller au besoin. Mit den Kabinen kommen sie nicht gut zurecht. Statt sich hinzusetzen, steigen sie auf die Holzsitze und machen ihre Notdurft im Stehen. Da geht natürlich oft etwas daneben, das für den WC – Hüter begreiflicherweise ein Grund für ein Palaver ist. Alle Aufklärungen bringen nichts.

Die Wunderkiste
Vor meiner der Abreise nach Afrika bekam ich vom schweiz. Hilfsverein eine Riesenkiste für mein Gepäck. Diese Kiste ist nun hier angekommen.

Und was ich alles in diese Kiste stopfen konnte: Kinderkleider, Spielsachen, Kindergeschirr, Stoff, Bastelmaterial, sogar einen Windelständer! Ausgepolstert hatte ich die Kiste mit Schaumstoff, den ich für Kindermatratzen brauchen kann. Die riesige Holzkiste steht nun als Schrank am Fussende meines Bettes. Unser Schreiner hat Tablare hineingemacht. Mambelas Bettchen steht zwischen dem Waschtisch und dem neuen Kasten, deren Türe ich mit buntem Stoff überzogen habe. Mit grossen Augen bestaunt das Kind die Farben. Mein Zimmer ist so in zwei Abteile getrennt. Mambela hat eine Ecke für sich und ich störe sie nicht, wenn ich abends noch Licht habe. Sie ist jetzt zwei Monate alt und doppelt so schwer, als wie sie zu uns kam. Es geht ihr gut.

Ausflug zum Lac Degele
Mit einem Motorboot fuhren wir zu dritt flussaufwärts. Ich genoss die Frische dieses Sonntagmorgens. Der Himmel war noch grau be-

deckt, der Ogowe unruhig. Die Bäume tragen noch ihr nächtliches Dunkel. Es war nicht einfach durch die starke Strömung zu kommen und nicht zu nah an den vielen Sandbänken vorbei zu fahren. Zwischen hohen Bäumen mit verwachsenen Ästen und knorrigen Wurzeln fanden wir den schmalen Eingang zum See. Vorbei an hohem, grünem Schilf und feingliedrigem Papyrus lag vor uns plötzlich die weite Fläche des Sees. Still, glatt und glänzend lag das Wasser da. Buschige, grosse und kleine Inseln mit gelben Sandbänken davor durchziehen die Weite des Sees. Wir rasteten auf einer Sandbank, lasen, plauderten, schauten und horchten. Mit der Zeit machte sich der Hunger bemerkbar. Wir beschlossen, ein Feuerchen zu machen. Holz und Papier hatten wir vorsichtshalber mitgenommen. Doch, was nützte das uns, wenn wir keine Zündhölzer dabei haben? Daran hatten wir nicht gedacht. Sollten wir Steine aneinander reiben, bis das Feuer erzeugt, wie das wohl unsere Vorfahren gemacht hatten? Wir schauten auf die verschiedenen Inseln in unserer Umgebung und entschlossen uns zusammenzupacken und nach einem bewohnten Ort auszuschauen. Schon bald sahen wir auf einem Hügel ein Räuchlein aufsteigen. Von den Bewohnern wurden wir freundlich aufgenommen. Selbstverständlich stellten sie uns ihre Feuerstelle zur Verfügung. "Librement", meinte einer der Männer. Zwei Frauen hockten am Boden neben uns und sahen interessiert zu wie wir unser Fleisch in der Metallfolie in der Glut brieten. Sie waren erstaunt, dass die Folie nicht brannte und entzückt, wie sie das saftige Fleisch sahen. "Ein wenig zum Versuchen"? fragten wir. "Mm, c'est bon", kicherten sie. Das mitgebrachte Holz und das Papier überliessen wir ihnen. Mbanga, Abora – Auf Wiedersehen, Danke – Hände schütteln, Winken und Lachen beim Abschied nehmen. Zwischen den unzähligen Inseln machten wir eine Rundfahrt auf dem See. Drei Pelikane schwammen auf dem grünglänzenden Wasser. Die Sonne hielt sich hinter grauen Wolken versteckt. Es herrschte richtiges Trockenzeitwetter mit angenehmer Temperatur. Mit Glück fanden wir versteckt im hohen Papyrus den Ausgang des Sees. Leise raschelnd duckten sich die Stängel zur Seite beim Vorbeifahren. Hinter uns erhoben sie sich sofort wieder und schlossen den Weg ab. Auf einer Sandbank im Ogowe hielten wir an, um zu baden. Einige Afrikaner rasteten auch da und wir kamen ins Gespräch mit ihnen. Natürlich merkten sie, dass wir vom Spital kamen. Ein junger Mann zeigte Walter seinen Kropf. Wie lange er das denn schon habe, fragte Walter. "Oh, schon sechs Jahre". Diese Krankheit könne man heilen, er solle ins Spital kommen. Ja, richtig, der Doktor im Dorf habe ihm einen Brief gegeben. Und dann strahlte er: "Je vais porter und cravate après"!

"Mademoiselle, darf meine Frau essen"?
Sie dürfe alles essen, ausser Oel und Salz wegen der Wurmkur. Ob er ihr denn noch nichts zu essen gegeben habe? Doch sie habe gegessen, aber nun habe das Mädchen Salz in die Suppe getan. Ob sie davon essen dürfe? Nein, das Mädchen solle halt nochmals ein wenig Suppe kochen ohne Salz.
"Et quand je lave la soupe, ça peut aller"? Wie er die Suppe waschen will ist mir ein Rätsel.

Abnehmende Kräfte
Dr. Schweitzer wirkt sehr müde. Das Lesen nach dem Abendessen macht ihm Mühe. Ali liest jetzt aus der Bibel. Dr. Schweitzer sagt, welches Lied wir singen sollen. Er geht sehr langsam zum Klavier und begleitet ohne Vorspiel.
Dinners aus Basel sind gekommen. Auch Rhena, Schweitzers Tochter ist da.
Dr. Schweitzer macht uns Sorgen. In den letzten Tagen scheint er viel älter und noch müder geworden zu sein. Er fehlt oft am Tisch. Wenn er da ist, vergisst er zu essen, sodass ihn Ali stupft. Er spricht nicht und spielt auch nicht mehr Klavier.

Dinners waren zum Kaffee bei mir. Es gab Espresso von Merkur. Den habe ich nur für spezielle Gelegenheiten bekommen. Und heute war eine spezielle Gelegenheit. Wir freuten uns über unsere ruhige Plauderstunde. Dinners vom Schweiz. Hilfsverein sind sehr besorgt um uns Schweizer hier. Sie möchten alles, was uns fehlt, uns zukommen lassen.
Mambela hat sich mit Frau Dinner angefreundet. Sie lacht sie strahlend an. Die Kleine ist bald drei Monate alt und es geht ihr gut. Sie ist für mich eine grosse Freude.

Auch wenn es noch nicht geregnet hat, spüren wir die Regenzeit deutlich. Das Wasser steigt wieder. Die Sandbänke sind schmutzig braun und durchbrochen von kleinen Wassertümpeln. An den Pommes-de-Citère-Bäumen spriessen zartgrüne Blätter. Noch sind die Nächte kühl, aber tagsüber ist es manchmal schon ordentlich heiss. Ich freue mich auf die Regenzeit, auf das viele Wasser, auf den üppigen, grünen Wald. Mit der Piroge werden wir dann wieder auf der überschwemmten Strasse unter dem dichten, grünen Blätterdach nach Adouma fahren können.

Annelies hat Hepatitis. Sie braucht mindestens sechs Wochen Bettruhe. Hoffentlich hält sie durch. So wie wir sie kennen, wird sie bald wieder aufstehen wollen. Sie erträgt es schlecht, wenn andere sich um sie kümmern müssen. Dr. Sedlacek ist fast nicht mehr von ihr wegzubringen. Er selber sieht schlecht und müde aus, dies aber eher vor Liebeskummer.

Dr. Schweitzers letzte Lebenstage
Dr. Munz berichtet, Herrn Schweitzer gehe es ganz schlecht. Wir müssten daran denken, dass er sterben werde. Wir könnten alle zu ihm gehen, wenn wir wollten, aber ihn nicht ansprechen. Er reagiere nicht darauf. Wir sollen Ruhe bewahren und den Afrikanern vorläufig nichts sagen, damit es nicht schon alle Welt vernehme und wir dann von Reportern bestürmt würden.
Am Nachmittag besuchte ich Herrn Schweitzer. Er liegt im Koma. Seine Atmung ist unregelmässig, stockend. Sinnend betrachtete ich ihn. Hier liegt ein Mensch auf dem Sterbebett, der in seinem Leben Unglaubliches geleistet hat, der einstand für Nächstenliebe, für Frieden. Was für eine Gnade für mich, ihm in meinem Leben begegnet zu sein.
Vor zwei Tagen hatte er Agnes noch eine besonders schöne Geburtstagsrede gehalten. Gestern wollte er, dass Erling ihn mit dem Jeep durch das ganze Spitalareal führe. Er hatte mir zugenickt und sein Gesicht strahlte. Vor einer Woche, als Dinners planten abzureisen, hat er sie gebeten noch zu bleiben.
Heute Abend bat mich Walter ihm zu helfen bei Herrn Schweitzer eine Infusion zu stecken. Er hatte Fieber.
Wir sind alle bedrückt, doch gefasst und fühlen uns zusammengehörend wie eine Familie.
Walter erzählt von seinen letzten Erlebnissen mit Herrn Schweitzer. Vorgestern ging er mit ihm spazieren, und schon einige Tage vorher habe er zu ihm gesagt, er sehe nicht mehr deutlich. " Bei diesem letz-

ten Spaziergang strengte er sich sehr an, damit er alles gut sehen konnte. Mit prüfenden Blicken wie ein Gutsbesitzer schaute er auf die Bäume und sagte, er sähe alles ganz deutlich. Auf dem Weg spazierte ein Kind. Er sagte: Dort vorne ist ein Kind. Es geht jetzt nach links, stimmt es? Unter dem Brotfruchtbaum lagen braune Blätter, die sich leise im Wind bewegten. Er war noch etwas weit davon entfernt und meinte, dort seien braune Hühner, die herumliefen. Gestern im halbbewussten Zustand in seinem Zimmer nahm er sein Reissäcklein aus der Tasche und streute Reis auf den Zimmerboden".

Montag, 30. August
Dr. Schweitzers Zustand ist unverändert. Er hatte eine ruhige Nacht. Er schlug die Augen auf, als Walter ihm die Infusion herauszog. Auf seine Frage, wie es ihm gehe, nickt er und versuchte zu antworten.

Dr. Miller, ein Herzspezialist von Amerika ist angekommen.

Donnerstag, 2. September
Nachdem es Herrn Schweitzer gestern und vorgestern etwas besser ging, liegt er heute wieder im Koma. Matthilde und Ali sind Tag und Nacht um ihn besorgt. Die Afrikaner nehmen rührend Anteil und wir alle sind sehr besorgt.

Samstag, 4. September
Alle sind bedrückt, nachdenklich, traurig. Die Einheimischen gehen alle, einer nach dem andern zu Herrn Schweitzer. Einige beten, andere weinen, alle sind traurig. "Le père pour nous". Valentin geht ernst, mit Tränen in den Augen umher. Fidèle fragte ihn: "Was ist mit dem Grand Docteur"?
"C'est le bon dieu, qui le sait".
Es ist ein grauer, düsterer Tag heute.

Am Abend atmet Dr. Schweitzer schnell, unregelmässig. Er trinkt nichts mehr und reagiert auf nichts.

Ich bin froh, dass Dinners noch da sind. Sie bleiben, solange es nötig ist. Mr.Michel vom elsässischen Komitee und je ein Mitglied vom dänischen und vom schwedischen Komitee sind angekommen.

Joseph Bisangoi kam von seinen Ferien zurück. Er sitzt in seinem weissen Mantel im Labor:

"Oh, Mademoiselle, le coeur pour moi, n'est pas tranquille. Je ne peux pas rester en vacances comme ça ».

Ob sie heute Abend beten dürften, die Reformierten und die Katholischen, für den Grand Docteur?, fragte Joseph.

Während eineinhalb Stunden waren wir alle, Angestellte, Kranke, Schwarze und Weisse vor der Case Fang versammelt. Die Einheimischen lasen aus der Bibel, beteten und sangen. Eine ergreifende, andächtige Abschiedsfeier. "Donne nous un exemple comme le Grand Docteur".

Es fällt uns allen schwer, das Spital ohne Dr. Schweitzer vorzustellen.

Sonntag, 5. September 1965, Tod von Dr. Schweitzer

6 Uhr früh. Ein grauer, düsterer Sonntagmorgen. Die Hähne krähen heiser. Die fliegenden Hunde knattern. Regentropfen fallen schwer von den Blättern...

Die Totenglocke jammert durchs Spital. Kaum ist sie verklungen, tönen schwer und traurig die Glocken der katholischen Missionsstation herüber.

Gestern kurz vor Mitternacht ist Dr. Schweitzer ruhig eingeschlafen. Unmittelbar nachher fing es in Strömen an zu regnen. Der erste, richtige Tropenregen dieses Jahres... Afrika weint.

Schwarze und Weisse, alle gehen alle nochmals zu Herrn Schweitzer. Im Hof steht eine stumme, unbewegliche, stille Menge Leute. Auf dem Friedhof neben Schweitzers Haus, hebt François mit einigen Helfern ein neues Grab aus neben dem von Frau Schweitzer.

Lambarene? Quo vadis?

Vor einem Jahr wollte Dr. Schweitzer, dass François für ihn einen Sarg mache. Es sei Zeit, meinte er. Auf einen Zettel schrieb er, was auf seinem Grabkreuz stehen soll: Hier ruht Albert Schweitzer, geb. 14. Jan. 1875, gest. --------

Immer mehr Leute kommen ins Spital, aus den umliegenden Dörfern, von den Missionen. Der Präfekt von Libreville ist da und der

Botschafter von Frankreich. Den ganzen Vormittag über hören wir Gesang der Afrikaner.

Um 15 Uhr läuten die Glocken zum Begräbnis. Der Sarg steht geschmückt mit Blumen auf einem weissen Tisch vor Schweitzers Zimmer. Dabei stehen still, traurig Afrikaner und Weisse. Reporter stürmen herum.

Walter liest den 90. Psalm und die Seligpreisungen, zwei Texte, die Herr Schweitzer oft gelesen hat.

Die Afrikaner singen und wir singen die zwei Lieder, die Dr. Schweitzer so oft an den Geburtstagen angestimmt hatte: Harre meine Seele und Ach bleib mit deiner Gnade bei uns Herr Jesu Christ.

Während es den ganzen Tag über düster und grau bewölkt war, kommt am Abend nun blauer Himmel mit golden glänzenden Wolken hervor. Tod und Auferstehung?

Montag, 6. September

Ein strahlend blauer Himmel mit überflutender Sonne begrüsst mich.

Die Arbeit im Spital geht weiter. Herr Schweitzers Platz in der Pharmacie und im Esszimmer bleibt leer, sein Zimmer dunkel.

Wie geht es weiter?

Rhena informiert:

Am 23. August 1965 habe Dr. Schweitzer geschrieben, dass er die Leitung seines Spitals seiner Tochter Rhena übergebe.

Ein Jahr vorher ernannte er Dr. Munz zum Chefarzt seines Spitals. Auch das sei in einem Brief festgelegt.

Schon im Jahre 1935 habe Albert Schweitzer an die Zukunft des Spitals gedacht und das elsässische Komitee gegründet, dem das Spital nun auch gehöre und dem sich nun andere Komitees anschliessen werden.

Am Abendtisch schob Ali die Bibel Dr. Munz zu. Er wird jetzt aus Dr. Schweitzers Bibel lesen mit den vielen rot angestrichenen Stellen und von Hand geschriebenen Randbemerkungen.

Ecoutez les malades

Dr. Munz erklärte allen afrikanischen Pflegerinnen und Pflegern, dass das Spital im Geiste des Grand Docteurs weitergehen soll. Rhena übernehme die Direktion des Spitals und er die Stelle des Chefarztes, wie es Doktor Schweitzer wollte. Sie sollen allen sagen, dass sich nichts ändere.

Hierauf ging Valentin mit grossen Schritten von Bett zu Bett und sprach mit lauter Stimme:

"Ecoutez les malades. Ecoutez les malades! Maintenant quand le Grand Docteur n'est plus avec nous l'hôpital va quand-même continuer comme toujours. On va donner les médicaments comme toujours, on va soigner les malades comme toujours, on va opérer comme toujours".

Die Leute vom Lepradorf singen unter Schweitzers Zimmer: Abore nan, abore nan. (Danke) Sie haben Geld gesammelt und wollen für Dr. Schweitzer eine Messe lesen lassen.

Auch die Pfleger im Spital wollen sammeln für eine Messe. Joseph Bisangoi meinte: "Il doit tout de suite venir au ciel, il n'y a pas d'autre place pour lui".

Von allen Enden der Welt, von grossen Persönlichkeiten erreichen uns Beileidstelegramme.

Ein riesiger, wunderschöner Kranz aus Rosen und Orchideen wurde von der deutschen Botschaft feierlich auf das Grab des Grand Docteurs gelegt.

In einem Brief schreibt der Präfekt: Es sei für sie alle sehr traurig, dass der Grand Docteur nicht mehr da sei. Falls das Spital modernisiert werde, solle man die alten Bauten nicht abreissen. Es habe genug Platz rundherum, um neue Häuser aufzustellen.

Mambela lenkt mich von traurigen Gedanken ab. Sie ist ein wahres Goldkind. Sie lacht viel, weint wenig und versucht zu plaudern. Wenn ich mit ihr spreche, versucht sie Laute hervorzuholen. Sie lacht, wenn sie mich sieht. Sie schläft fast die ganze Nacht. Meistens gegen vier Uhr macht sie sich bemerkbar. Dann lege ich sie auf die andere Seite und sie schläft weiter.

Totentänze

Eine Woche nach Dr. Schweitzers Tod herrscht durch den ganzen Sonntag lautes buntes Treiben, rhythmisches Tam-Tam-Trommeln, mitreissendes Singen, Tanzen und Klatschen. Aus den Dörfern erscheinen Gruppen von Einheimischen verschiedenster Stämme und führen Tänze auf zum Gedenken an Dr. Schweitzer.

Als Erste kamen am morgen früh die Banzabi, die ihren Tanz vorbereiteten. Sie pflanzten ein kleines Bäumchen und platzierten rund herum allerlei Gegenstände. Andächtig und geheimnisvoll beschäftigte sich ein alter Mann damit. Bevor er etwas hinlegte, spuckte er auf den Boden, dann auf seine Arme und strich sich mit etwas ein. Vier oder fünf Männer setzten sich mit ihren Tam-Tams um das Bäumchen herum. Leise begannen sie zu trommeln. Plötzlich sauste eine riesige Bastgestalt mit einer mächtigen, farbigen Maske daher.

Die Frauen tänzelten im Kreis wiegend hin und her im Rhythmus der Trommeln. In der Mitte des Kreises schlug und tanzte die Maske herum, verneigte sich nach allen Seiten, schlug Purzelbäume begleitet von Gesang und Geschrei.

Die Gruppe der Galoa sang vor dem Grab von Dr. Schweitzer und tanzte unter Anleitung ihrer Maskengestalt um das Grab herum.

Die Haussa-Frauen erschienen in wallenden, gelb- und grüngemusterten Gewändern und mit kunstvoll geschwungenen Kopftüchern. Einige trugen ihr Kind auf dem Rücken gebunden. Stolz, erhaben wandelten sie zum Grab. Ihr Tanzen und Singen hatte etwas Vornehmes, Ehrfurchtvolles, sehr Eindrucksvolles.
Die alte Elisa stand daneben mit Tränen in den Augen: "Oh, le Grand Docteur".

Alle werden kommen an den folgenden Sonntagen. Die Fang, die Eschira, die Bapunu. Sie werden mit ihren Totentänzen dem Grand Docteur die letzte Ehre erweisen.

Wieder läutet die Totenglocke
Bill, der amerikanische Student, der hier zu Besuch weilte, ist im Ogowe ertrunken. Er wurde von den Wirbeln in der Strömung hin-

untergezogen. Hedi wollte ihm zu Hilfe eilen und wäre beinahe selber ertrunken. Seine Leiche wurde 40 km flussabwärts gefunden.

Gespräch mit LeoMba, dem Präsidenten von Gabun

Rhena, Walter Munz und Mr. Michel waren bei Leon MBa, dem Präsidenten von Gabun. Er habe sie herzlich, fast väterlich empfangen. Er gebe uns alle Freiheit, das Spital weiterzuführen und wir könnten seiner Hilfe gewiss sein, solange er da sei. Sie hätten das Spital nötig und der Geist Dr. Schweitzers müsse weiterleben. Er betonte auch, dass die alten, von Schweitzer gebauten Häuser nicht abgebrochen werden sollen. Neue könne man rund um die Alten herum bauen. Er werde auch weiter sorgen, dass das Spital Zollerleichterungen habe. Er bedauerte, dass er nicht zum Begräbnis von Dr. Schweitzer gekommen sei. Sein Vater sei vor einigen Wochen gestorben. Bei ihnen sei es Sitte, dass der Sohn dann drei Monate zu Hause bleiben müsse. Diesen Brauch müsse auch er einhalten. Walter fragte ihn, an wen sie sich wenden könnten, wenn sie irgendwelche Schwierigkeiten hätten. "A moi", sagte er, "Sie schreiben einen Brief und ich werde es in Ordnung bringen". Im Weiteren sagte er noch, dass die Kommunisten sich in seinem Land nicht ansiedeln dürften. Gabun sei ein christliches Land und sie wollten mit einem Volk, das das Christentum nicht anerkenne, nichts zu tun haben.

Der Blick

Blick-Reporter haben sich angemeldet. Wir sind nicht erfreut darüber. Der Blick hat keinen guten Ruf, und wir wollen nicht, dass er Negatives über das Lambarene-Spital schreibt. Doch ich finde, wir sollten diesen Reportern unsere Aufmerksamkeit schenken und sie in unsere Arbeit einbeziehen, so, dass es ihnen gar nicht in den Sinn käme, zu kritisieren.

Und so nahmen alle anfangs Oktober die beiden Reporter in Beschlag und liessen sie teilhaben an unserer Arbeit. Einen ganzen Vormittag begleiteten sie mich bei der Arbeit. Sie waren bei der Pflege von Mambela dabei und ich erzählte ihnen ihre Geschichte.

Mambela ist vier Monate alt, aufgeweckt, interessiert. Alle freuen sich an ihr. Bald kann ich sie nicht mehr den ganzen Tag in meinem Zimmer lassen. Sie braucht Anregung und Aufmerksamkeit. Aber die Pouponnière gibt es nicht mehr. Zu den Kranken in die Case Japonaise will ich sie nicht mitnehmen. Von ihrer Familie ist niemand da, der sie hüten kann. Ihr Vater ist nun auch zurück in sein Dorf gegangen.

Kein Sonntag vergeht ohne Tanz. Sechs Wochen lang. Von allen Teilen des Landes kommen die verschiedenen Stämme und führen ihre Tänze auf. Warum sie das machten, fragte ich, sie seien doch Christen?

"Um die bösen Geister abzuwehren, parce que le Grand Doctuer doit avoir und place directement près du Bon Dieu", bekomme ich zur Antwort.

Die Kinder ahmen die Tänze der Erwachsenen nach. Einige Buben sitzen am Boden und schlagen mit Hölzern auf leere Büchsen. Andere tanzen dazu mit wiegenden Hüften im Kreis herum. Ein Bub hat ein Tuch über sich gezogen und ahmt die Maske nach. Mitten im Kreis sitzt auf einem kleinen Schemel ein zerebralgelähmter Bub. Sein Gesicht ist überstrahlt von Freude. Seine Augen leuchten. In einem Bächlein rinnt ihm der Speichel vom Mund. Mit grosser Anstrengung versucht er mit den Armen die Bewegungen der anderen nachzumachen.

Die Reportage des "Blick" ist zu unserer vollen Befriedigung herausgekommen.

Matthilde verlässt Lambarene
Sechs Wochen nach Dr. Schweitzers Tod reist Mlle Matthilde ab. Nie hätte ich gedacht, dass sie so schnell Lambarene verlassen würde. Natürlich hat sie Erholung bitter nötig. Jahrzehnte ist sie Dr. Schweitzer beigestanden ohne Urlaub zu nehmen. Wir hoffen, dass sie wieder kommen wird.

Das Hochzeitskleid
Um Mitternacht wurde ich geweckt. In der Case Japonaise ist eine Frau gestorben. Um das Totenbett standen etwa 15 Personen und beteten den Rosenkranz, still, traurig, begleitet vom prasselnden Regen. Der Mann der Verstorbenen zog aus einem Bündel ein kleines, weisses Kleid und hielt es stumm vor sich hin. Sinnend sagte er: "Das war ihr Hochzeitskleid".

Die Uhr geht nicht gut

Dominic, einer meiner Patienten, fühlte sich gestern nicht so wohl. Er ist herzkrank. "La montre pour moi marche pas bien", klagte er. Heute finde ich seine Medikamente von gestern Abend neben seinem Bett. Warum er die nicht genommen habe, frage ich ihn. Er meint vorwurfsvoll : "Tu ne connais pas, que hier j'étais mort et le bon dieu m'a tirer encore?"

Das war traurig, heute. Eine hochschwangere Frau mit schlimmem Brechdurchfall wurde gebracht. Die Ärzte vermuteten einen Darmverschluss. Sie wurde operiert. Sie hatte einen Darmdurchbruch. Kind und Mutter waren nicht mehr zu retten.

Geheimnisvolle Urwaldmusik

Heute ist ein dunkler Regentag. Schwarze Wolkenballen hängen am Himmel. Die rote Erde ist aufgeweicht und durchzogen mit Tümpeln voll schmutzigem Wasser. Unter den Dachrinnen stehen Kessel um das Regenwasser aufzufangen. Mit einer hellen Pizzicato-Melodie fallen die Tropfen in die leeren Kübel. Je mehr sich die Kübel füllen, umso dunkler, tiefer werden die Töne. Daneben hockt ein Mann am Feuer und zupft an seiner Harfe. Regentropfengleich fallen die Töne und zusammen gibt es eine wundersame Melodie.

Mambela hatte zwei Tage Fieber. Ihre fieberglänzenden Augen zeigten, dass es ihr nicht ums Lachen war. Heute ist es fast wieder gut. Sie hat noch keinen Appetit, ist aber zufrieden. Mit voller Kraft und lustigem Jauchzen zog sie mich an den Haaren. Zu Frau Obermann, Mutter Hanna, hat sie Vertrauen gefasst. Sie lässt sich von ihr herumtragen und plaudert.

Ondeno

"Wir sind mit einem Kranken gekommen. Er ist voller Blasen und kann nicht mehr gehen".

Der 13 jährige Bub ist in einem schaurigen Zustand. Er hat Krämpfe, ist mager bis auf die Knochen und der ganze Körper ist bedeckt mit zum Teil aufgesprungenen Blasen. Es besteht Verdacht auf Pocken. Was haben wir zu erwarten, wenn es wirklich Pocken ist?

Ondeno hat keine Pocken. Er hat eine schwere Hirnhautentzündung. Er ist bewusstlos und hat Krämpfe. Warum er diese grässlichen Blasen und Wunden hat, ist uns ein Rätsel. Wurde er von einem Feticheur behandelt? Seine Mutter ist seit Wochen Patientin bei uns. Niemand habe sich im Dorf um den Buben gekümmert, bis ihn sein Bruder in diesem Zustand fand!?

Er reagiert nicht. Er schluckt nicht. Wenn seine Atemwege verstopft sind, holt mich der Vater: "La maladie commence, vient"! Der Vater sitzt Tag und Nacht am Bett seines Sohnes, schaut zu ihm, wie er sich vorher um seine Frau gekümmert hatte. Er meinte: "Mademoiselle, le soingnage pour toi c'est chaud".

Aber Ondeno überlebt nicht.

Am Tag nach seinem Tod erscheint sein Vater mit einem kleinen Mädchen auf dem Arm: "Je lui ai pris pour calmer le coeur pour moi, parce que le petit n'est plus".

Ondenos Eltern und Geschwister haben sich weisse Lendentücher umgebunden und tragen ein weisses Band im Haar. "Wir tragen das für den Totentanz im Dorf", sagen sie.

Der neue Verwalter

Vor kurzem ist Familie Baumann angekommen. Hans wird als Verwalter arbeiten. Ihre Buben sind sieben Monate und drei Jahre alt. Mambela und Matthias sitzen zusammen auf dem Bett. Matthias freut sich und Mambela schreit ihn an. Mit der Zeit beruhigt sie sich und mustert ihn aufmerksam. Was will wohl dieser kleine, weisse, blonde Bub? Er hält ihre Hand und will spielen. Das empfinde ich fast wie ein Symbol: Wir, schwarz und weiss, wir halten zusammen.

Endlich in der Kindercase

Ich freue mich sehr über das neue, schöne Haus für die Kinder. Gerne würde ich mich gemächlich einarbeiten und die Kinder kennen lernen. Doch der Tag begann stürmisch. Zwei schwerkranke Säuglinge sind gebracht worden. Sie brauchten Sauerstoff. Bei einem musste eine Vene frei gelegt werden für die Infusion.

In der Nacht finde ich keine Ruhe. In Gedanken sehe ich das eine Kind um Atem ringen, das Andere in Krämpfen liegen. Es wird mit den schwerkranken Kindern keine leichte Aufgabe sein. Manche Nächte wird es wieder an meine Tür klopfen: "Co-Co-Co, vient, avec l'enfant ça ne va pas".

Alle sehr kranken Kinder sind nun zusammen. Das erleichtert die Arbeit und die Beobachtung der Kinder sehr. Lagen doch früher die Kinder irgendwo in einem Haus verteilt im Spitalareal, grad wo es Platz hatte. Für alle kranken Kinder war ich da verantwortlich. Jetzt kann ich mich den Schwerkranken widmen, während Susanne die Ambulanten und weniger Schwerkranken betreut.

Heute Abend, wo mir etwas schwer zumute ist, begegnete ich Mutter Hanna. Sie sagte mir so lieb und herzlich Gute Nacht, dass ich ganz zuversichtlich werde.

Die Kindercase ist eindeutig die schönste und sauberste im Spital. Wenn nur Rosalie, meine Pflegehilfe, in der Küche im hinteren Teil des Hauses besser Ordnung haben könnte.

Den beiden kleinen Babys geht es viel, viel besser. Darüber bin ich froh. Das macht mir den Tag heller.

Aber da sind noch andere Sorgenkinder: Judith, ein Zwillingskind. Die Mutter und das Geschwister sind nach der Geburt im Dorf gestorben. Judith hustet fest.

Marie ist auch ein Zwilling. Sie ist acht Monate alt und vier Kilo schwer! Ihr Bruder ist ein gesunder, munterer Bub. Warum das Mädchen nicht wachsen will, ist unklar. An der Brust trinkt sie gut, bekommt wahrscheinlich zu wenig, aber ihr mit dem Schoppen oder mit dem Löffel etwas einzugeben, ist fast nicht möglich. Vielleicht geht es besser, wenn sie sieht, wie ihr Bruder isst. Er soll mehr auf die Brustnahrung verzichten, damit seine Schwester mehr bekommt.

Neben den kranken Kindern bringt Mambela Freude und Licht in dunkle Momente. Sie ist nun oft mit Matthias zusammen im Laufgitter auf der Veranda vor meinem Zimmer. Da ist immer jemand, der sie sieht und sich ihnen zuwenden kann.

Der Regen prasselt mit Wucht auf die Blechdächer. Ich sitze neben einer weinenden Mutter. Sie hatte einen Nabelschnurvorfall. Das Kind überlebte nicht.

Beim Totenhäuschen nebenan sitzt eine Gruppe Trauernder bei einer toten Grossmutter und singt monotone Lieder in die Nacht hinaus.

Erster Advent und Tropenschnee

Ein grosser Adventskranz hängt im Esszimmer. Auf dem Tisch leuchten Kerzen. Es geht Weihnachten entgegen.

Es schneit in grossen, luftigen, weissen Flocken vom Kapokbaum herunter. Jauchzend greifen die Kinder danach. Die Flaumbüschel setzen sich auf die roten Dächer, bedecken den Boden und der Fluss nimmt sie mit seinen Wellen mit. Ein Kind bringt mir eine Handvoll von der weichen Watte:

"Das ist für dich zur Pflege der Wunden".

Tragische Verwechslung

Erschrocken und verstört kommen die Eltern mit ihren Zwillingen gesprungen. Sie wollten den Kindern Wasser zu trinken geben und gaben ihnen Javelwasser! Der Bub ringt nach Atem und hat Schaum vor dem Mund. Das Mädchen scheint weniger bekommen zu haben. Die Dämpfe gehen in die Blutbahn und verursachen Lungenentzündungen. Beide Kinder bekommen deswegen Antibiotika.

Immer wieder passieren solche Unfälle auch mit Petrol. Die Flaschen werden verwechselt, oder die Kinder zu wenig beaufsichtigt.

Festtage ohne Dr. Schweizer

Erste Weihnachten in Lambarene ohne den Grand Docteur.

Eine ruhige, klare Sternennacht umgibt mich. Im Spital ist alles ruhig. Die meisten Spitalangestellten sind auf die kath. Mission gegangen zur Mitternachtsmesse. Ich sitze allein in meinem Zimmer bei Kerzenlicht und höre auf die Klänge des Weihnachtsoratoriums. Gegen Mitternacht erwacht Mambela, guckt erstaunt, lacht und strampelt. Auf meinen Knien sitzend staunt sie in das Kerzenlicht und hört der Musik zu. Draussen singen die Nachtvögel, die Frösche und die Grillen geben ihr Konzert. Der Mond leuchtet über dem Wald und die Palmblätter glitzern in seinem Licht.

Ich habe Abenddienst und muss später nochmals nach einem kranken Kind sehen.

"Marianno, ich habe dich überall gesucht, überall, um dir das Neue Jahr zu wünschen. Hier die Pistaches", spricht mich eine alte Frau an. Sorgfältig knotet sie aus einem Tüchlein ein kleines Becken mit Erdnüssen und überreicht mir das Geschenk zum Neuen Jahr. Ihre Augen leuchten, als ich ihr eine Schokolade gebe.

Krippenspiel im Lepradorf

Das Weihnachtsspiel im Lepradorf ist Tradition. Mambela darf mit kommen. Erstaunt und neugierig betrachtet sie die vielen Leute. Die Kinder der katholischen Mission singen und spielen. Das gefällt Mambela. Sie versucht mit zu singen und berührt mit ihren Fingern meine Lippen. Doch als man sie als Weihnachtskind in die Krippe legen will, protestiert sie heftig, weint und zappelt. Fast vorwurfsvoll schaut sie mich an. Dann lutscht am Finger und legt ihren Kopf an mich. Doch bald fesselt sie den Gesang wieder.

Mambela braucht ein neues Bett. Sie hat im Kistenbettchen keinen Platz mehr. Das schöne, alte Holzbettchen, das früher in der Pouponnière stand, wird gewaschen und mit Mazout eingerieben. Wie neu sieht es aus. Es weckt Erinnerungen. Manch krankes Kind lag schon darin, auch an Raymond erinnert es mich. Nun gehört es Mambela. Da hat sie nun genug Platz. Ganz klein erscheint sie mir darin.

Halskette aus Zitronen

Wieder geht die Grippe um. Viele husten und haben Fieber. Radio Gabun forderte die Leute auf, Zitronen um den Hals zu tragen, um von der Krankheit verschont zu bleiben! Statt den Saft zu trinken, tragen nun Gross und Klein einen Zitronenanhänger.

Mondnacht

Am Abend spät mache ich nochmals eine Kontrolle bei einem Kranken. Es ist eine helle Vollmondnacht. Bedächtig schwimmt der Mond durch dünne, weisse Wolken. Vor einem Haus kniet ein Mann auf seiner Matte und verrichtet sein Gebet. Dreimal verneigt er sich und fingert murmelnd an seiner Gebetskette.

Die Nacht ist so schön. Ich mag nicht ins Bett gehen.
Lange sitze ich im meinem Zimmer am Tisch und horche in die Stille der Nacht und auf Mambelas ruhige Atemzüge. Ich lasse meine Gedanken durch den vergangenen Tag ziehen.
Lange Zeit stand die Mutter von Dieu-Donné neben mir. Was sie möchte, fragte ich. Sie sagte: "Mademoiselle, chaque fois quand tu es là, je viens. Je veux te regarder". Vor zwei Wochen kam sie mit

ihrem schwerkranken Kind ins Spital. Jetzt geht es ihm besser. Anscheinend aus Dankbarkeit will sie mich anschauen.

Im Zimmer nebenan schnarcht Inge. Mitternacht ist vorbei. Schon beginnen die Hähne zu krähen. Also sollte ich doch wohl noch ein wenig schlafen.

Ein grosses Palaver

Mademoiselle, komm schnell. Nein, jetzt gehe ich nicht, denke ich. Sie sollen ihr Palaver selber ausmachen. Doch die Frauen rufen erregt: "Es ist Honorine, komm". Honorine, eine kleine Frau mit einem Buckel, steht wild, laut kreischend da und will soeben auf einen Mann losstürzen. Doch der kommt ihr zuvor. Ohrfeigen links Ohrfeigen rechts. Honorine stürzt zu Boden, schlägt den Kopf fest an und ist einen Moment still. Doch bald beginnt sie wieder wild zu kreischen und auszuschlagen. Der Mann flüchtet. Honorine ist ganz erregt und lässt sich kaum beruhigen. "Ich will ihn schlagen, ich will ihn schlagen", schreit sie. Sie stürzt sich gegen die Tür, fällt, rafft sich wieder auf. Endlich kann ich sie halten. Was denn überhaupt los gewesen sei, frage ich. Sie würgt hervor: "Er wollte mit mir schlafen. Ich habe ihn abgewiesen. Er hat mir meinen Paigne (Tuch, das wie ein Kleid umgewickelt wird) gestohlen. Er wird diese Nacht wieder kommen und va me manger jusqu'à minuit und ich kann nichts machen. Ich habe keinen Bruder, der ihn schlagen kann". Sie weint und tobt weiter und ist ganz ausser sich. Sie schleppt sich vorwärts. Ich kann sie nicht zurückhalten, aber ich will sie auch nicht allein gehen lassen. Sie zieht mich zur Case Bouka, wo die Frischoperierten liegen.

"Er ist vor zwei Tagen operiert worden", sagt sie. Honorine tut mir leid. Sie, die Bucklige, kann sich nicht wehren. Es ist so gemein von dem Kerl, sie so zu behandeln, zwei Tage nach einer Operation!

Dr. Munz weist ihn recht scharf zurecht. Er droht ihm mit der Polizei, wenn er Honorine etwas antut.

Langsam beruhigt sie sich und ich bringe sie in die Case zurück. Ihre zweijährigen Zwillinge und die fünfjährige Tochter hatten mit grossen, wissenden Augen dem Geschehen zugesehen.

Co-Co-Co

02 Uhr nachts. "Co-Co-Co, Mademoiselle, die Kinder weinen immer, weinen, weinen. Sie haben alles getrunken und weinen", ruft

eine Stimme vor meiner Tür. Der Vater der Zwillinge, die gestern gekommen sind, ruft mich. Er brachte die Neugeborenen eingehüllt in bunten Tüchern und Kleidern der verstorbenen Mutter. Allerliebst schliefen sie in einem grossen Waschbecken. Vor drei Tagen seien sie geboren. Am Tag darauf sei die Mutter, 16 Jahre alt, gestorben. Die beiden Buben, 2700g und 2070g schwer, werden vorläufig da bleiben. Die Grossmutter will bei ihnen bleiben und sie betreuen. Sicher sind sie ganz ausgehungert. Was sie seit dem Tod der Mutter an Nahrung bekommen haben, ist ungewiss, aber sie sehen kräftig aus und schreien auch kräftig.

So gehe ich und mache ihnen nochmals einen Schoppen. Dazu auch Tee als Reserve.

Jeden Morgen besucht uns Mutter Hanna. Mambela strahlt die freundliche Holländerin an, plaudert und lacht. "Du wirst mir einmal sehr fehlen, Kind, ich werde in Holland oft an dich denken. Man sollte ein Gedicht auf dich machen, auf deine lieben Augen, auf dein liebes Herz."

Ich bin froh, dass ich ihr das Kind für einige Stunden überlassen kann.

Mambela macht grosse Fortschritte. Sie ahmt alles nach und plaudert den ganzen Tag. Sie kennt meinen Schritt und dreht sich im Laufgitter sofort, wenn sie mich hört. Dann lacht und strampelt sie und streckt die Hände. So oft ich kann, beschäftige ich mich mit ihr.

Eine Pouponnière wird gebaut

Rhena ist mit meinem Vorschlag einverstanden, gegenüber der Kindercase eine Pouponnière (Kita) zu bauen. Die Betreuung und Beobachtung von der Kindercase aus ist ideal. Dazwischen hat es noch Platz für einen Spielplatz und der Avocadobaum gibt Schatten. Ich freue mich. Neben den kranken Kindern betreue ich mehrere, die nicht krank sind und nur zum Aufpäppeln da sind. Zwecks Mangel an Muttermilch würden sie im Dorf nicht überleben. Wenn sie in der Pouponnière betreut werden können, gibt es mehr Platz für kranke Kinder. Die gesunden Kleinen betreue ich nicht gerne nahe bei den Kranken. Es fragt sich jetzt nur, wann die Männer Zeit haben zu bauen. Es steht so viel auf dem Programm.

Die Zwillingsbuben sind allerliebst und gedeihen gut. Immer haben sie Hunger. Die Grossmutter schaut rührend zu ihnen.

On faudra prier pour l'hôpital

Mambelas erstes Bad im Ogowe. Sie ist nicht begeistert. Schnell zieht sie die Beine zurück, als ihre Zehen das Wasser berühren. In der Badewanne gefällt es ihr besser. Da spritzt sie herum und klatscht aufs Wasser. Sie strampelt und zappelt. Alles wird nass. Ich geniesse jede freie Minute mit diesem Kind. Sie wird nun bald acht Monate alt und will stehen. Laurent, einer unseren Boys, steht mit zwei Wasserkrügen vor dem Laufgitter und schaut auf Mambela. Sie strahlt ihn an, dann beobachtet sie ihn forschend. Er meint: "Tu vois, la figure pour lui est toute-à-fait tranquille maintenant. On faudra prier pour l'hopital".

Es passiert viel und ich habe kaum freie Zeit. Die letzten Wochen waren Tag und Nacht ausgefüllt mit Arbeit. Ein Kind starb an Meningitis. Nachdem es ihm zunächst gut ging, bekam es einen Rückfall. Die Eltern gingen mit dem sterbenden Kind ins Dorf.
Ein zweijähriger Bub musste an einer Masernpneumonie sterben.
Eine Mutter mit zwei erwachsenen Kindern und zwei Kleinen kam von NDjole. Die Familie wurde im Spital in NDjole behandelt, wurde aber zu uns geschickt weil sie keine Medikamente mehr hatten. Alle haben Tuberkulose. Das dreijährige Mädchen starb nach drei Tagen. Oft kommen die Leute zu spät ins Spital. Wir hoffen, dass der kleine, sehr kranke Bruder durchkommt. Seine grosse Schwester ist schwanger. Am besten geht es der zehnjährigen Therese. Doch sie hat einen Elefantiasis-Fuss, der später operiert werden soll. Neben den afrikanischen Kindern habe ich nun auch ein weisses Sorgenkind. Matthias kann sich nicht an das Tropenklima gewöhnen. Er ist ein Jahr alt und wiegt nur 6,3 Kilo, hat Amöbendurchfall und Fieber. Er ist so zerbrechlich und kraftlos, mag nicht essen, doch wenigstens trinkt er gut.

"Marianne, les enfants toujours pleurer la nuit. Tu peut pas leur donner la chinine"? klagt die Grossmutter der Zwillinge. Die Beiden wachsen an Grösse, Gewicht und Stimme.

Der Platz für die Pouponnière ist abgesteckt. Das Haus bekommt zwei Räume, eine luftige Veranda und davor einen Spielplatz.

Fürchterliches, zorniges Kindergeschrei ruft mich. Die kleine Marie-Françoise tobt. Ihre Mutter hält ein fremdes Kind an ihrer Brust, und das will ihr Töchterchen nicht haben. Heftig zieht sie dem Kleinen die Brust weg zu sich. Doch ebenso energisch holt der sie sich wieder. Die Mutter sitzt gelassen da und lässt die beiden machen.

Moussounda ist zehn Monate alt. Ihre Zwillingsschwester ist vor einigen Monaten an Ernährungsstörung gestorben. Nun wird Moussounda mit den gleichen Symptomen ins Spital gebracht. Ich erkläre der Mutter mit was und wie sie ihr Kind ernähren soll. Von mir bekommt es Milch. Doch die Milch will die Mutter dem Kind nicht geben. Warum nicht? Will sie das Kind nicht? Ist es ihr gleichgültig? Warum kam sie denn mit ihm zu uns? Gestern ging sie den ganzen Tag nach Adouma und liess das Kind allein zurück. Um 22.30 Uhr ist ihr Platz leer. Sie sei am Fluss, sagten die andern. Immer diese Ausreden. Ich bin sicher, dass alle im Haus wissen, was geschehen ist. Sie wird kaum mit dem schwachen Kind in der Nacht baden gegangen sein.
Nein, sie ist weg, verschwunden.

Schon ist es März geworden. Mambela gefällt es auf der Sandbank nun besser. Sie stösst mit den Füssen den Sand weg, dass Sandwolken im Wasser schwimmen. Sie klatscht vergnügt aufs Wasser. Zusammen mit Inge sitzen wir im Sand in Atadie. Das Kind beobachtet alles und will Aufmerksamkeit. Wenn ich mit jemandem spreche und nicht auf sie achte, macht sie sich mit Lauten bemerkbar. Sie beobachtet die Piroge, die vorbei fährt und ruft der schwimmenden Inge mit Aa-Lauten zu. Sie spielt mit einem Farnblatt und schaut es lange nachdenklich an. Schön ist das Kind mit ihrer braunen Haut, im roten Kleidchen und dem grünen Blatt
Endlich geht es auch Matthias besser. Er nimmt zu und wird munter.

Wieder erfahren wir, dass wir Mütter, die nicht genug Muttermilch haben, nicht zu früh nach Hause entlassen sollten. Eine Mutter, mit ihren 13 Jahren selber noch ein Kind, erscheint mit ihrem fünf Monate alten Bub. Pierre ist unterernährt und hat eine Pneumonie. Die Mutter hatte das Kind hier geboren. Ihre Milch floss spärlich. Sie wurde mit zwei Büchsen Pulvermilch entlassen, von denen sie noch eine halbe Büchse, mit "Tierchen" drin, zurückbringt. Wie hat sie das Kind wohl ernährt? Pulvermilch ist teuer und auch nicht immer erhältlich. Um zu sparen wird oft zu wenig davon genommen.

Der Elefantiasisfuss der zehnjährigen Therese ist operiert worden. Die wuchernde Geschwulst ist weg. Narben werden bleiben, aber sie kann nun ungehindert gehen.

Nach langer Zeit ist wieder einmal Mambelas Vater gekommen. Er hat die halbe Verwandtschaft mitgebracht. Er will über die Trockenzeit in sein Dorf nach MBigou gehen und möchte das Kind mitnehmen. Mambela ist 10 Monate alt. Ich erkläre ihm, dass sie noch zu klein sei um so weit weg zu gehen. Kinder, die im Spital aufgezogen werden, sollten da bleiben, solange sie auf Milch angewiesen seien. So wollte es der Grand Docteur. In der nächsten Trockenzeit sei sie dann gross genug.

Das Unglück
Ein fürchterlicher Unfall ist geschehen. Eine junge Frau kam mit weit offenen Augen daher gesprungen: "ich sehe nichts mehr, ich sehe nichts mehr", rufend. Wir legten sie auf den Tisch und zwei Minuten später war sie tot. Warum? Mit lautem Geschrei wurden im selben Moment noch zwei Tote gebracht. Innert einer Stunde sind fünf Menschen gestorben. Es war schrecklich und wir standen vor einem Rätsel. Was sollten wir machen? Alle waren Patienten des gleichen Arztes. Wir kontrollierten ihre Medikamente. Ausser Nivaquine gegen Malaria hatten sie keine gemeinsamen Medikamente. Nivaquine sollte doch nicht tödlich sein? Ein Missverständnis? Ja, es war ein fürchterliches Missverständnis. Das Pulver war abgefüllt in kleine Säckchen zu je 3 Gramm. Dies musste man verdünnen bis zum richtigen, verordneten Verhältnis. Die Apothekerin, die die Medikamente verabreichte, glaubte es seien 300 mg drin, wie der Arzt verordnet hatte. Alle Patienten hatten das Zehnfache geschluckt. Sofortiger Tod! Was wird geschehen? Eine junge Frau konnte gerettet werden. Als sie vom Unglück hörte und merkte, dass auch sie das Pulver geschluckt hatte, erbrach sie und kam so-

fort zum Arzt. Sie bekam eine Magenspülung und einen Einlauf. Es geht ihr wieder gut.

Es kommt mir vor wie ein böser Traum. Ich kann nicht verstehen, dass so etwas geschehen kann.

Der Präfekt war da. Er hat den Leuten ganz ruhig zugeredet. Die aufgewühlte Menge vor dem Totenhäuschen hat sich dann auch beruhigt. Die Familien sind mit ihren Verstorbenen in ihre Dörfer gegangen.

Wie ein schwerer, grauer Nebel drückt das Erlebnis auf unser Gemüt. Die Pfleger versuchen uns zu trösten: "Das war ein Unfall. Das Leben geht weiter. Fünf sind gestorben, aber wenn du denkst, wenn das Spital nicht wäre, wir hätten im Gabun noch viel mehr Tote".

Ueber die gerettete junge Frau meint Veronique: "Elle n'était pas sur la liste, qui le Bon Dieu a fait."

Es gab stundenlange Verhandlungen auf der Polizei in Lambarene. Was wird geschehen? Noel findet: "Das Spital muss die Apothekerin beschützen".

Dr. Munz, Rhena und die Apothekerin waren zu einem Gespräch beim Regierungspräsidenten.

Leon MBa legte der Apothekerin nahe, abzureisen. Das sei zu ihrem Schutz. Ausgewiesen werde sie nicht.

Nächtliche Geburt vor der Tür

Mitten in der Nacht wurde ich von einem Stöhnen geweckt. Halb im Schlaf dachte ich, Inge nebenan sei am Träumen. Wenn sie nicht aufhören wird, werde ich sie wecken. Doch plötzlich hörte ich das Weinen eines kleinen Kindes. Schnell sprang ich aus dem Bett. Vor meiner Tür lag eine Frau mit einem neugeborenen Kind zwischen ihren Beinen. Ich holte rasch ein Tuch und wickelte das Neugeborene hinein. Der Vater stand hilflos daneben. Wir gingen zusammen ins Gebärzimmer, wo die Hebamme weiter half.

Vorbereitungen für die Pouponnière

Der Bau der neuen Pouponnière geht voran. Für die zukünftigen Bewohner möchte ich eine schöne Einrichtung zusammen haben. Zwei junge Frauen habe ich als Helferinnen bekommen. Bernadette und Marie-Jeanne haben sich gut eingelebt. Bernadette sitzt an der Nähmaschine. Lustige, farbige Windelhosen sind schon bereit. Schlafsäcke wollen wir auch noch nähen. Von Schweden bekamen wir Bettwäsche, die bezeichnet werden muss. Auch Kinderbetten hat Schweden gespendet. Die Matratzen dazu sollten überzogen werden. Momentan haben wir keine besonderen Sorgenkinder, und ich stelle die Mütter zum Nähen an. Die meisten Frauen haben Freude am Nähen.

Marie-Jeanne führe ich in die Pflege der Kinder ein. Am frühen Morgen misst sie bei allen Kindern die Temperatur. Sie wäscht alle Schoppenflaschen, kocht sie aus und richtet die Schoppen nach Anleitung. So kann ich in aller Ruhe Mambela besorgen. Momentan ist sie erkältet, hat keinen Appetit und ist unzufrieden. Fieber hat sie nicht. Ich bin froh, dass sie bald in die Pouponnière kommen kann, dann kann ich sie besser beobachten.

Wieder habe ich ein zu früh geborenes Kind zu betreuen. Es wiegt 1400g. Es geht ihm gut. Ich staune immer wieder, wie die so kleinen Kinder an der Brust trinken können. In Europa wären sie im Brutkasten, aber hier haben wir von Natur aus Brutkastenklima.

Ich habe für die Kindercase einen Kühlschrank bekommen.

Nahrung, Schoppenmilch, Medikamente kann ich nun sicher und sauber aufbewahren. Was wie Luxus aussieht, war Notwendigkeit.

Die Augen meiner Jugend

Der Sous-Präfekt probiert eine neue Brille und ruft überrascht: "Mais, ce sont les yeux de ma jeunesse!"

Er kann sich kaum erholen vor Staunen und Freude.

Georgette

Aufgeregt kommt Ambroise zu mir: "Ich will dich etwas fragen. Man hat mir gesagt, dass du bald abreisen wirst." Ich beruhige ihn, dass noch lange nicht Zeit dafür sei. Das sei gut, meinte er.

Ambroise ist der Onkel der sieben Monate alten Georgette. Die Mutter der Kleinen ist gestorben. Einen Vater hat sie nicht. Ihr Onkel betreut sie, nachdem eine Tante das Kind mit Missmut und wenig Liebe gepflegt hat. Die Kleine ist immer sehr ernsthaft und lacht selten. Ich hoffe, dass sie in der neuen Pouponnière aufblühen kann, wenn sie unter andere Kinder kommt.

Was es so alles gibt

Strahlend begrüsste mich eine junge Frau. Sie lag wochenlang schwerkrank im Spital.

Ihr Kind wurde während ihrer Krankheit von mir betreut, weil die Mutter nicht stillen konnte. Vor vier Wochen gingen Mutter und Kind nach Hause, das Kind mit Schoppennahrung. Beide sehen nun erfreulich gut aus. Das Kind ist kugelrund. Was es denn zu essen bekomme, frage ich. "Die Brust", sagt die Mutter. Ich, erstaunt: "Ja, hast du denn Milch"? Sie wurde doch abgestillt wegen ihrer Krankheit. "Ja, ich habe im Dorf ein Medikament genommen, und die Milch ist wieder gekommen". Das interessiert mich natürlich. Wenn es eine Pflanze gibt, die das bewirkt, dann könnten doch andere auch davon profitieren. Ob sie mir von diesem Medikament bringen könne, frage ich

Einem 11jährigen Mädchen wurde eine kindskopfgrosse Ovarialcyste operiert! Die Cyste war voll Flüssigkeit, darin graue, fettige Kugeln schwammen, die mit Haaren durchzogen waren. Und das bei einem 11 Jahre alten Kind. Unvorstellbar.

Wie bewundere ich das zwei Jahre alte Mädchen, das schon einige Wochen im Spital ist. Es hat ein riesiges Geschwür am Bein. Dieses hübsche, kleine Kind ist so geduldig, immer zufrieden und strahlt uns alle an. Ich habe es richtig ins Herz geschlossen. Der Vater meinte: "Du kannst es mit in dein Land nehmen, aber du musst schauen, dass es etwas lernt".

Politisieren geht nicht
Dr. Pope muss mit seiner Familie abreisen. Er hatte sich in die Politik von Gabun eingemischt. Das war der Regierung nicht genehm. Er und Dr. Munz hatten eine Vorladung bei Leon MBa, dem Präsidenten von Gabun. Dr. Pope wurde des Landes verwiesen. Er sei wohl ein guter Arzt, sagte LeoMBa, aber sein Verhalten werde nicht akzeptiert. Innerhalb einer Woche müsse er das Land verlassen.
Ari van Wijnen, ein Arzt aus Holland, wird die Kinderabteilung übernehmen. Auch er ist nicht Pädiater.

Sandbänke
Mambela ist ein Jahr alt. Sie spürt, dass sie heute im Mittelpunkt ist. Strahlend sitzt sie am Geburtstagstisch und staunt auf den Kuchen mit dem Kerzenlicht. Um sie herum sitzen Michael und Matthias

Baumann. Ambroise kommt mit Georgette. Die Grossmutter mit den Zwillingsbuben schaut vorbei.

Sandbänke durchziehen den Fluss wie weite, gelbe Inseln. Für die Kinder sind sie ein herrlicher Spielplatz.

Aber der Weg um Wasser zu holen und Wäsche zu waschen ist für die Leute nun weiter und mühsamer.

Viele Einheimische ziehen während der Trockenzeit auf die Inseln in den Seen zum Fischen. "Poissons, Poissons" rufen die Fischer am frühen Morgen. Die Karpfen sind besonders beliebt. Der andere Fisch, der im Ogowe schwimmt, ist etwas gröber im Geschmack. Es sei einmal von jemandem ausgesetzt worden und habe sich vermehrt. Man nennt ihn "Sansnom" (ohne Namen).

Meine freien Sonntage verbringe ich meistens auf einer Sandbank. Natürlich mit Mambela. Sie merkt schon am Vormittag, wenn ich den Korb bereit mache, dass es fort geht. Dann wird sie ganz aufgeregt und zappelig, lacht und schwatzt und ist ungeduldig. Sie liebt es im Sand zu spielen und im Wasser zu spritzen. Fast jeden Sonntag darf sie auf die Sandbank. Wenn ich Dienst habe, geht Inge mit ihr.

Mlle Matthilde ist wieder da. Welche Freude! Sie sieht gut und erholt aus. Wir sind alle froh, dass sie wieder da ist und mit ihr ein Stück altes Lambarene.

Die neue Pouponnière ist bezugsbereit.
Wir freuen uns alle. In dem einen Zimmer stehen drei weisse Kinderbetten aus Schweden und die beiden kleinen Kistenbettchen, die einst in der früheren Poup. standen. Eine Wickelgelegenheit gibt es auch. Im Zimmer nebenan steht ein niederer Tisch mit kleinen Stühlen. Bernadette wird hier die Kinder betreuen. Marie-Jeanne bleibt meine Hilfe in der Kindercase. Das Laufgitter, in dem Mambela viele Stunden auf mich warten musste, ist auf der Veranda. Ich freue mich sehr, dass sie unter andere Kinder kommt. Georgette und sie sind im gleichen Alter. Auch Matthias wird da sein und die Grossmutter mit den Zwillingen. Die kleinen Frühgeborenen, die aufgepäppelt werden müssen, können nun von den kranken Kindern getrennt werden. Vor dem Haus unter dem Schatten des Avocadobau-

mes, wird ein Spielplatz eingerichtet. Von der Kindercase aus nebenan habe ich alles schön im Blick.

Kwashiorkor

Kinder mit Eiweissmangelkrankheit sind eine besondere Aufgabe. Das kleine Mädchen, das gebracht wurde, ist voll dicker, glänzender Oedeme. Ansonsten ist es sehr mager. Seine spärlichen Haare haben einen roten Schimmer. Es hat einen sehr niedrigen Blutwert. Das Kind ist sehr müde, kraftlos. Zuerst bekommt es Infusionen, dann muss ganz langsam mit dem Nahrungsaufbau begonnen werden. Die Mutter ist da auch sehr gefordert. Diese Kinder brauchen viel Geduld und Zeit.

Die Mütter von Kindern mit Ernährungsstörungen versuche ich über Ernährung zu unterrichten, vor allem über eiweissreichere Nahrung. Fisch, von dem mehr als genug vorhanden ist, wollen sie den Kindern nicht geben. Auch Eier nicht. Sie sind der Meinung, das gebe Würmer. Nun wird in der Kindercase gekocht. Davon können auch die Kinder in der Pouponnière profitieren.

Hans Baumann bringt mir hie und da von seinem Bananeneinkauf in den Dörfern Eier mit. Aber manchmal ist da ein unfertiges Hühnchen drin. Das ist nicht so angenehm.

Ein Telefon gibt es im Spital nicht. Doch habe ich nun eine praktische Einrichtung. Von meiner Kindercase aus bin ich mit einer Gegensprechanlage mit dem Arzt in seinem Praxisraum verbunden. So ist er im Notfall schnell da.

David

Unglaubliche Sachen gibt es. Das Spital in Libreville schickte uns eine Mutter mit ihrem 18 Monate alten Kind. Es hatte am Hals eine kindskopfgrosse Geschwulst und konnte den Kopf nicht mehr gerade halten. In Libreville konnten sie ihm nicht helfen.

Dem kleinen David wurde die Geschwulst entfernt. Er hat den Eingriff gut überstanden. Zum Glück war die Geschwulst nicht bösartig. Er hat sich schnell erholt. Kaum hat er seine Operation überstanden, sitzt er friedlich spielend im Bett mit geradem Kopf.

Sorgen und Trauer

Schon den ganzen Tag ahnte die Mutter wohl, dass ihr kleines Kind sterben wird. Clementine lag mühsam nach Luft ringend da. Auf nichts reagierte sie. Die Nahrung bekam sie durch die Sonde. Um Mitternacht ist sie an der Meningitis gestorben. Alle in der Kindercase sind traurig. Clementine war ein ausgesprochen schönes Kind. Sie schaute mich mit grossen, leuchtenden Augen an. Nun ist dieses Leuchten nach wochenlangem Leiden erloschen. Die Mutter steht still, gefasst am Bett des toten Kindes. Sie will noch heute mit ihm ins Dorf gehen. Ob sie ihre Sachen da lassen dürfe? fragt sie.

"Wir kommen morgen alles holen. Hier ist deine Wäsche. Ich habe heute alles gewaschen. Vor dem Haus liegen zwei Bündel Holz. Die kannst du haben".

Noch nie ist mir eine afrikanische Mutter begegnet, die nach dem Tod ihres Kindes so gefasst war, vorher so viel ordnete und an so vieles dachte. Ganz ruhig sass sie immer beim Kind und wünschte nur, dass es nicht mehr so viel leiden müsste. Sie sagte: "Wenn ich oder der Vater es wäre, die leiden, könnte ich es verstehen. Wir haben das Leben gehabt. Aber das Kleine hat eben erst begonnen zu leben".

Langsam schreiten sie mit dem toten Kind gegen den Fluss. Nun weint die Mutter. Das Weinen und Wehklagen vermischt sich mit dem Gesang der Frösche, wird schwächer und erstirbt schliesslich. Zurück bleiben das Froschkonzert und eine friedliche, klare Nacht.

Verlassener, kleiner Prinz

Wir nennen das kleine, drei Wochen alte Bübchen den kleinen Prinzen. Vor zwei Wochen wurde er mit seiner kranken Mutter zu uns gebracht. Die Mutter ist nicht ansprechbar, auf nichts reagiert sie. Sie scheint nicht einmal ihr Kind zu kennen. Sie ist wie in einem Wachkoma. Es ist unklar, was ihr fehlt. Die Grosseltern drängen nun nach Hause zu gehen mit der jungen Frau. Sie wollen sie nach einheimischer Art behandeln lassen. Alles, was wir machen, ist ihnen nicht genehm. Sie schimpfen und reklamieren. Ich frage mich, warum sie denn gekommen sind? Der Kleine wird tagsüber in der Pouponnière betreut. Nachts schläft er bei der Mutter und den Grosseltern. Eines Abends kamen die Grosseltern stockbetrunken daher gewankt, einige Lall-Laute von sich gebend. So wollte ich das

Kind nicht bei ihnen lassen. Regine nahm den Kleinen über Nacht zu sich.

Am Morgen darauf waren die Alten mit der kranken Tochter verschwunden, einfach weg. Das kleine Kind liessen sie uns zurück. Ob sie sich je wieder um es kümmern werden?

Der Unfall

Vor einigen Tagen, mitten in der Nacht ist Jean-Louis ins Spital gebracht worden. Er war am Kopf verletzt. Die Mutter wusste von der Gefahr von Starrkrampf und kam wegen einer Tetanusspritze.

Es war nur eine kleine, kaum sichtbare Wunde. Zum Glück sind sie gekommen. Am Morgen war das Kind nicht mehr bei Bewusstsein und halbseitig gelähmt. Es wurde sofort operiert. Der Schädel sah aus wie eine gesprungene Fensterscheibe. 120 cc Blut wurde abgesogen.

Wie es zum Unfall kam? Einige Buben waren im Begriff eine Schlange zu töten. Sie benützten dazu einen scharfen, spitzigen Spiess wie sie ihn zum Fische töten brauchen. Jean-Louis lief in dem Moment dazu, als ein Bub auf die Schlange zielte. Mit Wucht traf er den Kopf des Kindes.

Ob Jean-Louis sich erholen wird? Seine linke Körperhälfte kann er nur schwach bewegen. Er ist sehr unruhig.

Jean-Louis hatte sich erholt. Nach fünf Wochen konnte er das Spital verlassen. Eine leichte Schwäche am linken Arm und am linken Bein ist zurückgeblieben, kaum sichtbar.

Glückliche Kinder

Es ist eine Freude, den Kindern in der Pouponnière zuzusehen. Georgette und Mambela haben sich angefreundet. Sie sitzen im letzten Sonnenlicht in der Badewanne, lachen und spritzen herum. Abwechselnd lassen sie sich ins Wasser plumpsen, dass es weit herum spitzt. Sie werden von Bernadette auf einheimische Art gewaschen. Stehend werden sie von unten bis oben eingeseift. Dann wird ein Becken voll Wasser über sie geleert. Es macht ihnen nichts, dass Seife in die Augen kommt und Wasser über ihr Gesicht rinnt. Wenn Mambela mich erblickt, ruft sie "jaja", lacht und winkt. Sie ist sehr glücklich mit den andern Kindern zusammen.

Mit Georgette ist ein Wunder geschehen. Noch vor einigen Wochen war sie ein elternloses, scheues, eher trauriges Kind, das kaum lachen konnte. Nachdem der Onkel in sein Dorf zurückgekehrt ist, hütete eine alte Tante das Kind mit wenig Liebe. Seit Georgette nun tagsüber in der Pouponnière ist, blüht sie auf. Sie wird lustig, drollig, auch energisch. Ihr Gesicht hat einen frohen, offenen Ausdruck bekommen. Als der Onkel vom Dorf zurückkam, erkannte er das Kind kaum mehr. "Oh", meinte er, "ich will, dass sie hier aufwachsen kann. Ich will auch hier bleiben und für sie arbeiten. Ich will, dass sie ein gutes Mädchen wird". Und er blieb da. Die alte Tante war froh, in ihr Dorf zurückgehen zu können.

Aufregung

Ich sitze am Tisch in der Pouponnière. Mambela springt herum, Georgette spielt mit Klötzchen. Die Grossmutter mit den Zwillingsbuben schaut zu. Plötzlich höre ich von der Kindercase her ein Geschrei. Geschirr klirrt. "Maman Sansnom", ruft eine Stimme. Ich renne hinüber und sage im Vorbeigehen zur Grossmutter, sie solle auf die Mädchen aufpassen.

Maman Sansnom ist in Aufregung. Sie fuchtelt mit einem Stecken in der Hand herum, springt mit wildem Gesicht hinter den Müttern her. Die fliehen kreischend davon. Kinder sitzen weinend auf den Betten. Eben will die Alte ein Becken mit Geschirr umstossen. Als sie mich sieht, hält sie inne und verschwindet. Was sie wohl so aufgeregt hat? Meist sitzt sie ruhig bei ihrem Feuerchen neben der Kindercase, wo sie ihr Lager hat. Von Zeit zu Zeit kommt sie und schaut mich an.

Wie ich in die Pouponnière zurückkomme, tanzt die Grossmutter mit den Zwillingen auf dem Arm in Zimmer herum. Sie sieht nicht, dass Georgette die schönen, weissen Windeln auf dem Boden verstreut, dass Mambela eine Büchse farbiger Glasperlen ausgeleert hat und mit grosser Freude darin herumpatscht.

Mambelas Vater kam zu Besuch. Eine Zeitlang arbeitete er bei uns und später in Lambarene. Jetzt möchte er das Kind heim nehmen, nach MBigou. Mambela geht es gut. Sie könnte wohl heimgehen, aber ich möchte sie doch noch in der Nähe wissen. MBigou ist weit weg. Susanne, die eben dort einen Besuch machte, sagt, dass die Leute dort oben nicht viel zu essen hätten. Fisch gebe es gar nicht. Mambela braucht aber noch eiweissreiche Ernährung. Sie ist erst eineinhalb Jahre alt. Ich schlage dem Vater vor, eine Arbeit in Lamba-

rene zu suchen, damit Mambela noch in unserer Nähe sei. Er ist einverstanden und will bald wieder kommen.

Ausflug nach NGomo

Nach langer Zeit hatte ich ein freies Wochenende. Ich konnte nach
NGomo reisen. Dort ist eine kleine Pflegestation, die von Eliane, einer Krankenschwester aus dem Elsass, geleitet wird. Eliane arbeitete vorher im Schweitzer-Spital. Sie kommt häufig zu uns. Wir helfen
ihr aus mit Verbandmaterial und Medikamenten.

Eigentlich sollte dieses Wochenende für mich Erholung sein. Doch
ich konnte es gar nicht recht geniessen. Immer musste ich an Mambela denken. Den freien Sonntag verbringe ich immer mit ihr. Da
habe ich Zeit für sie. Und nun fehlte sie mir. Aber das ist vielleicht
eine gute Erfahrung. Schon bald werde ich mich von ihr trennen
müssen. Dieses Wochenende wurde sie von Inge betreut. Als ich
wegfuhr, weinte sie ein wenig, doch hatte sich bald beruhigt.

Dieses Wiedersehen bei meiner Rückkehr! Mambela gibt sonst ihrer
Freude laut und fröhlich Ausdruck. Dieses Mal blieb sie ganz still.
Als sie mich kommen sah, hielt sie im Springen inne, schaute mich
ernst, aber mit leuchtenden Augen an. Dann streckte sie die Arme
und ich musste sie halten. Sie schaute mich unaufhaltsam an und
zwei dicke Tränen flossen über ihre Wangen. Sie sagte kein Wort,
griff mich an der Nase, an die Augen und strich mir über die Lippen.
Sie zog mich an den Ohren, an den Haaren. Dann schlang sie ihre
Arme fest um mich, lachte glücklich, nahm den Daumen in den
Mund und schaute mich zufrieden an.

Weihnachten

Ich bereite mit den Kindern ein Weihnachtsspiel vor. Alle Kinder,
die können, dürfen mitmachen und alle möchten Engel sein. Weisse
Tücher wurden zu Engelkleidern. Der Engel Gabriel bekommt einen goldenen "Heiligenschein". Für die drei Könige bastele ich gol-
dene Kronen. Die Hirten bekommen ein Kleid aus braunem Tuch.
Eine Ecke in der Pouponnière ist mit Palmzweigen geschmückt. Da
ist Bethlehem. Die Maria und den Josef spielen grössere Kinder und
der kleine Prinz ist das Jesuskind. In der anderen Ecke des Raums
sitzen die Hirten auf dem Feld. Ganz Kleine sind dabei, die noch
kaum gehen können. Die drei Könige, zwei Schwarze und ein Weisser, stehen auf der Veranda bereit.

Die Kinder brauchen nichts zu lernen. Die Weihnachtsgeschichte wird von Regine vorgelesen und ich werde nach und nach die Spieler an ihren Platz bringen.

Das Spiel kann losgehen. Die Zuschauer, Eltern und Pflegepersonal sitzen spannend da. Als Engel Gabriel hatte ich ein hübsches Mädchen mit dichtem Kraushaar bestimmt. Doch, oh Schreck, sie erscheint vor dem Spiel mit glattrasiertem Kopf! Wie sah das aus! Aber ändern kann nichts mehr.

Regine liest, die Engel erscheinen. Die Hirten sitzen und stehen da, die Kleinsten trage ich dazu. Musik ertönt "Vom Himmel hoch". Das Jesuskind liegt in seinem Palmenbett bei Maria und Josef. Die drei Könige erscheinen in ihren bunten Gewändern. Doch das ist dem weissen König zu viel. Plötzlich ruft eine weinerliche Stimme "Mami" und Michael, der weisse König stürzt zu seiner Mutter. Die letzten Worte von Regina verklingen im Weinen des Kindes. Und das Spiel ist aus.

Beim Päckli verteilen hat sich Michael auch wieder erholt. Dann sitzen alle zusammen, bekommen zu trinken und es gibt Guetzli dazu.

Im Esszimmer hängt der Adventskranz. An der Palme leuchten Kerzen. Wir singen unsere alten Weihnachtslieder und hören Musik. Weihnachten geht still vorbei.

Silvester

Mambela spürt immer wenn etwas Besonderes vor sich geht. Sie will nicht schlafen. Sie hopst im Bett herum, strahlt mich an und streckt die Hände. "Ich kann nicht an die Silvesterparty gehen, wenn du nicht schläfst". Aber das Kind denkt gar nicht ans müde sein. "Ja, so komm halt mit, es ist ja nur einmal im Jahr Silvester", entschliesse ich mich. Mambela zappelt, jauchzt und lacht als wir in das festliche Esszimmer kommen. Sie strahlt alle an. Musik ertönt, Leute tanzen. Mambela schaut, staunt, jauchzt und bewegt sich hin und her. Da nimmt Franziska sie auf den Arm und tanzt mit ihr herum. Das gefällt ihr. Sie geht von einem zum andern und kann nicht genug davon bekommen. Am besten gefällt es ihr bei Dr. Friedmann. Sie zieht ihn übermütig am Schnauz. Während des ganzen Abends hält sie ihre Puppe im Arm. Nach einem Glas Saft und einem Guetzli geht es dann doch ins Bett.

Neue Duschen

Wenn es in Europa Winter ist, haben wir hier die heisseste Zeit. So sind die neuen Duschen, die neben unserem Personalhaus "Sans-Souci" eingerichtet worden sind, eine Wohltat. Nun brauchen wir nicht mehr Wasser zu holen und die Kessel mit den Löchern im Boden zu füllen, um duschen zu können. Nun können wir nur den Hahn aufdrehen und schon rieselt das Wasser über uns. Wunderbar! Ich gehe gern um die Mittagszeit zum Duschen. Die Sonne hat dann das Wasser in den Röhren erwärmt und ich kann eine schöne, warme Dusche geniessen.

Morgenritual

Mein Arbeitstag beginnt um 06.30 Uhr. So ist Mambela am Morgen die Erste in der Pouponnière. Auf der Veranda wartet sie bis die Anderen kommen. Dann gibt es immer eine grosse Begrüssung. Matthias umarmt Mambela, bis beide auf den Boden purzeln. Jeden Morgen stehen Georgette und Mambela auf der Veranda am Geländer und warten auf die Geissen und Schafe. Wenn sie in Scharen angebraust kommen, gibt es ein grosses Geschrei, mäh – mäh. Ohne den Dünger der Geissen hätten wir im Garten kein Gemüse.

Ausser den Geissen hat es wenige Tiere. Hie und da spaziert ein Hund oder eine Katze herum, oder Hühner scharren auf den Wegen, die unseren einheimischen Angestellten gehören. Die Antilopen im Gehege sind noch da. Der Pelikan sitzt am Abend auf der Stange.

Die kranken Kinder nehmen mich im Moment stark in Anspruch. Viele leiden an Malaria und an Brechdurchfall. Zum Glück haben wir kaum noch Masernkinder seitdem wir impfen können.

Für den allabendlichen Spaziergang am Fluss mit Mambela hatte ich in den letzten Tagen keine Zeit. Ich kam kaum dazu, mich mit ihr zu beschäftigen. Das fehlt ihr. Sie schläft nicht gut ein, erwacht bald wieder, klammert sich schluchzend an mich und ist kaum zu beruhigen.

Seit ich mir am Abend wieder eine halbe Stunde Zeit nehmen kann für sie, schläft sie zufrieden ein.

14. Januar

Im Gedenken an Dr. Schweitzer feiern wir ruhig seinen Geburtstag.
Seit seinem Tod kommen nicht mehr viele Besucher.

Brief von Mambelas Vater

Mambelas Vater ist doch wieder zurück nach MBigou gereist. Er
schrieb:

Chère Demoiselle Marianne, je te dis ma parole. Je suis bien arrivé à
mon village. J'ai trouvé trop des histoires. L'histoire de la mère de
Mambela n'est pas encore jugée. Voici mon adresse: Lebenghue B:P.
28 par MBigou. Toute la famille vous salue, Mambela Marie-Caroline et Marianne.

Mille Bonjour et Bonsoir

Votre Bouloukou Daniel

Es scheint, dass die Geschichte über den Tod von Mambelas Mutter
in der Familie noch Konflikte macht.

Auf der Suche nach einem verschwundenen Kind

Nach dem nächtlichen Regen ist die Welt wie neu geboren. Ein
tiefblauer, wolkenloser Himmel wölbt sich über uns. Im Jeep fahren
wir über Pfützen und Löcher und werden unsanft umhergeworfen.
Auf beiden Seiten der roten Strasse erhebt sich der undurchdringliche Urwald, dunkel, geheimnisvoll. Vom dunkelsten Grün bis zum
hellsten Hellgrün leuchtet das üppige Blätterwerk. Die nassen
Blätter glitzern und funkeln im Sonnenlicht. Hie und da leuchtet ein
roter Weihnachtsstern wie eine Flamme. Wir fahren an kleinen, ver-
träumten Dörfern vorbei. Leute winken und rufen, Kinder jauchzen. Am Strassenrand gehen Frauen, gebückt von der schweren
Last, die sie auf dem Rücken tragen. Kinder mit Büchern unter dem
Arm oder auf dem Kopf sind auf dem Weg zur Schule. Wir fahren
an der freundlichen Schule von NZoghebange vorbei. Immer wie-
der Winken und Rufen. Alles erscheint an diesem Tag hell und froh.
Doch Ari und ich befinden sich auf einer traurigen Reise. Wir sind
auf der Suche nach dem siebenjährigen Pierre. In der Nacht sind die
Eltern mit ihm aus dem Spital geflohen. Sie handelten sicher in einer
Panikreaktion. Pierre hat eine tuberkulöse Hirnhautentzündung.
Wahrscheinlich wollten die Eltern das Kind im Dorf sterben lassen.
Doch Pierre geht es nicht so schlecht, dass keine Hoffnung auf Hei-
lung besteht. Wir wollen ihn nun suchen, um ihm eine Chance zu

geben. Die Familie kommt aus Gravier, 40 km von Lambarene entfernt. Es wird nicht leicht sein, das Kind zu finden. Gravier ist ein langgezogenes Dorf. Wir fragen nach dem Chef und finden ihn in den ersten Häusern des Dorfes. Er kennt die Familie und weiss von der Krankheit des Kindes. Doch dieses sei nicht da. Es sei in Moussamoukougou. Der Mann ist sehr betroffen, als wir ihn über den Zustand des Kindes informieren. Entschlossen sagt er, er komme ein Stück weit mit uns. Vielleicht würden wir den Vater von Pierre unterwegs finden. Er sei am Morgen hier gewesen. Wir fahren die Strasse zurück und begegnen bald zwei Männern. Der Eine trägt ein Huhn, der andere zieht unsanft eine Ziege am Strick. Es sind zwei Verwandte der Familie. Neugierige Leute nähern sich. Sie scheinen alle miteinander verwandt zu sein. Alle wissen von der Krankheit von Pierre. Sie scheinen zu verstehen, dass das Kind die Behandlung im Spital braucht. Die beiden Männer scheinen zu wissen, wo das Kind ist und wollen uns zu ihm führen. Samt Ziege und Huhn steigen sie auf unseren Jeep. Moussamoukougou ist nicht mehr weit. Ueber ein sprudelndes Bächlein kommen wir zu einer fensterlosen, baufälligen Hütte. Da finden wir das Kind in einer dunklen Ecke liegend. Auf schmutzigen, zerrissenen Tüchern wälzt es sich hin und her, mager, elend. Die Eltern liegen auf einem Bett daneben und schlafen. Wir wecken sie. Erstaunt sehen sie uns an. Es stimmt sie nachdenklich, dass der Doktor und ich das Kind suchen. Wir sagen, dass wir die Krankheit des Kindes kennen und es die Medikamente im Spital brauche, um gesund zu werden. Ganz genau wüssten wir nicht, ob Pierre gesund werden könne, doch mit der Pflege im Spital hätte er eine grosse Chance. Sie müssten selber entscheiden, ob sie ihm diese Chance geben wollten. Pierre sei ihr Kind. Wortlos packt die Mutter das Kind in ein Tuch und der Vater schlüpft in seinen Kittel. Er nimmt den Buben auf seine Arme und folgt uns still.

Drei Tage war Pierre noch bewusstlos. Sein Körper zeigte überall kleine Narbenpünktchen, wohl nach einer Behandlung nach Eingeborenenart. Aber nun geht es ihm Tag für Tag besser. Der Einsatz hatte sich gelohnt.

Lippenspalte

Ein wenige Monate altes Kind mit einer Hasenscharte kam ins Spital. Die Ärzte wagten sich an die Operation. Das war für Dr. Munz eine Premiere. Ich stand mit einem Buch neben dem OP-Tisch und hatte den Auftrag Schritt für Schritt den Operations-Vorgang vorzulesen.

Die Operation ist gelungen. Die Spalte ist geschlossen. Wir sind alle glücklich.

Mein Geburtstag

Ich sitze mit Mambela meinem Zimmer auf dem Bett. Wir warten auf das Geburtstagsständchen. Diese Tradition wird auch ohne Dr. Schweitzer weitergeführt. Dr. Munz stimmt die immer gleichen Lieder an. Mambelas Augen sind weit offen vor Erwartung. Als die Stimmen erklingen, gleitet sie schnell vom Bett, springt zur Tür und will den Vorhang ziehen. Doch als alle zum Gratulieren hereinkommen, versteckt sie sich hinter mir. Sie darf mitkommen zum Mor-genessen und beim Päckli öffnen mithelfen. Eine Geburtstagsrede gibt es nicht mehr, doch ein festliches Mittagessen und am Abend ein Ständchen der Kinder vom Lepradorf.

Die Zeit vergeht. Mein Aufenthalt hier nähert sich dem Ende zu. Meine Nachfolgerin, Marieli Streckeisen ist vor einigen Wochen angekommen. Sie arbeitet in der Kinderkonsultation und hilft bei mir aus. So kann sie sich gut einleben. Mambela hat sich gut mit ihr angefreundet. Nächsten Monat wird das Kind zwei Jahre alt und könnte nun in ihr Dorf gehen. Ich hoffe, dass ihr Vater bald kommt und sie sich aneinander gewöhnen können

Letzte Erlebnisse mit Mambela

Abendspaziergang

Sie kennt sich schon gut aus im Spitaldorf. Sie bestimmt wohin der Spaziergang gehen soll. Zuerst führt sie mich zum Antilopengehege. Geschickt weicht sie Wurzeln und grossen Steinen aus. Beim Grab von Dr. Schweitzer geht der Weg bergab, da hält sie meine Hand. Am Fluss will sie wieder allein gehen. Sie trippelt am Ufer entlang zu den Booten, steht still und schaut den Frauen beim Waschen zu. Sie winkt und ruft den badenden Kindern zu. Alle kennen und grüssen sie. Ich wundere mich, dass sie nicht ins Wasser will. Dann führt sie mich am Haus der weissen Kranken vorbei, steht bei der Glocke still, überlegt sich wohl, ob sie weiter hinunter gehen soll. Doch dann kehrt sie um und spaziert zum "Sans-Souci". Dort weiss sie genau, wer wo wohnt. Bei Baumanns ist niemand da. Bei Vreni ist der Vorhang zu. Marieli ist auch nicht zu Hause. Sie ruft und klopft, aber niemand antwortet. So geht sie weiter zu unserem Zimmer.

Jeden Abend vor dem Schlafengehen macht sie eine Gutenachtrunde bei den Nachbarn.

Badefreuden

Das Wasser im Fluss ist so weit zurückgegangen, dass wir wieder auf die Sandbank gehen können. Mambela spielt mit Michael und Matthias Baumann im Sand. Im Wasser geht sie vorsichtig. Der Sand gleitet unter ihren Füssen weg. Sie verliert leicht das Gleichgewicht und plumpst ins Wasser, dass es spritzt. Das gefällt ihr und sie wiederholt es immer wieder. Aber wir müssen die Kinder im Auge behalten. Wohl ist das Wasser nicht tief, aber es hat eine starke Strömung.

Blau ist der Himmel, gelb der Sand, dunkelgrün die Palmen im Hintergrund, Schmetterlinge flattern herum, wohltuende Stille umgibt uns.

"Frühlingsputzete"

Das ganze Mobiliar der Pouponnière steht im Freien. Ein Tohuwabohu. Die Kinder sind auf den Spielplatz verbannt. Die Kleinen sitzen im Laufgitter. Die Böden im Haus werden gefegt und mit Mazout eingerieben. Wände und Betten werden abgewaschen. Mambela will beim Putzen mithelfen. Sie fegt mit der Haarbürste und viel Wasser die Tischbeine und die Stühle.

Reise nach MBigou

Die Sandbänke haben sich weit ausgebreitet. Durch eine schmale Rinne wälzt sich der Ogowe hindurch. In der Nacht hören wir wieder das Dröhnen der Flusspferde.

Wir haben uns entschlossen, eine Reise nach MBigou zu machen. Ich möchte gerne Mambelas Dorf kennen lernen. Natürlich kommt das Kind mit.

Zu fünft fahren mit dem Auto los. Arno sitzt am Steuer, Hulda neben ihm. Hinten zwischen Ary und mir sitzt Mambela auf einem Kinderstuhl festgebunden.

Unser erstes Ziel ist Mouila, 200 km von Lambarene entfernt. Mambela scheint die Fahrt zu geniessen. Nach jedem Halt will sie so schnell wie möglich wieder ins Auto steigen.

Wir werden auf der Missionsstation in Mouila freundlich aufgenommen und können hier übernachten. Das Kind fühlt sich hier wie zu Hause. Sie plaudert, singt und spielt. Sie sitzt ganz sittsam am Tisch und isst Suppe, wie wenn sie das jeden Tag so machen täte. Alle freuen sich an ihr. Vom Estrich wird ein Kinderbett für sie geholt und sie schläft zufrieden ein.

Ein schöner, frischer Morgen begrüsst uns. Wir fahren früh weg. Mambela steht bereit mit ihrem Spielzeugkörbchen und kann kaum warten ins Auto zu kommen.

Die Gegend hat sich verändert. Die Bäume des Urwaldes sind verschwunden. Wir fahren durch weite, grüngelbe Steppe.

Plötzlich liegen grüne Wiesen vor uns, ein Waldessaum und davor ein Bauernhaus. Im Hintergrund erheben sich die Berge von MBigou. Das Ganze gleicht einer Schweizerlandschaft.

Dann kommen wir durch halbdürre Felder. Daraus erheben sich kniehohe, graue Termitenbauten.

Bei einem Fluss steigen wir aus und gehen zu Fuss auf der Fähre über das Wasser. Mit ängstlichem Gesicht beobachtet Mambela, wie Arno das Auto auf die Fähre lenkt. Sie schreit und schüttelt die Arme bis das Auto über die Schwelle gefahren ist. Dann will sie geschwind wieder einsteigen.

Nun nähern wir uns der Gegend des Stammes der Banzabi, zu der Mambela gehört, und machen Rast. Sofort sind wir von Leuten umringt. Die Grossen seufzen Och und Ach, als sie vernehmen, dass Mambela keine Mutter hat. Die Kinder spielen mit ihr und tragen sie herum. Mambela geniesst das und schenkt allen ihr charmantes Lächeln.

In Bongolo werden wir von Familie Schindler empfangen. Auch hier fühlt sich das Kind wohl. Sie ist interessiert und aufgeschlossen und kann sich gut anpassen. Ich staune. Ich hatte nicht gedacht, dass die Reise mit dem Kind so einfach ist. Ich denke, dass die Umstellung bei ihrer Familie sicher gut gehen wird. Sie schläft die ganze Nacht in einem schönen, himmelblauen und rosaroten Kinderbett unter dem Moskitonetz.

Enttäuschung am anderen Tag. Wir können nicht nach MBigou hinauf fahren. Die Strasse ist schlecht und teils verschüttet. Hier bleiben und warten können wir auch nicht. Morgen müssen wir zur Arbeit wieder im Spital sein. Enttäuscht reisen wir zurück mit Mambela. Ich bin doch froh, dass sie noch ein wenig bei uns bleibt. Der Vater hätte sie sicher bei sich behalten wollen, wenn wir ihn angetroffen hätten.

Einige Tage später feiern wir Mambelas zweiten Geburtstag. Sie darf am Morgen mit mir im Esszimmer frühstücken. Sie spürt das Besondere dieses Tages und dass sie die Hauptperson ist.
Am Nachmittag feiern wir mit allen Kindern in der Pouponnière. Einer Prinzessin gleich sitzt sie am Geburtstagstisch, umgeben von einer fröhlichen Kinderschar. Ein grosses Kinderfest ist im Gange. Die Kinder aus der Kindercase, die können, dürfen dabei sein. Michael und Matthias Baumann sind da. Das Fest zieht viele andere Kinder an.

Zwei Kerzen brennen auf dem Geburtstagskuchen. Die Kinder trinken, essen, lachen, schwatzen. Mambela sitzt strahlend, aber still da. Sie will nichts essen. Die vielen Leute scheinen sie zu ängstigen. Marie-Jeanne türmt ihr kunstvoll ein buntes Tuch um den Kopf. Sie weiss, dass Mambela gerne Kopftücher hat. Darüber ist sie sehr stolz und wird munterer. Nun lacht und spielt sie mit und isst von ihrem Geburtstagskuchen. Sie freut sich sehr über das Tuch und nimmt es am Abend mit ins Bett.

Alltag in der Pouponnière
Jeden Vormittag kann Mambela mit Matthias und Michael in den Kindergarten gehen. Mit ihrem kleinen Schemel auf dem Kopf wandert sie den Hügel hinauf. Wohl ist sie noch klein, aber sie lernt doch schon einiges. Ruhig sitzt sie mit den Kindern im Kreis. Franziska singt und spielt mit ihnen und erzählt eine Geschichte. Am Schluss gibt es etwas zu essen.
In der Pouponnière will sie mithelfen. Sie hilft Wäsche versorgen. Die schmutzige Wäsche wirft sie in den Kübel. Ist es am Boden schmutzig, holt sie den Besen oder einen Lumpen. Wenn das Essen kommt, springt sie jauchzend zum Gestell, nimmt Teller und Tassen hervor und stellt sie auf den Tisch. Sie weiss, wem welcher Teller

gehört. Sie will die Besteckschachtel fassen, aber die ist doch zu schwer. An jeden Platz legt sie einen Esslatz. Dann ruft sie: "Co-Co-Co. "Georgette versteht und kommt. Mambela deutet auf einen Stuhl und Georgette setzt sich darauf. Auch Matthias und die Grossmutter mit den Zwillingen sind da. Befriedigt setzt sich Mambela auf ihren Stuhl, nimmt den Finger in den Mund und wartet, bis das Essen bereit ist. Der kleine Stuhl, der mit Mambela auf der Reise war, wird seither von ihr aufmerksam gehütet. Wenn jemand anders ihn benützen will, wehrt sie sich energisch.

In der Kindercase haben unterdessen die Mütter der kleinen Patienten mit Marie-Jeanne gekocht. Die Frauen lernen, was zu einer gesunden Ernährung der Kinder gehört. Maniok, Taro, Patates douces, Brotfrucht, Bananen, Früchte, Fisch, Eier. Als Gemüse gibt es eine Art Spinat, der hier wild wächst. Der Avocadobaum vor dem Haus liefert uns herrliche Früchte. Von dieser Nahrung profitieren auch die Kinder in der Pouponnière.

Feierabend

Mambela schläft. Ich höre leise Musik. Das Kaffeewasser summt. Der Tisch ist festlich gedeckt. Eine Kerze leuchtet. Ich erwarte Besuch. Da regt sich etwas im Kinderbett. Mambela erwacht, schaut verschlafen herum und horcht. Plötzlich ist sie hellwach, rutscht ans Fussende des Bettes und hebt den Vorhang. Zwei leuchtende Augen schauen auf die festliche Beleuchtung. Jetzt will sie nicht mehr im Bett bleiben und tanzt im Zimmer herum. Dann holt sie ihren Latz hervor, schleppt ihren Schemel heran und setzt sich an das Kaffeetischchen. Als der erste Besucher:"Co-co-co" ruft, antwortet Mambela mit "Jaja", springt auf und öffnet die Tür. Sofort bringt sie einen Hocker für den Gast, zeigt darauf uns sagt: "Da". Die lustige Gastgeberin im Pijama und Esslatz ist so glücklich. Sie strahlt. Man spielt mit ihr, sie lacht und singt. "So, Kind, nun ist aber Schluss, Zeit zum Schlafen". Sie lässt sich ruhig ins Bett bringen und schläft ein. Wir sitzen noch einige Zeit zusammen, plaudern und hören leise Musik, begleitet von den ruhigen Atemzügen des Kindes.

Angst

"Komm, Mambela, wir wollen warmes Wasser holen". Aber Mambela will jetzt nicht mitkommen. "Gut, so gehe ich halt allein". Ich nehme den Krug und wandere über den Hof. Mambela sitzt auf der

Türschwelle und schaut mir nach. Ich stelle den Krug auf den Tisch vor der Küche und gehe erst mal nach "Hinterindien "(WC). Wie ich langsam zurückkomme, sehe ich Mambela gegen die Küche zuspringen. Sie schaut durch die Tür, sieht mich aber nicht. Da fängt sie an zu weinen. Es nützt nichts, dass ihr der Boy meinen Wasserkrug zeigt und sie beruhigen will. Ich schliesse das Kind in meine Arme. Sie schaut mich erlöst an und die Sonne scheint wieder in ihren Augen.

Was wohl los ist mit Mambela? Am Abend schläft sie gut ein, doch mitten in der Nacht schreit sie und will nicht mehr im Bett bleiben. Sie lässt sich weder mit Liebe noch mit Strenge beruhigen. Wenn ich das Licht lösche und mich wieder hinlege, schreit sie erbärmlich, steht wieder auf und will aus dem Bett klettern. Liegt sie neben mir, beruhigt sie sich sofort und schläft ein. Was macht ihr denn so Angst? Tagsüber verhält sie sich wie immer.

Fieber
Mambela liegt teilnahmslos im Bett und schaut mich mit kleinen Augen müde an. Sie hat Fieber. Sie will nicht essen, nur trinken. Ihre Nase läuft ein wenig, aber das sollte nicht der Grund des hohen Fiebers sein. Brav schluckt sie die Medizin gegen Malaria. Manchmal sogar huscht ein Lächeln über ihr Gesicht. Also wird es nicht so schlimm sein, denke ich. Tagsüber ist sie unauffällig, aber am Abend hat sie bis 40° Fieber. Sie will nicht in ihrem Bett sein. Kaum ist sie eingeschlafen, schreckt sie auf, weint angstvoll und zittert. Erst neben mir schläft sie ein. Mitten in der Nacht schrickt sie auf. Hat sie wohl schlimme Träume? Aber woher? Ihr Körper ist ganz heiss.

Zwei Tage später. Noch immer hat Mambela Fieber. Aber sie ist doch etwas munterer. Ihre Blutwerte sind normal. Sie will aufstehen, aber sie ist sehr müde. Am liebsten möchte sie dauernd bei mir sein und ihren Kopf an mich lehnen.

Auch am nächsten Tag zeigt der Fiebermesser am Abend wieder 40°. Was sie nur hat? Tagsüber ist das Kind relativ munter. Malaria kann es nicht sein, sonst müsste nach den Medikamenten das Fieber weg sein.

Vor meinem Zimmer steht eine grosse Kiste. Meine Abreise steht bevor. Marieli hat meine Arbeit in der Kindercase und in der Pouponnière übernommen. Ich habe Zeit, meine Reise vorzubereiten und bin am Packen. Mambela sitzt neben mir. Ich spreche mit Laurent, dem Zimmerboy. Er ist erstaunt, dass ich bald weggehe. Wer denn zu Mambela schaue, fragt er. "Sie bleibt bei Marieli bis ihr Vater kommt. Dann wird sie mit ihm in ihr Dorf gehen können". Mambela ist unserem Gespräch gefolgt. Plötzlich beginnt sie zu weinen. Sie klammert sich an mich und lässt sich kaum trösten. Hat sie wohl begriffen, was vor sich geht? Hat sie deswegen Fieber?

Ich halte sie ganz fest und spreche ruhig zu ihr, dass ich heim in mein Dorf gehe. Dass sie bei Marieli bleiben kann, die sie ganz fest lieb hat. Und bald komme ihr Vater. Dann könne sie auch in ihr Dorf gehen. Dort, wo wir zusammen doch fast schon waren.

Am Abend hat sie wieder Fieber. Sobald die Medikamente das Fieber vertrieben haben, ist sie wieder munter.

Zwei Tage später erwacht Mambela mit freundlichem Gesicht und strahlenden Augen. Wie schon lange nicht mehr, ist sie munter und fröhlich. Sie springt herum und will mir beim Packen helfen. Sie ruft allen Leuten zu und jauchzt den Kindern entgegen. Beim Frühstück trinkt sie drei Tassen Milch. Vergnügt spielt sie mit Georgette. Am Mittag isst sie mit Appetit. Endlich nach einer Woche geht es ihr besser. Eine wahre Sonntagsfreude. Aber am Abend hat sie wieder Fieber. Doch sie ist munter.

Es ist ein wunderbarer Abend. Hinter den dunklen Palmen geht feurig die Sonne unter. Wir machen einen Spaziergang auf dem Sand. Das Kind ist glücklich. Sie kann nur nicht begreifen, dass sie nicht baden darf. Ruhig schläft sie heute in ihrem Bett ein.

Als ich nach dem Nachtessen leise ins Zimmer komme, empfängt mich ein munteres Stimmchen: "Uh, uh". Mambela schüttelt den Kopf und schnalzt "ts,ts,ts". Sie steht im Bett und zeigt auf ihre nassen Hosen. Dann tanzt und hüpft sie singend im Zimmer herum. Ich staune und habe meine Freude daran. "Jetzt wirst du gewaschen und angezogen und dann gehen wir zu Elisabeth Geburtstag feiern". "Ibuh", sagt sie. Elisabeth hat einen Hibou, eine Eule.

Endlich, nach einer langen Woche, ist Mambela fieberfrei und wieder das alte, frohe Kind. Sie spielt mit den zwei weissen Buben und zwei anderen Kindern im Sand.

3. August 1965

Mein Abreisetag. Zum letzten Mal sitzen wir gemeinsam beim Morgenessen. Mambela isst mit grossem Appetit. Den ganzen Vormittag verbringe ich mit dem Kind. Wir spazieren nach Atadie.
Dann packe ich die letzten Sachen ein. Mambela sitzt auf ihrem Schemel und schaut mir zu. Plötzlich steht sie auf und will mir helfen. Hatte sie erfasst, was vorgeht und sich nun damit abgefunden? War das Fieber Ausdruck ihrer Angst und Unsicherheit?
Mir fällt der Abschied von diesem Kind auch schwer. " Was wird aus dir werden. Gebe Gott, dass du glücklich wirst, dass dein Herz fröhlich bleiben kann".

Die Glocken läuten. Leute strömen zum Ufer. Reisefertig nehme ich am Fluss Abschied von Kindern und ihren Müttern und von den Kolleginnen und Freunden. Zum letzten Mal halte ich Mambela in meinen Armen, schaue in ihre lieben, glänzenden Augen. Zum letzten Mal streicht ihre braune Hand meine Wange, lehnt sich ihr schwarzer Krauskopf an meine Brust. Lebe wohl, mein Kind, à Dieu mein Kind.

Bernadette, meine Hilfe in der Pouponnière, begleitet mich zum Flugplatz. Langsam entfernt sich das Boot vom Spitalgelände. In ruhigem Rhythmus schlagen die Ruder ins Wasser. Bei der katholischen Missionsstation blicke ich zum letzten Mal zu den roten Dächern des Spitaldorfes. Die Glocken sind verstummt.

Auch wenn das Abschied nehmen traurig ist, freue ich mich auf meine Reise. Bevor ich in die Schweiz zurückkreise, werde ich im Tschad ein Entwicklungszentrum und an der Elfenbeinküste ein Spital besuchen.

Grossmutter mit ihren Zwillingen

Harfenspieler

Maman Sansnom

Matthias und Mambela

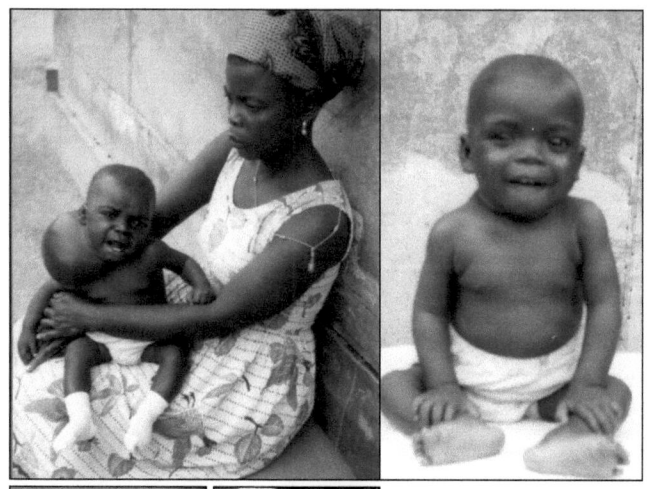

Oben: David vor und
nach der OP

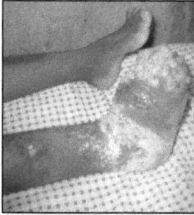

Elephantiasis (links)
Gaumenspalte (rechts)

Totentänze nach Albert Schweitzers Tod

190

Von Lambarene in die Schweiz

Libreville

Das Flugzeug holpert über die rote Piste und hebt sich in die Höhe. Lambarene verschwindet hinter den Wäldern und mit ihm eine glücklich erfüllte Zeit im Urwaldspital. Der Motor surrt. Die Ohren brausen. Scheinbar langsam bewegt sich die Maschine vorwärts. Unten schlängelt sich der Ogowe träge durch die samtgrünen Wälder, die aus der weiten Höhe wie ein weicher Teppich anzusehen sind. Gelb leuchten die Sandbänke und werden dunkler je tiefer sie im Wasser versinken. Dann ist nur noch Wasser und Urwald zu sehen ist. Nebelfetzen hauchen durch die Luft, verdecken die Sicht auf die Wälder, mehren sich und schliesslich gleiten wir durch dichte, weisse Watte. Vor Port Gentil kommen wir plötzlich aus dem Wolkenmeer heraus. Die Landschaft hat sich verändert. Die Flüsse sind zahlreicher geworden. Das Land erscheint mir wie ein Labyrinth, in dem man den richtigen Eingang finden muss, um zum Ausgang zu kommen. Schliesslich fliegen wir über den kräuselnden Wellen des Ozeans.

Nach einem kurzen Aufenthalt in Port Gentil geht der Flug weiter durch die Dunkelheit nach Libreville. Hier werde ich aufgenommen von der zivilisierten Welt, die mich eigenartig, fast schmerzlich berührt. Ein Taxi bringt mich auf einer prächtigen, breiten Strasse zum Grand Hotel. Von einem jungen Afrikaner werde ich lächelnd empfangen und in mein Zimmer geführt. Ein Zimmer mit kalt und warm Wasser, Dusche, WC, Air Condition und Telefon! "Um welche Zeit wünschen sie das Frühstück bitte? Wenn sie wünschen, wird es ihnen im Zimmer serviert."

Statt der bekannten Nachtstimmen von Lambarene schlafe ich ein unter dem Gebrumm der Lüftung und dem Hupen der Schiffe.

Von Libreville nach Fort Lamy

Die Stadt ist erwacht. Autos hupen, Motoren brummen, Türen schlagen, ein Telefon läutet, jemand hämmert. Durch die Tür dringen Stimmen an mein Ohr.

Jetzt bei Tag sehe ich an welch prächtiger Lage das Hotel liegt. Vor mir breitet sich die weite Fläche des Ozeans aus. In weiss schäumenden Wellen rauscht das Wasser ans Land. Die erste Sonne wirft ein silbernes Licht über das Meer. Die Blätter der Bäume rascheln im frischen Morgenwind.

Durch mich rieselt ein Gefühl von Freude. Freude, reisen zu dürfen und Freude aufs Heimkommen.

Doch erst beginnt ein reger Morgen. Auf dem Konsulat muss ich das Visum holen für den Tschad und die Elfenbeinküste. Geld muss gewechselt werden. Bei der Air Afrique muss ich mich nach dem genauen Flugplan erkundigen für meinen Flug nach Fort Lamy.

Lautlos fliegen wir über endlose Wolkenberge, hell beleuchtet von der Sonne. Blau wölbt sich der Himmel über uns. Ein kleiner Bub spielt mit mir Verstecken durch den Spalt der Sitze hindurch. "Attachez vos ceintures, svp." Unmerklich hat sich der Himmel verdüstert, und wir sehen plötzlich nur grau in grau. Wir holpern durch die Wolken, trinken Fruchtsaft, Bier, Coca-Cola nach Wunsch. So abrupt wie wir hereinkamen, so plötzlich kommen wir wieder aus der Wolkenwand heraus. Wieder scheint die Sonne und der Himmel leuchtet blau. Tief unter uns liegt das Land Kamerun.

Fort Lamy die Stadt am Rande der Wüste

Fort Lamy empfängt mich mit 33 Grad Wärme. Nach der Kühle im Flugzeug empfinde ich diese Wärme wohltuend.

Zoll, Polizei- und Gesundheitskontrollen gehen ohne Schwierigkeiten vonstatten. Das Flugticket nach Fort Archambault wird mir von einem freundlichen, hilfsbereiten Tschader ausgestellt, der mir auch ein Hotelzimmer für die Nacht besorgt. Der Taxifahrer, der mich zum Hotel fährt, verspricht mir, mich am morgen früh um sechs Uhr zu holen.

Das Hotel ist ein weisser, viereckiger Bau mit einem Innenhof. Das Zimmer empfinde ich kalt wegen der laufenden Air-Condition. Nach einer angenehmen Dusche mache ich mich auf zu einem Erkundungsspaziergang.

Ich gehe durch die lange rue de Moshée. Der Boden ist mit einer feinen, gelben Sandschicht bedeckt. Immer wieder muss ich meine Schuhe von dem eingedrungenen Sand befreien. Auf beiden Seiten der Strasse erheben sich weiss übertünchte Häuser mit Säulengängen. Unter den Lauben befinden sich moderne Läden von europäischen Händlern. Hier kann man alles haben, was man begehrt und wünscht, und wenn man genug Geld hat.

Etwas abseits dieses Luxuslebens, in kleinen, dunklen Gassen, halten Afrikaner ihre Ware feil. Hier spielt sich buntes Leben ab. Männer sitzen an ratternden Nähmaschinen. Halbnackte, schmutzige Kinder spielen hinter den Ständen und zwischen den Kisten Verstecken. Ein alter ergrauter Mann hockt am Boden auf einer Matte und schlürft in kurzen Zügen und mit viel Geräusch Tee. Er schaut mich forschend an, dann verzieht sich sein Mund zu einem zahnlosen Lächeln.

Auf dem Souvenirmarkt werde ich von allen Seiten bestürmt. Ebenholz- und Elfenbeinfiguren, Lederwaren, aus Eisen gegossene Tiere wollen sie mir verkaufen. Ich kaufe zwei Brieftaschen aus Kaimanleder und ein paar leichte Sandalen. Mit den dummen, geschlossenen Schuhen, in die immer Sand hereinkommt, habe ich mir Blasen gelaufen. Ein aufdringlicher Händler verfolgt mich durch die rue de Moshée. Er will mir unbedingt noch eine Brieftasche verkaufen. Den Preis handelt er von 1000 CFA hinunter bis auf 100 CFA. Er ist sichtlich enttäuscht, dass ich die Tasche trotzdem nicht kaufe.

Ein Blick durch offene Türen in einem Seitengässchen zeigt mir Schmutz und Armut. Hühner scharren im Haus und Geissen meckern. Zu beiden Seiten der Strasse stinken Abwassergräben. Die Häuser hier sind aus gelbem Sandstein gebaut, keine weisse Tünche mehr. Eine alte Frau hockt auf einer Matte und verkauft Erdnüsse. Im linken Nasenloch trägt sie einen golden glänzenden Ring. Ich sehe viele Leute herumsitzen und nichts tun. Ich sehe aber auch viele, die fleissig arbeiten: Schneider, Coiffeure, Giesser.

Von der Moschee her ertönt der Ruf des Muezims. Gebetsstunde. Männer breiten ihre Matten aus, schlüpfen aus den Schuhen, verneigen sich und verrichten murmelnd ihre Gebete.

Fort Lamy, Stadt der Gegensätze.

Von Fort Lamy nach Archambauld

Unter mir liegt weites, flaches Land. Gelb und träge schlingen sich die beiden grossen Flüsse, der Lesone und der Chari, durch Äcker, Wiesen und Felder. Neben mir im Flugzeug sitzt eine katholische Ordensschwester. Sie ist Lehrerin in einem Internat in Fort Lamy. Jetzt, während der Ferienzeit, will sie ihren Schülern nachgehen. Sie will schauen wo sie wohnen, um sie und ihre Probleme besser verstehen zu können. Sie kennt das Entwicklungszentrum in Kumra, wohin ich auf dem Weg bin. Sie kennt die Arbeit der zwei Schweizerinnen und ihren französischen Kollegen. So erzählt sie mir schon einiges aus derer Arbeit. Ich vernehme von Acker- und Gartenbau, von Näh- und Haushaltunterricht.

Als sich das Flugzeug senkt, erblicke ich weite Mais - und Hirsefelder, Baumwollfelder und viele Mangobäume.

Hilda und Elisabeth empfangen mich. Wir fahren auf einer roten, holperigen Strasse Richtung Koumra, vorbei an grünen Wiesen, Hirse- und Baumwollfeldern. Kuhherden begegnen uns, geleitet von Männern auf Pferden. Es sind Nomaden, die nordwärts ziehen. Es ist Nacht, als wir in Koumra ankommen.

Koumra

Das Entwicklungszentrum in Koumra wird unterstützt von der Schweizerischen Organisation für Entwicklungszusammenarbeit.

Aus der Organisation des Zentrums:

Ein Komitee von Einheimischen bestimmt von den Anmeldungen, die von den Dörfern eingehen, je zwei junge Männer aus dem gleichen Dorf. Diese kommen mit ihren Familien für ein Jahr ins Zentrum. Die Männer bekommen ein Stück Land zum Roden. Als Lohn dafür bekommen sie so viel Geld, dass sie sich einen Ochsen und einen Pflug kaufen können. Damit bepflanzen sie unter Anleitung das gerodete Stück Land. Der Erlös der Ernte gehört ihnen. Mit diesem Verdienst und mit Ochs und Pflug kehren sie in ihr Dorf zurück. Die Bedingung ist, dass sie die Jungen im Dorf auf dieselbe Weise anlernen. Während ihres Aufenthaltes im Zentrum bekommen die Analphabeten Unterricht im Lesen und Schreiben. Die Frauen lernen Nähen und Kochen und Gartenbau. Zurück im Dorf werden sie von Zeit zu Zeit von den Leitern des Zentrums besucht, beraten und ermutigt. Kurse im Gartenbau, Nähen, Kochen und in Gesundheitspflege werden auch in den Dörfern angeboten.

Wir besuchen zwei Dörfer. Auf der holperigen Strasse fahren wir an grüner Savanne vorbei.

Das erste Dorf finden wir verlassen. Die Dorfbevölkerung ist umgezogen und hat einige Kilometer weiter weg ein neues Dorf aufgebaut, Land gerodet und Hirse und Baumwolle gepflanzt. Der Boden ist höchstens während zwei Jahren bebaubar. Dann muss er ebenso lange brach liegen.

Jede Familie bewohnt ein Gehöft. Runde Sandsteinhäuser mit tiefhängenden Strohdächern ducken sich aneinander. Die Höfe sind mit einem hohen Strohzaun umschlossen. Da drin spielt sich das ganze Leben der Sippe ab. In einem kleinen, runden Häuschen befindet sich die Küche. Irdene Töpfe und Krüge in allen Grössen stehen herum mit kunstvollen Formen und Verzierungen. Das Essgeschirr besteht aus wunderschön geschnitzten Kalebassen von der kleinsten Tasse bis zum grössten Becken.

Die wenigsten Leute verstehen Französisch. Meistens gehen nur die Buben zur Schule. Die ist weit weg, und nicht allen ist es möglich, sie zu besuchen.

Die Leute müssen hart arbeiten, damit sie zu leben haben. Sie leben hauptsächlich vom Anbau von Hirse und Baumwolle, wenig Erdnüsse, wenige Bananen und Mangos. In der Trockenzeit ist das Land ausgedorrt und unfruchtbar. Die Einführung von Hühnerzucht und Milchwirtschaft wird überlegt, damit sie Milch, Eier und Dünger haben.

Begegnung am Rand der Wüste

Ich spaziere an mannshohen Hirsefeldern entlang. Ihre schmalen, langen, grünen Blätter glitzern in der Sonne. Ein riesiges, blühendes Baumwollfeld dehnt sich vor mir aus. Die weissen und roten Blüten sehen aus wie Rosen. Um die Weihnachtszeit herum kann die Baumwolle geerntet werden.

Vier Männer pflügen ein Feld. Zwei lenken den Ochsen und zwei den Pflug. Ich gelange in einen lichten, niederen Wald. Bunte Schmetterlinge gaukeln herum. Vögel singen. Eidechsen huschen über den Weg. Da schwirrt ein feuerrotes Vögelchen auf einen Zweig.

Plötzlich steht eine junge, fast nackte Frau vor mir. Um ihre Lenden hat sie eine Schnur gebunden und vorne ein Tüchlein daran befestigt. Auf dem Kopf trägt sie eine Riesenkalebasse gefüllt mit Wasser und obendrauf ein Bündel Holz. Auf ihren Rücken hat sie ihr kleines Kind fest gebunden. Sie spricht mich freundlich lächelnd an, doch ich verstehe sie nicht. Mit Gesten und Mimik versuche ich mich verständlich zu machen. Stumm, von Zeit zu Zeit einander zulächelnd, gehen wir nebeneinander her, bis sich unsere Wege trennen. Sie wandert weiter durch das Wäldchen. Ich gehe wieder den Feldern entlang zum Zentrum zurück.

Markt in Koumra

Lautes, buntes Treiben umgibt mich. Frauen stehen oder hocken vor ihrer Ware. Sie verkaufen Hirse, Mais, Erdnüsse, Piment und verschiedene Blättergemüse. Der scharfe Geruch von geräuchertem Fisch steigt mir in die Nase. Angenehmer ist der Duft vom frischen, noch warmen Brot, das an vielen Ständen verkauft wird. Ausserordentlich kunstvoll geflochtene Matten und Körbe werden angeboten. Araber versuchen gebrauchte Kleider und Stoffe abzubringen. Der Ware sieht man an, dass sie schon lange herumlag und dem Strassenstaub ausgesetzt war. Da hocken zwei alte, schwarzgekleidete Frauen neben einem Stand am Boden vor ihren Kalebassen mit roter und weisser Hirse. Ihr krauses Haar ist zu langen Zöpfchen geflochten. Am Nasenloch blinkt ein Ring. Um die Schultern tragen sie an geflochtenen Strohbändern verzierte Kalebassen, die als Wasserflaschen dienen.

Einige Kinder begleiten mich durch den Marktplatz. Sie möchten ein Foto haben. Frauen sehen mich mit grossen Augen verwundert an. Es wird ihnen komisch vorkommen, eine unbekannte weisse Frau auf dem Markt spazieren zu sehen. Auf meinen Gruss "Lale" erhellen sich ihre Gesichter zu einem Lachen. Sie strecken mir ihre Hand entgegen. Sprechen können wir nicht miteinander. Auch sie verstehen nicht Französisch.

Um den Marktplatz herum suchen Schweine mit ihren Jungen im Abfall nach etwas Fressbarem. Ein Geier stürzt sich auf Fleisch- und Fischresten.

Besuch des Spitals der Baptistenmission

Auf einem freundlichen Areal mit grüner Wiese, vielen Bäumen und bunten Blumen stehen die weissen, schmucken Gebäude des Spitals. Etwas abseits davon in kleineren Häusern sind die Wohnungen der Pfleger und Pflegerinnen. Nach einer fünfjährigen Lehrzeit im Spital sind sie vom Staat anerkannt als diplomiertes Pflegepersonal und können selbständig eine Pflegestation leiten.

Für mich gibt es in diesem Spital viel zu sehen, zu loben, zu vergleichen, zu bedauern.

Eine amerikanische Hebamme führt mich durch die Geburtenabteilung. Dreimal wöchentlich ist Schwangerschaftskontrolle. Eine lange Reihe junger Frauen wartet bis die Pflegerin ihnen einen Zettel in die Hand drückt für die Laboruntersuchung und für die Kontrolle bei der Hebamme. "Jährlich werden gegen tausend Kontrollen gemacht, aber nur etwa die Hälfte der Frauen werde zur Geburt ins Spital kommen", berichtet die Hebamme.

Wie in Lambarene bringen die Patienten ihre Familienmitglieder mit und den ganzen Hausrat. In Sechsersälen stehen schwarze Eisenbetten ohne Matratzen. So wie sie sich gewohnt sind, legen die Leute ihre Matten zum Schlafen auf die Betten. Die Räume sind hell mit einem Betonboden. Auch hier scheint man Mühe mit der Ordnung zu haben. Den Frauen steht eine Dusche zur Verfügung, die sie aber nicht zu benützen verstehen und brauchen diese oft als WC. Die Kinderbettchen neben den Betten sehen aus wie Einkaufswagen. Während des Spitalaufenthaltes bekommen die Frauen Kleider und Windeln für das Kind, die sie selber waschen müssen. Die Wöchnerinnen bleiben drei bis vier Tage im Spital, nachher sollten sie täglich zur Pflege des Nabels ins Spital kommen. Die Gefahr von Tetanus sei hier sehr gross. Der leitende Arzt sagt mir, sie hätten etwa 3-4 Fälle im Monat! Serum sei keines vorhanden und geimpft werde nicht! (Warum?)
Ich darf bei einer Geburt dabei sein. Eine afrikanische Hebamme leitet sie gut und sauber.
Zweimal in der Woche wird operiert. Im Saal der Frischoperierten liegen die Patienten auf blutverschmierten Matten! Eine junge Frau liegt in einem schmutzigen, blutigen Hemd da, auf der frischen Wunde nur eine Kompresse, kein Verband. Sie sei sehr anämisch, aber Bluttransfusionen könnten hier keine gemacht werden. Offenbar fehlt es an Medikamenten und Pflegematerial. Ich denke an unsere Patienten in Lambarene, die auf sauberen, weissen Leintüchern liegen und mit allem, was sie brauchen, gepflegt werden können.
Ich werde weiter durch das Areal geführt. Neben den Bettenstationen stehen zwei kleine strohbedeckte Rundhütten, die als Küche für die Angehörigen der Patienten gedacht waren. Sie würden aber ungern benützt. Die Leute täten lieber irgendwo im Freien ihre Feuerchen machen. So würden diese Rundhütten als Isolierstationen für Schwerkranke gebraucht, berichtet der Arzt. In einer dieser Hütten liegt auf dem blossen Erdboden ein Junge in Krämpfen. Tetanus! Bei vollem Bewusstsein liegt er da, mager, ausgetrocknet, in einem miserablen Zustand! Am linken Bein hat er eine schlechtverbundene Wunde, schmutzig und voller Fliegen. Er sei seit zwei Wochen da

und werde wahrscheinlich sterben, sagt der Arzt. Sie könnten nichts anderes tun, als die Wunde reinigen und ihm Beruhigungsmittel geben. Aber warum lässt man ihn am Boden liegen und warum gibt man ihm kein Bett, keine Infusion? Mit zu wenig Personal gehe vieles nicht so, wie man möchte, meint der Arzt. Ich werde die flehenden, hilfesuchenden, grossen Augen des Jungen nicht vergessen können.

Koumra – Fort Archambauld – Douala

Verspätet kommt das Flugzeug an, verspätet fliegt es ab und verspätet bei Regen landet es in Fort Lamy. Alles sieht nass und unfreundlich aus. Doch werde ich von einer Hostess freundlich lächelnd empfangen. Gegen Abend kann ich weiterfliegen und komme bei Dunkelheit in Douala an.

Ich bin bei der protestantischen Missionsstation angemeldet. "Bei der grossen oder bei der kleinen"? fragt der Taxifahrer. Ja, wenn ich das wüsste! "Also bei der grossen", entscheide ich. Sicher fährt er mich durch die regennassen Strassen der grossen Stadt. Hoffentlich komme ich ans richtige Ort, denke ich. Ich werde von einer älteren Dame begrüsst. Es riecht nach Essen und es ist mir etwas peinlich, um diese Zeit zu erscheinen, aber ich bin am richtigen Ort.

Auf der Missionsstation logieren Leute aus verschiedenen Ländern. Einige sind zurückhaltend und wollen scheinbar keinen Kontakt. Ich komme ins Gespräch mit zwei Lehrerinnen und einem Lehrer aus Norwegen. Sie arbeiten auf einer Missionsstation im Norden Kameruns. Sie hätten auch ein Spital mit 200 Betten, das von einem europäischen Arzt und zwei Krankenschwestern geleitet werde, die die Afrikaner zu Pfleger ausbilden.

Zwei deutsche Lehrer aus einer deutschen Schule in den Pyrenäen sind auf einer Afrikareise.

Sie berichten von ihren Erlebnissen an ihrer Schule und von ihrer Reise bis Douala.

Auf dem Markt in Douala

"Les oeux, Madame, toujours tout frais, Madame". Eine dicke Kamerunerin lacht mich hinter einem Berg Eier an. Buben mit leeren Kartonschachteln laufen mir nach. Sie wollen mir gegen einen kleinen Lohn einkaufen helfen. Die Wege sich nass und voller schmutzig gelber Pfützen. "La salade, Madame, les carottes, des papayas, aubergines, ananas, venez, Madame. Venez chez moi, le bon tissue, Madame". Alles ist zu haben auf diesem farbenprächtigen Markt. Von Haarspangen bis zu kleinen Pümpchen für Einläufe, Knöpfe, Faden, Stoffe, Spitzen. An einer langen Reihe sitzen die Schneider an Nähmaschinen. Sie nähen Hosen und Hemden am laufenden Band.

Auf dem Fleischmarkt bietet man mir Filet, Nieren- und Leberstücke an. Hühner gackern in Körben.

Ein Junge spaziert mit einem grossen, schwarzen Pudel herum. An seinem Halsband steht: "Zu verkaufen". Ärmlich gekleidete Frauen wollen Taro, Piment, Maniokblätter verkaufen. Ein Mann bietet Körbe, Taschen und Korbsessel für Kinder an.

Den ganzen Tag regnet es. Trotzdem mache ich gegen Abend einen Spaziergang durch die Strassen der Stadt. Einige Kinder spielen. Junge Burschen schlendern herum, die Hände in den Hosentaschen, im Mundwinkel lässig eine Zigarette. Die Feuchtigkeit hängt schwer in der Luft. Ich gehe an Pfützen und Schmutz vorbei. Am Strassenrand kauert ein kleines Mädchen und verrichtet sein Geschäft. Eigentlich wollte ich zum Hafen, finde aber den Weg nicht und gehe zurück. Das kleine Mädchen steht jetzt in einer tiefen Pfütze und wäscht sich die Beine. Scheu lächelnd schaut es mich an. Arm in Arm spazieren zwei Schulmädchen freundlich grüssend an mir vorbei. Sie setzen sich auf eine Mauer und winken einem vorbeifahrenden Schiff zu. Wie ein Sonnenstrahl wirken die beiden auf mich in der düsteren Umgebung.

Auf nach Abidjan

Wie doch die Welt ein ganz anderes Aussehen bekommt, wenn die Sonne scheint! Nach einer regenreichen Nacht kämpft sie sich durch graue Wolken und lässt die Stadt aufleuchten.

Zwischen den hohen Schiffsmasten glitzert die Silberfläche des Meeres.

Auf dem Büro der Air Afrique erkundige ich mich nach dem Flug nach Abidjan am nächsten Tag. Das Flugzeug startet um 05.30 Uhr und ich muss um 4.45 Uhr am Flugplatz sein! Das heisst, früh aufstehen.

Der Sohn der Leiterin der Missionsstation fährt mich durch die nächtlichen, nassen Strassen zum Flugplatz. Die wenigen Leute am Flugplatz sehen noch recht verschlafen aus. Die Porteure schlafen in den Polstersesseln.

Wir fliegen dem Morgen entgegen. Bald weicht die Dunkelheit. Es wird grau, hellgrau und dann wölbt sich ein tiefblauer Himmel über uns und unter uns liegt ein weisses Wolkenmeer, aus dem ein hoher, blauer Berg ragt. Langsam werden die Wolken lichter. In der Tiefe sieht es aus, als ob kleine Wolkenbällchen auf dem Meer schwimmen würden. Zaghaft guckt die Sonne durch eine Wolkenspalte. Ich wünsche mir ein wenig Wärme. Es ist kalt im Flugzeug. Zwei Stunden sind wir schon unterwegs. Endlich kann ich mehr sehen. Wir befinden uns über Nigeria. Ich erblicke dunkelgrüne Wälder, durch die sich rote Strassen ziehen. Vereinzelte Dörfer erscheinen, ein breiter Fluss und schon verdecken Wolken wieder die Sicht. Und ich denke daran, dass über diesem friedlich scheinenden Land dort unten noch andere Wolken schweben, Wolken des Biafrakrieges. In einigen Minuten werden wir in Lagos landen.

Von bewaffnetem Militär werden wir am Flughafen bewacht. Es sieht öde und leer aus. Kein Restaurant ist geöffnet. Die Pässe der Afrikaner und die eines Chinesen werden kontrolliert. Nach 45 Minuten können wir wieder ins Flugzeug steigen. Doch, als es starten soll, wird die Treppe nochmals hingefahren. Zwei Polizisten steigen ein und suchen nach einem Mann. Nichts. Das Flugzeug startet, kehrt jedoch wieder zurück. Etwas stimmt nicht. Es kann nicht abheben. Wir warten im Flugzeug. Endlich nach eineinhalb Stunden fliegen wir wieder über den Wolken.

Unfreiwilliger Aufenthalt in Cotonou
Vor der Landung in Cotonou hält sich das Flugzeug plötzlich ganz schief. Die Wälder und Häuser kommen auf uns zu. Das Geräusch der Motoren tönt gedämpfter. Doch kommen wir wohlbehalten auf der Piste an. Der Flugplatz von Cotonou liegt zwischen Palmenwäldern direkt am Meer. Wir warten eine Stunde. Mit dem Flugzeug stimmt etwas nicht. Nach zwei Stundenwill der Motor immer noch nicht gehen. Schliesslich wird uns ein Mittagessen serviert. Es wurde 15 Uhr. Um 12 Uhr hätte ich in Abidjan sein sollen. Zum Glück sind wir nicht in Lagos hängengeblieben beim Militär. Und zum

Glück ist in der Luft nichts passiert. Der Pilot, die Mechaniker schütteln die Köpfe: "Il est complêtement fichu".

Auf Kosten der Air Afrique werden wir in ein feudales Hotel in Cotonou gebracht direkt am Meer. Mit Wucht fluten die meterhohen, schäumenden Wellen ans Ufer. Es rauscht, es tobt an- und abschwellend. Ich sitze am Strand und schaue dem Naturgeschehen zu.

Ich beobachte zehn Männer, wie sie ein grosses Fischerboot ins Wasser schieben. Wie Ungeheuer kommen die Wellen auf sie zu. Behände springen sie ins Boot und rudern gegen die mächtigen Wellen ins Meer hinaus. Nur der Steuermann steht noch im Wasser, das ihm inzwischen bis an die Hüften reicht. Mit der folgenden Welle schwingt auch er sich aufs Schiff, bleibt aufrecht stehen und lenkt das Boot auf die Wellen zu. Jeder Wellenberg hebt das Schiff vorne in die Höhe, so dass es einen Moment senkrecht steht und zu kippen droht. Mein Blick verfolgt die Männer auf ihrer Berg- und Talfahrt bis sie und ihr Schiff nur noch als kleines, tanzendes Pünktchen zu sehen ist.

Durch die Panne bin ich mit einigen Passagieren ins Gespräch gekommen. Ein älterer, holländischer Holzhändler, der nicht Französisch kann, ist froh, dass ich ihm helfe. Ein französischer, weitgereister Fabrikant macht mit uns im Mietauto eine Stadtbesichtigung und eine kleine Fahrt in der Umgebung.

Am Strand komme ich mit einer jungen Frau ins Gespräch. Sie ist aus Nigeria geflüchtet. Seit Tagen wartet sie mit ihrem ein Jahr alten Töchterchen auf ihren Mann, der aus dem Kriegsgebiet kommen soll. - Und die gute Nachricht am Abend: Er ist angekommen.

Ueber Nacht bleiben wir im Hotel und werden am anderen Tag mit einer anderen Maschine weiter nach Abidjan fliegen können.

Abidjan

Nach einem angenehmen, ruhigen Flug komme ich in Abidjan an. Ein Missionar holt mich ab und führt mich zu Doris Stricker in die evangelische Buchhandlung, wo ich aufs herzlichste empfangen werde. Ich darf in ihrer und ihrer Freundin Wohnung logieren. Die beiden Schweizerinnen, Lotti und Doris arbeiten für die Bibelmis-sion. Ihr Buchladen befindet sich in der Nähe des grossen Marktes an einer verkehrsreichen Strasse. Doris ist unkompliziert und heiter.

Lotte lerne ich nicht kennen, Sie ist auswärts an einer Zusammenkunft. Auch Doris wird für fünf Tage weg gehen und mir in dieser Zeit ihre Wohnung überlassen. Die Wohnung befindet sich in einem Hochhaus mit Sicht auf die Lagune und über die Dächer der Stadt. Die beiden Freundinnen sind die einzigen Weissen, die in diesem Quartier wohnen. Auf den Spielplätzen schreien, toben, lachen spielende Kinder.

Auf der Wiese liegt Wäsche zum Trocknen. Eine Mutter sitzt im Gras und stillt ihr Kind. Um einen Baum herum hocken Frauen in bunten Gewändern, lachen, schwatzen und schlagen den Mörser. Auf ihrem Rücken schlafen ihre Babys. Ein ungewohntes Bild vor einem Hochhaus in einer modernen Stadt.

Abidjan liegt eingebettet zwischen zwei Lagunen. Eine Brücke verbindet die beiden Stadtteile.

Ich besuche im Hotel Ivoire eine Ausstellung mit afrikanischen Kunstgegenständen. Am Nachmittag habe ich ins Museum gehen wollen, komme aber gar nicht dazu. Der Markt hält mich gefangen. Ich bewundere schön verzierte, rote Tontöpfe und Krüge. Gerne hätte ich einen gekauft, aber sie sind alle zu gross zum Mitnehmen. Abidjan hat gute Busverbindungen in alle Quartiere, doch die Europäer fahren nie damit. Ich sehe nicht ein, warum ich ein Taxi nehmen soll, wenn ich für 20 frs. (40 Rp) in der ganzen Stadt herum fahren kann. Ich benütze gerne den Bus, obwohl ich die einzige weisse Passagierin bin und erstaunt angeschaut werde. In der Stadt kann ich mich bewegen, ohne besonders aufzufallen. Es hat viele Weisse hier. In den Parkanlagen sitzen viele weisse Mütter mit ihren Kindern.

Ich lerne Familie Schmid kennen. Herr Schmid ist IKRK-Abgeordneter in Westafrika. Die Familie wohnt in einem kleinen Haus ausserhalb der Stadt und lädt mich zu einem Besuch ein. Wir sitzen unter Kokospalmen am Meer. Am Strassenrand hocken Moslems und wollen Kokosnüsse frisch vom Baum verkaufen.

Besuch im Kinderheim
Wir fahren durch eine grüne Landschaft mit Wiesen und Wald. Etwa 50 km von Abidjan entfernt liegt ein Kinderheim der Methodistenkirche, wohin mich Frau Schmid führt.

In diesem Haus werden 120 Waisenkinder betreut. Alles ist blitzblank und glänzt vor Sauberkeit.

Die Kleinen liegen in Holzbettchen gut gepflegt und hübsch gekleidet. Aber ich sehe kein Kind lachen. Sie liegen reglos da, umgeben von vier Wänden und können untereinander keinen Kontakt aufnehmen. Sie sehen höchstens die Blätter an den Bäumen. Von Zeit zu Zeit erscheint vor ihnen ein Gesicht. Sie werden im Bett gewickelt und der Schoppen wird ihnen ins Bett gelegt. Sie haben keinerlei Anregung. Kaum jemand nimmt sie auf den Arm oder spricht mit ihnen. Alle erscheinen mir in ihrer Entwicklung zurückgeblieben zu sein.

Die Grösseren sitzen auf einer Matte auf der Wiese und machen keinen Wank. Sie kriechen nicht. Sie stehen nicht auf. Sie haben nichts zum Spielen. Sie sitzen einfach da. Für die zehn Kinder auf der Matte sind zwei Helferinnen da, die froh sind, wenn sich die Kinder ruhig verhalten und sie auch ihre Ruhe haben. Sie spielen nicht mit ihnen, sie sprechen nicht mit ihnen. Die Leiterin, eine Französin, wolle das so haben. Sie habe Angst vor Infektionen. Vor dreissig Jahren habe sie das Heim gegründet.

Sauberkeit allein hilft nicht zu einer gesunden Entwicklung!

Die Schweizerin, die mithilft, sieht wohl, dass den Kindern etwas fehlt. Sie könne aber nichts ausrichten.

Ich bin erschüttert und empört über dieses Verhalten und hoffe, dass das Rote Kreuz sich darum kümmert.

Ein bewegter Morgen in der bewegten Stadt

Im Swissairbüro lasse ich mein Flugticket umschreiben, so kann ich von Abidjan direkt nach Zürich fliegen ohne Umweg über Paris. Auf dem Schweizer Konsulat besuche ich Frau Prisi, die ich bei Schmids kennengelernt habe. Sie da Sekretärin. Auf der Terrasse des Restaurants Pam-Pam geniesse ich einen Kaffee und beobachte das Treiben der Stadt. Ein Zeitungsverkäufer will mir die "Fraternité" verkaufen. Vier junge Schuhputzer bieten mir ihre Dienste an. Ein Kind spaziert durch die Strassen und will bunte Kleider verkaufen.

Plötzlich sehe ich gegenüber einen "Döschwo", der mir bekannt vorkommt. Am Fenster klebt ein Bild von Lambarene. Darauf lese ich: Lambarene – Kango – Nyamey – Ouagadougou – Abidjan. Da kommt auch der Besitzer um die Ecke, ein junger Franzose, der durch halb Afrika reist und vor einigen Wochen in Lambarene war. Ich erinnere mich an das Plakat, das er am Auto hatte: "Gesucht junges, blondes Mädchen als Begleiterin". Jetzt kommt der Mann elegant gekleidet daher mit einem Stoss Bücher unter dem Arm. Ueberrascht begrüssen wir uns. Er arbeite hier, um sich die Schiffsreise nach Hause zu verdienen.

Nochmals besuche ich den Markt in Trecheville, den grössten und buntesten aller Märkte in Abidjan. Ein Mann will mir unbedingt ein Huhn verkaufen. Ein Moslem bestürmt mich mit Tierköpfen aus glänzendem Ebenholz.

Von Abidjan nach Ferkessedougou

Wie ein Posthorn hupend flitzt der Zug nordwärts. Ich sitze bequem in einem roten Polstersessel, als einzige weisse Passagierin in diesem langen Zug. Die Reise von Abidjan bis an die Grenze des Landes dauert den ganzen Tag. Wir fahren durch Dörfer, wo Leute winken und uns zurufen, durch Bambuswälder und Bananenplantagen. Sobald der Zug hält, stürmen Frauen und Kinder mit riesigen Becken auf dem Kopf daher. Sie wollen Bananen, Orangen, Mandarinen, Zitronen, Brot, Fische und Süssholz verkaufen. Mein Sitznachbar bringt mir Mandarinen und Bananen. Wenn ich gewusst hätte, was man unterwegs alles kaufen kann, hätte ich keinen Lunch mitgenommen.

Je nördlicher wir kommen, desto lichter wird der Wald, bis wir nur noch durch Savanne fahren. Die Bananenplantagen sind verschwunden. Wir fahren nun an Maisplanzungen vorbei. An den Haltestellen werden keine Früchte mehr verkauft. In Dimboktro bietet man uns wunderschöne, geflochtene Körbe an. Immer häufiger tauchen Minarette auf. Da oben leben vor allem Moslems, hat Walter mir gesagt, und denen sei manchmal nicht zu trauen. Ich solle vorsichtig sein.

Plötzlich erhebt sich aus der Ebene eine Bergkette, der 650 m hohe Berg von Niangbo.

Es dämmert, die Nacht bricht ein. Sterne funkeln. Zwischen dem Rattern der Räder vernehme ich verzerrte Vogeltöne. Wie ich in Ferkessedougou ankomme, ist es stockfinstere Nacht. Ich bin angemeldet im Baptistenspital und nahm an, dass mich jemand abholen würde. Aber niemand ist da, nur ein Taxi, das sich mit lachenden Frauen und Männern füllt. Mir bleibt nichts anderes übrig, als mich auch einzuzwängen. Der Taxifahrer ist ein Moslem. Ich soll doch aufpassen, hat Walter gesagt. Und da sitze ich nun in einem überfüllten Taxi als einzige weisse Person unter Afrikanern. Der Fahrer fährt seine Runde an verschiedene Ziele der Leute. Am Schluss bin ich noch allein im Auto. Wo wird er mich nun hinführen? Aber das Taxi bringt mich wohlbehalten zum Spital, wo ich erwartet werde und herzlich aufgenommen werde.

Das Baptistenspital

Zwei amerikanische Ärzte und drei Krankenschwestern leiten das Spital, unterstützt von einer Medizinstudentin und einheimischem Pflegepersonal. Täglich werden etwa 100 Konsultationen ausgeführt. Das Spital fasst 50 Betten.

Ich kann mit Dr. Slater auf Visite gehen und nachher im OP zusehen. Die Operationen werden in Lumbalanästhesie ausgeführt. Vor jeder Operation wird gebetet. Es werden nur Pfleger angestellt, die Christen sind!

Die Patientenhäuser sind grösser und schöner als in Lambarene. Das Personal muss sich aber mit den gleichen Schwierigkeiten abgeben wie wir in Gabun: Mühe mit der Sauberkeit und Mühe mit der Verlässlichkeit der Einheimischen. Auch hier wollen die Leute das WC nicht benützen! Auch hier betreuen die Angehörigen ihre Kranken, pflegen sie und kochen für sie. Für die Nahrung sind die Familien selber verantwortlich. Im Spital wird kein Essen ausgegeben.

Erfüllt von vielen Eindrücken und Erlebnissen fahre ich mit dem Zug wieder nach Abidjan zurück.

Nun geht es mit einem Flug flugs nach Hause.

24 Jahre später: August bis Oktober 1991

Zürich - Libreville

Nach einer sanften Landung des Flugzeugs werde ich in Libreville mit feuchter, 24 Grad warmer Luft und lautem, buntem Treiben empfangen. Ein finster dreinblickender Beamter schlägt mit lautem Knall einen Stempel in meinen Pass. "Reisende fürs Hotel Okoume sollen sich nach dem Zoll beim Swissair-Schalter melden", ertönt es aus dem Lautsprecher. Bis mein Gepäck kommt, vergeht über eine Stunde. Durch den Zoll komme ich reibungslos. Der Swissair-Schalter ist nirgends zu finden. Von mehreren Jungen werde ich bestürmt, die mein Gepäck tragen wollen. Sie wollen nicht verstehen, dass ich nur einen brauche und ein Taxi. Ich erkläre ihnen, dass ich sie erst im Hotel bezahlen könne, weil ich kein Kleingeld habe. So führt mich das Taxi samt dem Gepäckjungen durch breite Strassen zum Hotel Okoume. Wenn ich meinte, in ein kleines, gemütliches Hotel zu kommen, bin ich überrascht, in einem in einem modernen, riesigen Bau zu landen. "Hotel Okoume Palace Interkontinental". Der Taxichauffeur wollte 2000 CFA von mir, doch der Portier weist ihn zurecht, dass dieser Tarif erst ab 21 Uhr gelte. Bis dahin koste es 1000 CFA.

Da ich vom Swissair-Schalter am Flughafen keinen Stempel hätte, müsse ich das Essen selber bezahlen und morgen im Büro der Swissair in der Stadt vorbeigehen. Hunger habe ich nicht. Neben den zahlreichen feudalen Läden in der riesigen Hotelhalle finde ich das Restaurant neben einem Schwimmbad und Tennisplätzen. Riesig, ungemütlich und luxuriös. Ich trinke einen Fruchtsaft und kaufe eine Flasche Perrier.

Die Luft in meinem Zimmer No 4001 ist muffig. Die Lüftung läuft nicht.

Libreville

Um 5 Uhr erwache ich. Vom Bett aus sehe ich die Lichter der Stadt. Dunkle Baumwipfel bewegen sich leicht im Wind. Ich beobachte den beginnenden Tag und horche auf seine Geräusche. Der Himmel ist behangen mit grauen Wolken, die sich in der Ferne mit dem Grau des Meeres vereinen. Palmen säumen die Strasse. Taxis rauschen vorbei. Hähne krähen. Es ist hell geworden. Der Strand belebt sich mit Spaziergängern und Joggern. Begleitet von einem lauen, angenehmen Wind spaziere ich auf dem glatten, festen, rötlichen Sand am Meer entlang. Ruhig plätschern die Wellen. Feuchtigkeit und Salz liegt in der Luft. Ein kleiner Vogel stelzt im seichten Sand herum. Unter einem Baum suchen Kinder nach irgendwelchen Früchten.

Dann geniesse ich ein feines Frühstück mit Grapefruitsaft, Ananas, Bananen und Orangen.

Nun will ich mich auf dem Weg dem Strand entlang zur Stadt machen. Doch die Distanz scheint etwas weit zu sein. Schlussendlich nehme ich ein Taxi. Im Swissairbüro treffe ich den Direktor des Schweitzer-Spitals, Herr Nething mit Frau und den zwei Kindern. Sie sind mit dem Auto von Lambarene gekommen, um die Eltern abzuholen, die morgen ankommen werden.

Ich vernehme, dass mein Flugzeug nach Lambarene schon um 7.30 Uhr abfliegt, nicht um 8.30 Uhr wie auf dem Billet vermerkt. Gut, bin ich hier vorbei gegangen.

Nethings fahren mich durch die Stadt und die nähere Umgebung. Hochhäuser stehen neben ärmlichen mit Wellblech beschlagenen Hütten. Auf einem Hügel thront der Palast des Präsidenten Omar MBongo, umgeben von einer Mauer. An den Strassenrändern hocken Leute vor Gemüse, Früchten, Kokosnüssen, Holzbündeln. An einem Stecken zusammengebundene lebende Krebse werden zum Verkauf angeboten. Wir gehen Einkaufen im Supermarkt "MBolo". Alles wird hier angeboten aus Afrika und Europa. Aber Geld braucht es. 1 kg Kartoffeln kostet 7 Schweizerfranken. Äpfel sind etwas billiger, 3 CHF das Kilo.

René Nething berichtet über die mühevolle Arbeit mit der einheimischen Bevölkerung. Ihre Art zu leben und zu arbeiten scheint ihm Mühe zu machen.

Am Abend sehe ich einen Fernsehbericht über einen Besuch von MBongo bei Mitterand in Paris. Roter Teppich für ihn. Schöne Gespräche über mehr Entwicklung und Zusammenarbeit.

Im Hotel findet ein politischer Kongress statt. Dunkel gewandete, gut genährte Herren mit Aktenmappe wandeln geschäftig hin und her. Andere sitzen lässig in Sesseln bei eingehenden Gesprächen mit bunt gekleideten Damen. Ich begegne einem Abgeordneten von Sierra Leone in wallender Tracht. Am Abend steht das Auto des Innenmisters vor dem Hotel. Der Hoteleingang ist umsäumt von ernst dreinblickenden, einsatzbereiten Polizisten.

Lambarene. Vom Gestern zum Heute

Laute Stimmen und Gelächter, Radiomusik, das Zirpen der Grillen und das an- und abschwellende Quaken der Frösche dringen in mein Zimmer. Ich sitze am Tisch und lasse den Tag Revue passieren. Es ist heute viel passiert, dass ich nicht weiss, wo beginnen.

Mit eineinhalb Stunden Verspätung kam das Flugzeug in Lambarene an. Das gelbe Flugplatzgebäude, die rote Naturpiste sind unverändert. Maria (Meieli) Senn und Albert Frey erwarteten mich. Meieli ist in Vertretung der Hausbeamtin da. Albert Frey betreut das Museum. In der Pflege arbeiten nun ausschliesslich afrikanische Angestellte.

Auf der roten Strasse rumpelte das Auto Richtung Spital. Keine romantische Bootsfahrt mehr auf dem Ogowe. Kein Glockengeläute mehr zum Empfang. Zwei Brücken führen nun über die Flussarme direkt zum Albert-Schweitzer-Spital. Damit ist Lambarene auf einer gut ausgebauten Strasse mit der Hauptstadt Libreville verbunden.

Träge fliesst der Fluss zwischen den Sandbänken hindurch. Mir ist, als sei ich erst gestern hier gewesen. Die Gegend scheint sich nicht geändert zu haben.

Ich wohne im ehemaligen Zimmer von Maria Langendijk. Und da hing zu meiner Ueberraschung ein weisses Kleid mit meinem Namen, das ich selber vor 25 Jahren getragen hatte! Ein schöner, nostalgischer Empfang! Wahrscheinlich wurde es von Maria benützt.

Die Zimmer sind nun mit fliessendem Wasser und elektrischem Licht eingerichtet. Zwei Zimmer weiter hat es ein WC. Ich muss also nicht mehr nach "Hinterindien" gehen! Zum Duschen kann ich die Duschen neben dem Sans-Souci benützen, die noch zu meiner Zeit gebaut wurden.

Alle Zimmer in diesem Gebäude sind von afrikanischen Angestellten bewohnt. Neben mir haust Maman Susanne (nicht meine alte Maman Susanne von damals). Ich bin die einzige Weisse hier. Die europäischen Angestellten wohnen alle für sich in eigenen Häusern.

Das Mittagessen ist im alten Esszimmer am gleichen langen Tisch wie früher. Es gibt Schweinsbraten, Blumenkohl, Brotfrucht und zur Vorspeise Kochbananen. Die Küche befindet sich nebenan, wo früher das Office war. Die alte Küche im Hof ist abgebrochen worden. Auch das Haus der weissen Kranken wurde abgebrochen. Morgen werde ich eine ausführliche Spitalbesichtigung machen.

Spaziergang nach Moussamoukougou

Zunächst wandern Meieli und ich entlang einer neuen Strasse, die zur Kehrichtverbrennungsanlage führt, dann auf einem schmalen Pfad durch den Wald nach Moussamoukougou. Das Dorf ist für mich eher eine Enttäuschung. In Erinnerung habe ich ein schönes, gepflegtes Dorf. Jetzt erscheint es mir unsauber, verwahrlost. An Stelle der Palmblätterwänden der Häuser sehe ich Bretterverschläge, zum Teil von Termiten zerfressen.

Zurück gehen wir auf der Strasse Richtung Adouma. Es ist viel Verkehr. Die Autos fahren schnell und wirbeln roten Staub auf, der die Bäume überpudert. Am Strassenrand liegen rostige Autowracks. Fahruntüchtig wurden die Fahrzeuge einfach stehen gelassen.

In Adouma hat sich nicht viel geändert. Ich sehe einige Steinhäuser, aber sonst nur dürftige Hütten und ärmlich gekleidete Leute. "Fortschritt" findet offenbar nur in der Stadt statt.

Am Abendtisch komme ich ins Gespräch mit Giacomo, einem italienischen Arzt, und mit einem deutschen Zahnarzt, die zu Besuch da sind. Gegenüber sitzt ein französischer Ehepaar und ein amerikanischer Student. Giacomo und der Zahnarzt berichten, was sie über Albert Schweitzer gelesen haben. Es scheint doch etwas vom Geist Schweitzers da zu sein.

Nachdenklich sitze ich in meinem Zimmer. Nachdem das Radio nebenan abgestellt wurde, höre ich das Trommeln eines Tam-Tams und Singen. Mit diesen Geräuschen schlafe ich ein, wohlbehütet unter dem Moskitonetz. Mitten in der Nacht erwache ich. Lange höre ich das aufdringliche Quaken der Frösche.

Alte Bekannte

Am frühen Morgen sind die Frösche verstummt. Dafür tönt das monotone Zirpen der Grillen lauter. Vor meiner Tür findet ein Palaver zwischen einer Frau und einem Mann statt, Schläge, Schimpfen, dann gehen sie weg. Nachdem die Grillen verstummt sind, singen die Vögel und Tauben gurren. Ob wohl mein "Stille-Nacht-Vogel" noch da ist?

Von meinem Zimmer aus sehe ich zwischen einem Hybiskusstrauch, Bananenbäumen und Palmen hindurch den Fluss. Grau und still wie ein See liegt er da. Die Sandbänke reichen beinahe bis zur katholischen Missionsstation. Das gegenüberliegende Ufer liegt im Dunst.

Mich lockt ein Morgenspaziergang. Ich gehe den schmalen Weg hinunter zu den alten Spitalgebäuden. Leer, verlassen stehen sie da. Sie kommen mir kleiner, ärmlicher vor, als ich sie in Erinnerung habe. Die ehemalige Kinderkonsultation ist in eine Wohnung umgewandelt worden. Die anschliessenden drei Krankenbaracken sind abgebrochen worden. Ihr Gerippe wirkt dunkel, gespenstisch. Meine ehemalige, schöne Pouponnière und die Kindercase machen einen verwahrlosten Eindruck. Hier wohnen Angestellte. Die Terrasse ist zugebaut. Die Kindercase und die Case Japonaise scheinen unbewohnt zu sein. Mama Sansnom ist nicht mehr da. Vor einem Haus hocken alte Leute. Ein Alter klagt, er habe keinen Tisch.

Annemarie, die Tochter von Njama erkennt mich. "Oh, du bist immer noch gleich. Du hast dich nicht verändert". Aber sie hat sich verändert. Aus dem schmalen Kind ist eine dicke Frau geworden. Das singende Französisch und der Akzent der Gabuner sind jedoch immer gleich.

Da kommt Alice gesprungen: "C'est Marianne? Oui, c'est Marianne. Je te connais. Bonjour, bonjour".
Ueberschwängliche Umarmung ."Kommst du auch in die Kirche?", fragt sie.

Der Kirchenraum ist unten am Fluss, wo früher die Rationen ausgegeben wurden und wo das Haus der Unfallkranken stand. Letzteres ist abgebrannt. Ein Haus für Versammlungen ist hier nun entstanden.

Albert Frey ist Pfarrer aus dem Elsass und Schweitzers Patenkind. Er hält die Predigt. Maman Susanne ist die "Chorleiterin" und Vorsängerin. Wieder beeindruckt mich der mehrstimmige, mitreissende Gesang mit viel rhythmischen Bewegungen und Klatschen.

Rundgang im alten Spital und Besuch im Lepradorf

Mit Meieli und Albert mache ich einen ausführlichen Gang durch die Gebäude des alten Spitals und der Wohnräume von Dr. Schweitzer. Da soll ich nach Albert Freys Abreise die Touristen herumführen und ihnen über Schweitzer und sein Werk berichten. Das Spital wird von vielen Leuten besucht aus dem In- und Ausland. Die alten Räume sehen noch so aus, wie ich sie in Erinnerung habe, nur ist das Leben aus ihnen gewichen.

Spaziergang zum Lepradorf. Der alte Weg ist zugewachsen. Mit dem Bau des neuen Spitals wurde eine breite Strasse zum Lepradorf gebaut. Das Dorf sieht aus wie eh und je, nett und sauber. Hier treffe ich einige Alteingesessene und werde freudig begrüsst. Die meisten Bewohner sind alte, ehemalige Patienten, die das Dorf zu ihrem Heim gemacht haben. Isabelle, deren Kind ich betreute, ist noch da. Marion, ihr Kind sei gestorben in Libreville. Neue Lepröse gibt es im Dorf nicht mehr.

In der Case Rivière begrüsst mich NDolo, der hier seinen Lebensabend verbringt. In der Erinnerung sehe ich ihn mit weisser Schürze im Labor hantieren.

Marie-Jeanne suche nach mir, sagt Meieli, sie sei ganz aufgeregt. "Est-ce-que c'est vraie, que Marianne est venue? C'est elle, qui m'a appris comme je dois travailler". Ich besuche sie in der Pädiatrie wo sie arbeitet. Spontan hätte ich meine ehemalige Hilfe nicht erkannt. Sie ist recht in die Breite gegangen, wie viele Frauen hier. Aber immer noch hat sie ihr fröhliches Lachen. Sie habe acht Kinder und vier Enkelkinder, berichtet sie.

Die Pädiatrie

Das Haus liegt nahe beim Fluss und ist ähnlich eingeteilt wie meine ehemalige Kindercase. Links zunächst das Stationszimmer. Die Zweierabteile der Patienten sind gegen den Mittelgang offen und mit einem Vorhang versehen. Ein hinterer Ausgang führt in einen Hof, wo die Leute auch Wäsche aufhängen können.
Zwei oder drei Privatzimmer haben Dusche und WC. Die anderen benützen gemeinsam WC und Dusche. Rechts neben dem Eingang hat es Behandlungsräume und ein Nachtwachzimmer. Es wäre alles

nett und freundlich, wenn es sauberer wäre. Die Böden sind schmutzig. Auf den Untersuchungstischen liegen schmutzige Tücher, leere Infusionsflaschen und sonst noch allerlei. Duschen und WC scheinen wenig gereinigt zu werden. Auch wenn wir früher unter einfacheren Verhältnissen arbeiten mussten, in den Krankenbaracken war es immer sauber.

Die Krankheiten sind dieselben wie früher: Malaria, Darmstörungen, Würmer, Pneumonien, Anaemien, Ulcus.

Morgen kann ich mit der Kinderärztin Visite machen.

Das aufdringliche, monotone Knattern der fliegenden Hunde lässt mich lange nicht einschlafen.

Die Visite in der Pädiatrie nahm den ganzen Vormittag in Anspruch. Die polnische Ärztin, drei Studenten, die Abteilungsleiterin und ein Pfleger wandelten von Zimmer zu Zimmer. Ich wandle mit einem unangenehmen, befremdlichen Gefühl mit und suche nach ein wenig Herzlichkeit. Kaum ein Grusswort an die Mutter, kaum eine Frage wie geht's, kein Lachen oder freundlicher Blick. Einzig der amerikanische Student setzt sich manchmal zu den Kindern und sucht Kontakt. Die Visite ist eine ernste Angelegenheit und dauert so lange, weil jeder Student jedes Kind abhören muss. Ausser einem früh geborenen Kind und einem Kind mit einem riesengrossen Bauch und Oedemen sind keine besorgniserregenden Krankheiten da. Mehrere Kinder werden entlassen. Neu für mich ist das Gesundheitsbüchlein, das alle Eltern haben. Ab Geburt wird da alles eingeschrieben: Gewichtskontrolle, Impfungen, Krankheiten und deren Behandlung, usw.

Marie-Jeanne wohnt neben der Pädiatrie im ehemaligen Biafra-Haus. Während des Biafra-Krieges 1967 wurden hier Flüchtlingskinder betreut.

In diesem Haus befindet sich auch die Kinderkonsultation. Neben den europäischen Ärzten wird alles, was die Pflege betrifft, von einheimischem Personal ausgeführt. Eben wird ein Kind mit Brechdurchfall eingewiesen, für das eine Infusion bereitgemacht wird.

Auch die PMI (Mütterberatung) ist im Biafra-Haus eingerichtet. Heute wird geimpft. Viele Mütter mit ihren Kindern sitzen wartend auf den Bänken.

Ich gehe weiter auf meinem Rundgang, zurück zu den alten Spital-gebäuden. In der ehemaligen Maternité leben die "Sozialfälle", Alte, Verlassene ohne Angehörige. Sie werden vom Spital gepflegt und ernährt. Wo sind ihre Familien? Wollen sie ihre Alten nicht mehr zu Hause betreuen?

Obwohl sich abseits vom Spital eine Kehrichtverbrennungsanlage befindet, liegt überall Abfall herum, besonders Konservenbüchsen. Eine Sauberkeitsequipe wie früher wäre nötig, besonders bei den alten Spitalgebäuden. Im ehemaligen Injektionshäuschen häuft sich der Abfall.

Entwicklung zum Gebrauch von europäischen Produkten und Entwicklung zum Niedergang ihrer eigenen Kultur... haben wir Afrika das gebracht? Vorbei ist die Zeit, wo Körbe und Matten geflochten wurden. Die Neugeborenen liegen nicht mehr in geflochtenen Körbchen. Sie haben Plexiglasbettchen! Viele Patienten kommen mit dem eigenen Auto oder im Taxi ins Spital. Die Pirogen haben Motoren. 85% der Nahrungsmittel kommen von Europa.

Wir essen hier eingeführtes Schweinefleisch, Linsen und Apfelmus aus Büchsen. Salat und Gemüse woher? Die vielen Obstbäume, die Schweitzer gepflanzt hatte, sind gefällt, verkümmert oder überwachsen. Die Früchte des Carambolbaumes neben dem ehemaligen Garten verfaulen am Boden. Was würde wohl Albert Schweitzer dazu sagen?

Albert Frey verteilt im Lepradorf Kleider. Die Leute können zwischen Decken, Jacken, Hosen und Pullover auswählen. Doch ich sehe selten Freude in den Gesichtern. Die Geschenke scheinen selbstverständlich zu sein. "Bon, alors, donne", höre ich sagen.

Kaum ein Merci oder ein freundlicher Blick. Da mache ich mir schon Gedanken. Was haben wir falsch gemacht? Haben wir zu viel gegeben ohne einen Gegenleistung?

Begegnung am Fluss
Früh am Morgen erwache ich. Vögel singen, Frösche quaken, der Wind rauscht durch die Palmen. Stimmen vom Fluss her und das Plätschern von Wasser dringen zu mir herauf.

Ich spaziere zur Sandbank. Kinder spielen, hüpfen, jauchzen, springen ins Wasser. Ein kunstvoll frisiertes Mädchen ist am Wäsche waschen. Langsam nähert sich eine Piroge, gefüllt mit Bananen und Maniok. Stehend rudert eine Frau. Ein Stimmungsbild wie in früheren Zeiten. Das gibt es doch noch. Das möchte ich mit einem Foto festhalten. Doch die alte Frau gestikuliert und schimpft und ruft: "Non. Pas foto"! Also keine Foto, aber ich warte, bis sie ans Ufer tritt. Ganz energisch kommt sie mir entgegen, deutet mit ihrem Finger auf ihre Brust und sagt: "Moi, travaillé avec le Grand Docteur, avec le Dr. Müller, avec le Dr. Munz, avec Mlle Ali, avec… usw., non, non, pas foto". Aufgeregt zählt sie alle mir bekannten Namen auf. Ich schaue sie an und sage: "Et moi, j'ai travaillé avec le Dr. ..." und zähle all die gleichen Namen auf. Erstaunt schaut sie mich an, strahlt und breitet die Arme aus zu einer Umarmung: "Marianno, tu est revenue pour les enfants? Moi pensé c'est tourist". Immer wieder umarmt sie mich. Diese Freude, die aus dem zerfurchten Gesicht strahlt, berührt mich sehr.

Nach 24 Jahren hat sie mich wieder erkannt. Da scheint doch etwas hängen geblieben zu sein. Nicht nur ich habe bleibende Erinnerungen. Vor lauter Rührung vergesse ich ein Foto zu machen. Sicher hätte sie es nun erlaubt.

Einkauf in Isaak

Mit Meieli und Albert fahre ich zum Einkaufen nach Isaak und Lambarene. Mit dem Auto auf dem Landweg über die Brücken. In Isaak ist ein buntes Treiben. Stand an Stand, Laden an Laden mit willkürlich zusammengewürfelten Sachen stehen da. Alles ist zu haben, von Plastikgeschirr zu Einlaufpumpeli, von Tonpfeifen zu Piment, Taro, Stoff. Ein lustiges, farbiges Durcheinander. Ausser einigen verzierten Kalebassen sehe ich nichts Handwerkliches, ausser vielleicht Palmölseife und die typisch bunten Stoffe, die man nur in Afrika sieht, aber eigentlich auch aus Europa stammen.

In lagerähnlichen Läden werden Produkte aus Europa, vor allem aus Frankreich angeboten. Sogar Wein gibt es im Tetrapack! Ein gewisser Wohlstand ist eingekehrt und damit auch höhere Ansprüche und der Wunsch das zu haben, was Europa bietet. Neben gut gekleideten Leuten sehe ich aber auch einfache, ärmlich gekleidete Frauen, die in grossen Körben riesige Lasten auf dem Kopf tragen. Frauen, die streng auf ihren kleinen Äckern arbeiten und ihre spärliche Ernte auf dem Markt verkaufen wollen. Die nicht viel Geld haben und doch einen nicht unglücklichen Eindruck machen. Die lachend sagen: "Ca va un peu".

Museumsführung

Das französische Fernsehen ist da. Es dreht einen Film über das Leben der Franzosen in Afrika. Darin wollen sie auch über das Albert-Schweitzer-Spital berichten. Ich musste sie durch die alten Spitalgebäude und das Museum führen und aus dem Leben von Albert Schweitzer erzählen. Albert Frey berichtete über das geistige Werk Albert Schweitzers.

Die Feuerprobe im Museum habe ich bestanden.

Viele Besucher sind heute gekommen, vor allem Franzosen, aber auch Deutsche und Österreicher. Ein junger Gabuner kam mit seiner französischen Freundin, um ihr zu zeigen, wo er geboren war.

Nach der Abreise von Maria Senn und Albert Frey liegt nun die Verantwortung der Museumsgebäude bei mir. Mama Susanne, die schon viele Jahre da ist und ziemlich viel über Schweitzer weiss, hilft mir dabei. Sie kann auch Führungen machen, wenn ich nicht da bin.

So gut es geht, vertrete ich auch Maria in Haushaltangelegenheiten. Am Morgen gebe ich Rationen aus für die Sozialfälle und die Geisteskranken: Bananen, Maniok, Reis, Sardinen, auch Poulet oder Fleisch, das in einer riesigen Gefriertruhe lagert. Antoinette, die für die Geisteskranken und Sozialfälle kocht, bekommt Geld für Fisch.

Vom eigentlichen Spitalbetrieb merke ich wenig. Am Tisch wird manchmal etwas davon erzählt.

Unser Essen ist sehr nahrhaft, zu fettig, zu europäisch. Jeden Tag gibt es Fleisch, dazu Kartoffeln oder Teigwaren. Kaum Süsskartoffeln, Bananen, Taro oder Papaya, was doch nahe liegen würde. Die Brotfrüchte, ein guter Ersatz für Kartoffeln, bleiben am Baum hängen. Nur einmal wöchentlich gibt es Fisch, wo es doch jetzt in der Trockenzeit viele Fische gibt.

Die Frauen in der Küche arbeiten langsam, im afrikanischen Tempo, kochen aber gut. Was sie wohl über unser Essen denken? Sie müssen ja meinen, ihre Produkte seien nicht gut genug, dass wir sie nicht schätzen.

Ich konnte in Albert Freys Wohnung im Sous-Sol von Albert Schweitzers Haus zügeln. Hier waren früher Vorratsräume. Da habe ich drei Zimmer, eine Küche, Dusche und WC. Celine hat die Wohnung geputzt, aber wie! Alles ist noch schmutzig und voll Staub. Im Kühlschrank liegen tote Kakerlaken. Die Kästen muss ich dreimal putzen, bis sie sauber sind. Ich frage mich, ob ich nicht besser im Maison C geblieben wäre mit der schönen Aussicht auf den Ogowe. Hier sehe ich den Fluss nur, wenn ich mich strecke, damit ich über die Mauer sehen kann. Natürlich ist es praktisch, WC und Dusche in der Wohnung zu haben. Doch in dieser Kellerwohnung ist es feuchter. Es wohnt sonst niemand in diesem Haus. Nebenan sind alles ehemalige Lagerräume. In einem steht das Wrack des Klaviers, das einst im Esszimmer stand. Über mir sind die Museumsräume. Ich kann hier unten machen, was ich will, Radio hören, Flöte spielen, es wird niemanden stören. Hier höre ich keine laute Musik von nebenan, kein Schnarchen von Maman Susanne.

Nachts um 02 Uhr werde ich geweckt vom Läuten einer Glocke und einer singenden, rufenden Männerstimme: "Schweitzer". Dann polterten Schritte auf der Veranda über meiner Wohnung und die Stimme rief: "Madame, Dr. Schweitzer", sang dann eine Litanei und verschwand grölend. Ein Irrer, ein Betrunkener? Zum Glück hatte ich die Vorhänge zugezogen, so kann niemand ins Zimmer leuchten. Ich konnte lange nicht wieder einschlafen. Die Nacht ist voller Geräusche. Die Frösche geben ihr Konzert. Die Hähne krähen Tag und Nacht.
Heute hat es ganz leicht geregnet. Der Himmel war am Morgen dunkelgrau. Das sei die Regenzeit, die beginne. Das sei gut für die Frauen für die Pflanzung. Von meinem Tisch aus sehe ich auf den ehemaligen Garten. Jemand hat ein paar Bananenstauden gepflanzt, sonst ist alles überwuchert. Der Mangobaum blüht und die reifen Carambols daneben fallen zu Boden und verfaulen. Schade!
Dr. Schweitzers Wille war, möglichst alles selber zu produzieren. Im Garten betätigten sich früher die Geisteskranken. Das war Beschäftigungstherapie. Das ist nun nicht mehr erlaubt.

Um nach Abonge zu kommen, muss man nicht mehr durch den Sumpf rudern. Das Dorf ist in die Nähe des neuen Spitals gerückt. Es ist ein schönes, sauberes Dorf. Die Wege sind sauber gewischt.

Nichts liegt herum. Die Bewohner von Abonge sind so nah dem Spital, dass sie glauben, von unserem Wasser profitieren zu können, was viel Ärger auslöst. Es herrscht offenbar immer noch die Meinung, dass alles, was vorhanden ist, allen gehört.

Wenn die Leute ihre Dörfer so sauber halten können, warum denn hier nicht, vor allem im alten Spital. Da liegt so viel Abfall herum. Es stinkt nach Urin und Exkrementen, obwohl überall WCs vorhanden sind. Hier scheint niemand für Sauberkeit und Ordnung verantwortlich zu sein, obwohl in den alten Krankenbaracken einige Spitalangestellte wohnen. Ich schäme mich, hier die Touristen herum führen zu müssen. Der Direktor scheint kein Interesse für die alten Spitalgebäude zu haben, als ich ihn darauf ansprach.

Mama Susanne scheint lieber allein im Museum sein zu wollen, oder ob sie sich von mir kontrolliert fühlt? Ich solle mich ausruhen und kommen, wenn es viele Besucher hat, oder Engländer oder Deutsche, meint sie. Sie macht es wirklich gut, nicht so ausführlich, aber gut. Das gibt mir Gelegenheit, mich mehr im neuen Spital umzusehen. Ich besuchte die Krippe und den Kindergarten. Dieses Gebäude liegt in einer sonnenbeschienenen Mulde auf halbem Weg zum neuen Spital. Kein schattenspendender Baum schützt die Kinder vor der prallen Sonne. Grace arbeitet hier mit Angeline. Angeline erinnert sich: "Als ich sieben Jahre alt war, hast du mich gepflegt".

In einem Sandkasten liegen einige Becher und Schaufeln. Sonst sehe ich kein Spielzeug. Es werde alles gestohlen, sagt Grace. Was machen sie denn den ganzen Tag mit den Kindern? Vielleicht braucht es etwas mehr Phantasie. Büchsen, Holz, Steine, Blätter hat es genug. An einem Strauch hangen Schoten mit Samen gefüllt, die gute Rhythmusinstrumente wären. Die Wände der Krippe sind kahl. Nicht einmal Papier und Farbstifte sind da. Ich sehe auch keinen Schrank, um die Sachen abschliessen zu können. Ich habe Ballone mitgebracht, die begeisterte Freude auslösten. Einige der farbigen Wunderkugeln platzten zwar bald.

Wie früher basteln die grösseren Buben aus weichem Holz kunstvolle Autos, die sie an einem Stecken herumstossen.

In der Dämmerung sitze ich auf der Landetreppe am Fluss. Kinder kugeln im Sand herum, bis sie gelb überpudert sind. Mit einem

Köpfler springen sie dann ins Wasser. Ein kleiner Vogel flattert über dem Wasser, steht in der Luft zwirbelnd still um sich dann wie ein Pfeil ins Wasser zu stürzen und blitzschnell wieder in die Höhe zu steigen, wo er die Wasserfläche flatternd beobachtet. Pirogen mit brummenden Motoren fahren an Land. In der Ferne erscheinen die Hügel und Wälder sanft blau im Dunst.

17. August, Unabhängikeitstag
Seit 1960 ist der Gabun unabhängig. Drei Tage wird gefeiert.
Besucher in Scharen kamen heute. Viele waren aus Libreville auf der Fahrt zu den Seen. Einige übernachteten im neu eröffneten "Hotel Schweitzer" in Lambarene-Dorf.
Ich führe die Leute durch Schweitzers Arbeits- und Schlafzimmer, das noch immer gleich aussieht:
Das Eisenbett mit dem Moskitonetz, daneben der Tisch mit den Waschschüsseln, in der Ecke der Regenschirm. Auf dem Schreibtisch liegen seine Schreibutensilien: der Federhalter, der vorne mit Gummi verdickt ist, Tintenfass, Brille, Lupe, die Petrollampe mit dem grünen Lampenschirm, ein Fächer mit Briefen. Alles sieht aus, wie wenn er gestern noch hier gesessen wäre.
Im Zimmer nebenan steht das alte, schwarze Klavier, auf dem Schweitzer im Esszimmer spielte und die Choräle am Abend begleitete. Im Büchergestell reihen sich eine Vielzahl seiner Bücher, übersetzt auf Englisch, Japanisch, Holländisch, Russisch und mehr, dazu Bücher über Schweitzer von verschiedenen Autoren.

Im ehemaligen Zimmer von Matthilde nebenan sind Mikroskope und andere medizinische Instrumente aus alter Zeit und Schweitzers Briefwaage ausgestellt. In der Ecke steht der alte Schrank mit den Schlüsseln der vielen Zimmern und Lagerräume, jetzt ganz verrostet. An der Wand hängen Fotos von Schweitzer und seiner Familie, daneben ein Foto von Schweitzer mit Pablo Casals.
Das ehemalige Zimmer von Ali ist Verkaufsraum von Karten, Büchern, T-Shirts und Specksteinfiguren, die im Lepradorf angefertigt werden. Hier wirkt vor allem Mama Susanne. Peinlich genau, Buchstaben malend schreibt sie in ein Heft, was sie verkauft hat.
Im Saal nebenan ist eine Bilderübersicht über das Leben Albert Schweitzers. Hier befanden sich früher die Zimmer der Hausbeamtinnen und die Bibliothek. Da liegen auch einige von Termiten zer-

fressene Balken und Termitennester vom alten Haus als Anschau-
ung. Wenn man das nicht entdeckt hätte, wäre Schweitzers Haus zu-
sammengefallen. Dass das Haus neu aufgebaut wurde, ist nicht zu
sehen. Ein Schreiner aus der Schweiz hatte alles genau ausgemessen
und nachgebaut.

Auch die alten Spitalgebäuden, die "Pharmacie" möchte man reno-
vieren. Bald wird sie aus den Fugen geraten. Einzig die Böden sind
gut erhalten, so sauber, als wären sie gestern mit Mazout eingerieben worden. Das "Sans-Souci" hätte auch eine Renovation nötig. In
diesem ehemaligen Wohnhaus der weissen Pflegerinnen wohnen
nun afrikanische Angestellte. Die Lagerräume im Sousol sind zu
Wohnungen eingerichtet worden.

Eben komme ich dazu, wie Mama Susanne einem Besucher erzählt,
dass Albert Schweitzer 1913 als Missionar nach Andende kam und
dann wieder abreiste, um Medizin zu studieren. Halt, halt! Auch der
Besucher protestiert. Mama Susanne ist sicher, dass sie Recht hat.
Sie lässt sich erst überzeugen, als ich ihr schwarz auf weiss beweisen
kann, dass Schweitzer nach seinem Medizinstudium nach Afrika
kam. Der Besucher, ein französischer Organist, ist sehr interessiert
an der Geschichte des Spitals und am Leben Albert Schweitzers. Er
ist auf der Reise durch Kamerun und Gabun und will seinen Schülern über das Leben von A.S. erzählen.

Nach meinen ersten Zweifeln sehe ich ein, dass die Erhaltung des
Museums einen Sinn hat, damit das Denken Albert Schweitzers erhalten bleibt und sein Spital weiter besteht.

Ich lese, dass der Gabun kein eigentliches Entwicklungsland mehr
ist, zu den OPEC-Staaten gehört und das drittgrösste pro Kopf-Ein-
kommen in Afrika hat. Wohlstand und Geld findet man aber vor allem an der Küste. Das Innere des Landes ist immer noch geprägt
von Armut. Offenbar interessiert sich der Staat wenig dafür.

Wohl hat es im Land verschiedene Regierungsspitäler, doch die
scheinen zu wenig medizinische Möglichkeiten zu haben. Wie eh
und je werden schwierige Fälle ins Albert-Schweitzer-Spital geschickt.

Nun weiss ich auch, was die Patienten bezahlen müssen:

1 Konsultation kostet 6000 CFA

1 Nacht   2000 CFA

1 Nacht privat   10000 CFA (50 CHF)

Für Medikamente werde nichts verlangt. Die Grundpflege der Patienten übernehmen die Angehörigen.

Vor einer Operation müssen Verwandte so viel Blut abgeben, wie der Patient braucht. Wenn sie nicht die gleiche Blutgruppe haben, wird das Blut auf die Bank gelegt. Das finde ich eine gute Methode. Wie hatten wir doch früher Mühe, Blut zu bekommen. Die Leute wollten kein Blut geben, besonders nicht einem Patienten, der einem anderen Stamm angehörte. Sie glaubten, dass mit dem Blut ein Teil von ihrer Seele genommen werde.

Besuch bei den Geisteskranken
Sie befinden sich immer noch am gleichen Ort. Untätig sitzen sie um das Feuer herum in der Küche, wenn sie nicht in ihren Hütten eingeschlossen sind. Antoinette und Charlotte, die beiden einheimischen Pflegerinnen, sind für ihr Essen verantwortlich.

Auf einem niederen Hocker sitzt eine junge Frau. Sie sei allein und zu Fuss von Mouila hierhin gekommen! Mit dem Auto ist das eine Tagesreise! Wie tief muss die Einsamkeit und Verlassenheit in einem Menschen sein, dass er so grosse Strapazen auf sich nimmt! Und warum musste sie überhaupt weg? Werden Kranke und Alte ausgestossen?

Feierabend
Den kleinen Streifen Fluss, den ich von meiner Kellerwohnung aus sehe, ist bleigrau und kräuselt sich wie ein See. Ein angenehmer Wind bläst. Ich lasse die Tür offen, damit ein wenig Luft herein kommt. Wohl fühle ich mich in diesem düsteren Loch nicht. Der Zementboden ist grau, uneben, durchzogen mit Abdrücken von Hühnerfüssen. Die Hühner haben wohl beim Bau mitgeholfen. Das stört mich nicht. Ich finde es noch lustig. Vielmehr stört mich, dass er kaum sauber zu halten ist, dass die Kästen am Zerfallen sind, dass die elektrische Platte eine halbe Stunde braucht, bis sie das Wasser zum Kochen bringt. Die dunklen Vorhänge an den Fenstern geben kaum Freundlichkeit.

Rund 80 Personen haben heute das Museum besucht. Ich habe einen trockenen Mund und einen schwirrenden Kopf. Zeit für einen abendlichen Spaziergang. Aber zuerst muss ich meinen Durst stillen. Wasser allein ist nicht gut, so bin ich froh, dass Albert Frey einen

Rest Martini da gelassen hat. Auch nicht mein Geschmack, aber besser als nichts.

Am Wasser begegne ich einem Buben: "Tu as des gonfleur", fragt er. Jean-Paul, der Enkel von Maman Susanne treffe ich beim Holz suchen. Er will ein Auto basteln. Er habe noch keine Fische gefangen, sagt er. Er werde morgen wieder schauen. Er hatte am Vormittag in einen Flaschenboden ein Loch geschlagen, die Flasche ins Wasser gelegt, damit die kleinen Fische hineinschwimmen. Hinaus können sie dann nicht mehr. Diese Methode ist mir von früher bekannt.

Vor einer Hütte stampft eine Frau Bambusmark. Das sei gut gegen Durchfall. Ihr fünf Monate altes Kind habe Diarrhoe. Ich rate ihr, doch lieber ins Spital zu gehen.

Kinder, nackt, braun und schön umringen mich. "MBolo, ça va"? tönt es von überall her.

An der Feuerstelle neben der Pädiatrie sitzt die Familie des leberkranken Kindes, das ich bei der Visite gesehen hatte, traurig, mit fragenden Augen. "Es ist noch nicht besser". Tamara, die Kinderärztin gibt ihnen keine Hoffnung.

Eine Mutter frisiert ihr kleines Mädchen. So eine Prozedur kann stundenlang dauern, doch die Kleinen halten geduldig still.

Ich freue mich über die herzlichen Begegnungen, über das fröhliche Lachen. Eine Woche bin ich nun da. Mir kommt es vor, als sei es ein Monat. Jeder Tag ist reich an Erlebnissen.

Fragen über Fragen

Beim Rationen ausgeben für die Geisteskranken und die Sozialfälle klagt Antoinette, sie habe kein Holz mehr. Wer den das besorge, frage ich. Man hole es in Lambarene, sagt sie. Das kann ich mir kaum vorstellen, wo der Wald und Holz so nah sind. Ich erkundige mich beim Buchhalter: "Ja, da geht der und der nach Lambarene und holt Holz! Aber ...! Der Direktor meint schliesslich, dafür sei François, der Pfleger der Geisteskranken verantwortlich. Er müsse mit den Patienten schauen, dass Holz da sei, aber er habe doch noch so viel Holz gesehen hinter den Gebäuden der Geisteskranken. Das sei noch grün und brenne nicht, sagt Antoinette. Ich suche François. Aber François ist nicht da. Er sei in Libreville, um seine Bilder zu verkaufen. Wie, der Arbeit einfach den Rücken gekehrt und weg? "Alors, Antoinette, vous allez en brousse et cherchez du bois". Sie nickt. Ich schüttle meinen Kopf.

Ich wundere mich, dass die Leute nicht selbständiger sind, nicht selber überlegen, organisieren. Muss man wirklich immer sagen, was sie machen sollen? Da scheint die Entwicklung stecken geblieben zu sein. Oder verlassen sie sich einfach auf uns und denken, wir geben ihnen, was sie brauchen?

Mit der Art und der Menge der Rationen kommen mir auch Fragen. Brauchen 40 Personen jeden zweiten Tag ein Paket Zucker? Für was? Für Kaffee? Zu was brauchen sie Mehl? Für Saucen, die man mit Taro machen könnte? Ist es nötig, dass sie jeden Tag Fleisch, Poulet, Sardinen oder Käse bekommen, selten Fisch, den es in der Trockenzeit genügend gibt und erst noch günstig ist. Warum bekommen sie nicht mehr Nahrungsmittel von hier: Maniok, Taro, Süsskartoffeln, Brotfrüchte, Bananen? Haben wir sie mit europäischer Kost verwöhnt, dass sie nicht mehr wissen, was sie selber haben? Haben sie das Kochen mit ihren eigenen Nahrungsmitteln verlernt?

Eine ganze Stunde brauchte ich, um das Holzproblem und die Finanzen für die Rationen zu lösen.

An bestimmten Tagen kann das einheimische Personal Kleider, die von Europa geschickt wurden, günstig erwerben.

Ein Mann bringt mir einen Zettel, der Maria geschrieben haben soll: "Marianne, gib dem Patienten X ein Paar Hosen, ein Hemd, ein Leintuch und ….. " . Ich kenne die Schrift von Maria. Diesen Zettel hat jemand anders geschrieben. Ich müsse den richtigen Zettel haben, sonst könne ich nichts geben.

Eine Frau behauptet, sie habe 7000 CFA bezahlt, aber den Vorhangstoff noch nicht geholt.

Ohne Quittung könne ich nichts geben. Wollen die mich auf den Arm nehmen? Es ist schwierig zu wissen, was stimmt.

Ausser Kleider lagern in einem gekühlten Raum Bücher und Karten über das Spital und haufenweise gestrickte Plätzli für Wolldecken. Was haben sich die Europäer wohl gedacht, wer die zusammennähen soll? Auch Kinderhöschen ohne Elast haben sie geschickt. Wo nehme ich Elast her?

Vor dem Abendessen will ich ein wenig frische Luft einatmen. Dunst liegt über den Wäldern. Weisse Reiher fliegen hoch oben

flussaufwärts. Am frühen Morgen werden sie dann wieder flussabwärts fliegen, knapp über dem Wasser. Das kleine Vögelchen, das
ich kürzlich beim Fische schnappen beobachtet habe, stelzt mit zierlichen Beinen im Sand herum, hebt sich dann in die Luft, um wieder
nach Fischen Ausschau zu halten. Zwei grosse Vögel führen hoch
oben einen Lufttanz auf.

Stolz zeigt Jean-Paul die paar winzigen Fische, die er in seiner Flasche gefangen hat. Er kocht sie in einer Konservenbüchse auf einem
kleinen Feuer.

Ich grüsse die Alten in der Case Rivière. Herzliches Lachen. In die
Mauer dieses Hauses steht eingeritzt mit Albert Schweitzers Hand-
schrift: "Constructeur de cette maison Albert Schweitzer 1938". Daneben stehen die Namen aller afrikanischen Mitarbeiter. Das ist mir
früher nie aufgefallen.

Ich spaziere an den alten Spitalgebäuden vorbei, die Treppe hinauf,
zwischen der ehemaligen Kindercase und der Pouponnière hindurch. Ueberall sitzen Leute, springen Kinder herum. Sind das
wirklich alles Angestellte des Spitals? Die Gebäude kommen mir
übervölkert vor. Am Brunnen wäscht eine Mutter ihre Kinder. Die
Kinder und die alten Leute sind fröhlich, lachen viel. Mir fällt auf,
dass viele Junge, besonders Frauen, einen unzufriedenen Ausdruck
haben. Selten sehe ich sie lachen. Auch unsere Köchinnen zeigen einen verschlossenen Ausdruck. Die Fröhlichkeit von früher scheint
verloren gegangen zu sein. Warum?

Kinder kommen mit einer toten Eule daher. Sie haben sie mit ihrer
Steinschleuder abgeschossen. Ein schönes Tier mit weichem, beige-
braunem Gefieder. Leider wird viel auf Vögel geschossen.

Zwei Männer erscheinen mit einer riesigen, toten Pythonschlange
und wollen sie verkaufen. Ihr Fleisch sei gut. Sie lagert nun in der
Tiefkühltruhe bis sie gekocht wird. Ich bin ja gespannt auf das
Schlangenfleisch. Einer der Söhne von Renata und Wlodek, die zu
Besuch da sind, will die Schlangenhaut mit nach Polen nehmen.

Wieviel Platz brauche ich?

Ich bin aus der düsteren Kellerwohnung und der Abgeschiedenheit
wieder in Marias Zimmer gezogen. Hier fühle ich mich wohler. Ein
Bett, ein Tisch, ein Stuhl, ein Schrank, fliessendes Wasser, ein Ort,

der Geborgenheit gibt, was will ich mehr? Der Ausblick ist herrlich und Leben umgibt mich. Kinder gehen vorbei mit Becken voll Geschirr auf dem Kopf, das sie im Fluss gewaschen haben. Am Ogowe wird Wäsche gewaschen, gebadet und gespritzt. Pirogen gleiten vorüber. Frische Luft zieht durchs Zimmer. Auf der Veranda habe ich eine Bank, von der aus ich direkt zu Schweitzers Haus sehe und ankommende Besucher sehen kann. Hier häkle ich Plätzchen zu Wolldecken zusammen.

Besuch der katholischen Missionsstation. Sie wirkt wie eine Oase auf mich. Überall blühen Blumen. Stolz zeigen uns zwei südamerikanische Schwestern ihren Gemüsegarten. Kompost wird selber gemacht aus Abfällen.
Im Schweitzer-Spital wäre das auch möglich, wenn sich jemand dafür einsetzen würde.

Ausflug zum Lac Evaro
Sechs Personen fasst das Boot, das uns flussabwärts führt, vorbei am Grün des Urwaldes. Hie und da grüsst uns ein Dorf hoch auf gelben Sandsteinfelsen. Manchmal lässt uns nur eine Piroge am Ufer und ein kaum sichtbarer Weg ahnen, dass im Wald versteckt ein Dorf liegen muss. Ein Gefühl von Ruhe und Frieden überkommt mich. Wir machen Halt in NGomo. Noch grüsst der Kirchturm weit ins Land, aber die Missionsstation ist verlassen. Die Backsteinhäuser stehen leer. Einst war hier eine blühende Station mit Schulen, einer Pflegestation und einer Druckerei. Die Europäer sind weg. Nichts funktioniert mehr. Wir steigen auf den Kirchturm. Hier bietet sich uns ein eindrucksvoller Blick über Wasser und Urwald.
Wir machen einen Umweg zum Lac Ouange, einem riesigen See, in dem der Murtensee mehr als einmal Platz hätte.
Ein schmaler Durchgang zwischen Papyrusstauden bringt uns zum Lac Evaro. Mächtige Flusspferde stecken ihre Köpfe von Zeit zu Zeit aus dem Wasser, glotzen und schnauben. Eine Gruppe Pelikane schwingt sich in die Luft. Ruhig, mit weiten Schwingen segeln sie dahin und setzen sich auf die riesigen Bäume.
Im Lac Evaro landen wir bei einer Insel mit Bungalows zum Uebernachten, einem Schwimmbad und einem einfachen Restaurant mit überdecktem Sitzplatz. Auf dem gepflegten Rasen blühen Blumen. Dieses kleine Paradies wurde erstellt und wird unterhalten von ei-

nem französischen Ehepaar. Ein Touristikbüro organisiert Reisen dahin. Neben dem Albert-Schweitzer-Spital ist es wohl die einzige Touristenattraktion in Gabun.

Einige Inseln durchziehen den See. Hie und da gleitet eine Piroge vorbei. Nirgends ist ein Dorf sichtbar. Nur Stille und unberührte Landschaft umgibt uns.

Auf der Rückfahrt am späteren Nachmittag hat sich der Himmel bedeckt. Die Sonne ist verschwunden. Der Wald wirkt düster und noch undurchdringlicher. Die Bäume spiegeln sich im Wasser. Ein Schlepper zieht ein riesiges Baumstammfloss flussabwärts. Ein blühender Tulpenbaum leuchtet durch das Grün des Urwaldes. Geheimnisvolle Dunkelheit fällt über das Land.

Nächtlicher Tanz in Abongo

Trommeln von Tam-Tams. Frauen und Kinder schlagen auf Hölzer, singen und tanzen in schüttelnden, rhythmischen Bewegungen. An den Jahrestag des Todes eines Mannes wird gedacht, und das Ende der Trauerzeit gefeiert. In der Mitte des Platzes brennt ein Feuer. Daneben steht der Stamm eines Bananenbaumes behangen mit zwei, drei Blättern. Darunter liegt ein Teller mit Nahrung. Von Zeit zu Zeit wird das Feuer zum Auflodern gebracht. Die Stimmung ist fröhlich, erwartungsvoll. Plötzlich erscheinen im Hintergrund Fackeln. Ein Mann bläst in ein Horn und mächtig, in tappenden Schritten erscheint, dick in Stroh verhüllt, eine Gestalt mit einer Maske, das Doppelgesicht der Fang. Zuerst bewegt sie sich mit langsamen, verneigenden Bewegungen, um dann immer schneller zu werden begleitet von Tam-Tam und Gesang. Das sei noch nicht der richtige Tänzer, werde ich informiert.

Der Grosse, der komme erst um 4 Uhr. Doch plötzlich heisst es, der grosse Tänzer erscheine. Er trägt eine mächtigere Maske und macht noch wildere Bewegungen.

Der Teller unter dem Baum mit der Nahrung ist verschwunden und seltsam kreisende Bewegungen werden um den Baum herum gemacht. Das Feuer wird erneut zum Lodern gebracht und jemand bläst ins Horn. Der Tanz dauert die ganze Nacht und soll noch zwei Nächte weiter gehen. Die Familie des Verstorbenen bezahle dafür 80000 CFA, etwa 400 CHF. Morgen sei der Tanz der Frauen. Bei den Frauen dürften die Männer dabei sein, denn sie müssten das Tam-

Tam schlagen, was Sache der Männer sei. Bei einem Tanz der Männer hingegen seien nie Frauen dabei.

Auf alten Pfaden

Ich spaziere auf dem alten Weg nach Adouma . Der Weg führt durch dürres Gestrüpp. Ein riesiger Kapokbaum lässt flauschige Watte fallen. Die feinen Stauden des Papyrus wiegen leise im Wind. Es ist ein kühler, graubewölkter Abend. Fröhlich grüssen die Leute. "Es wird regnen", meint ein Mann. Als ich mich vorstelle, meint eine Frau: "Ja, ja, ich kenne Mamsell Marianne". Eine andere ruft: "Oh, Marianno"!

An der Stelle, wo einst die Fähre war, hat eine Frau einen Verkaufsstand mit Kosmetika aufgestellt. Daneben befindet sich eine Bar mit einer Disco. Ansonsten scheint das Dorf gleich geblieben zu sein.

Eine alte Frau klagt: "C'est la fatigue, partout ça fait mal, partout".

Auf dem Rückweg begegnen mir die drei Studenten vom Spital. Sie hätten einen Heiler getroffen, der ihnen über seine Behandlungen berichten werde. Der Mann zeigt uns zwei Pflanzen. Die eine müsse man mit Süssbananen zerstampfen und essen, nachdem man vorher gespuckt habe. Das andere Blatt müsse man verreiben und mit Piment vermischen und bei Brustschmerzen einnehmen. Weiter will er nichts mehr erzählen. Das sei secret. Natürlich, so einfach werden ihre Methoden an Fremde nicht preisgegeben. Dazu kommt noch der geheimnisvolle Kult und Zauber, den wir nicht verstehen können. Ich denke an Marceline, die Heilerin. Ob sie noch lebt? Vielleicht weiss Mama Susanne etwas.

Mama Susanne und ihr Enkel

Der Wind rauscht durch die Bäume und macht ein Geräusch wie Regen. Der Tag ist eben erwacht. Vögel schwatzen und pfeifen und führen untereinander einen heiteren Dialog. Der Fluss fliesst langsam in kräuselnden Wellen dahin. Eine Frau schreitet vorbei mit einem Becken voll Wäsche auf dem Kopf. Ich stehe am Fluss und lasse die Ruhe des Morgens in mich einfliessen.

Mama Susanne erzählt aus ihrem Leben. Sie sei 1913 (?) geboren und auf Missionsstationen aufgewachsen. Ihr Vater arbeitete bei Mr. Morel in Andende und später in NGomo, als Morels dorthin zogen. Sie ist eine der wenigen Alten, die in die Schule gehen konnten. Früher habe sie auch nähen, stricken und häkeln können, aber jetzt habe sie kein Gefühl mehr in den Fingern. Ich zeige ihr, wie sie Bändel für Kinderhöschen tündeln könnte. Ungeschickt, kichernd und lachend versucht sie es.

Nein, das könne sie nicht, meint sie.

Jean-Paul ist ein aufgeweckter, quirliger, freiheitsliebender Junge. Er will bei Mama Susanne sein, nicht bei seiner Mutter. Seine Eltern leben getrennt. Doch manchmal ist Mama Susanne überfordert: "Cet enfant! Il est toujours loin, jamais ici. Il ne veut pas manger. Il mange le matin et le soir, c'est tout. Il dit, pourquoi manger. J'ai pas faim. Mais, Madame, c'est pas normal". Heute aber ist sie stolz auf ihn.

"Il a dit, tu vois, quand je mange, ça fatigue le corps. Je ne peux pas courir avec le ventre remplit».

Strahlend zeigt der Achtjährige das T-Shirt, das er gewonnen hat beim Rennen. Der 1. Preis! Das Rennen fand auf dem Spitalareal statt und wurde von den Angestellten organisiert.

Der Bub ist zäh. Er hatte einen Abszess unter dem Arm und ging allein zum Arzt. Der Verband störte ihn aber, und so entfernte er ihn. Mit einer Sicherheitsnadel versuchte er den Abszess zu öffnen!

Jetzt geht er mit einem Berg Pfannen zum Fluss. Ich wundere mich, dass im Fluss immer noch Geschirr gewaschen wird, wo doch überall Brunnen stehen. Eine Einrichtung zum Wäsche waschen ist auch da, aber immer zieht es die Leute zum Fluss. Die Toiletten werden auch nicht häufig benützt. Die "Bedürfnisse" macht man dort, wo man gerade steht. So streicht einem von Zeit zu Zeit ein unangenehmer Duft durch die Nase.

Lebhaftes Wochenende

Mit Martine besuchte ich den Culte der Allianzgemeinde in Isaak. Unter der Leitung eines Vorsängers wird viel und laut und fröhlich gesungen, in die Hände geklatscht und Tam-Tam geschlagen. Bibeltexte werden gelesen und Mitteilungen gemacht, z.B. wo während der Woche Gebetsabende stattfinden. Neue werden aufgefordert, sich vorzustellen. Ich auch. Zwei Männer weisen von Zeit zu Zeit die Kinder an, stille zu sein. Einer zählt die Teilnehmer. Es wird mitgeteilt, dass nach dem Culte die Fetische verbrannt würden. Die ganze Zeremonie dauert lange. Nach knapp drei Stunden gehen wir.

Am Wochenende kommen viele Besucher ins Museum. Die Meisten sind interessiert am Leben und Werk Albert Schweitzers. Es beeindruckt sie, dass ich ihn kannte und in seinem Spital arbeitete. Ich muss Widmungen in Bücher schreiben und werde fotografiert.

Seit ich Mama Susanne mehr über das Leben von Schweitzer erzählte, sagt sie zu den Besuchern:

"C'est elle, le chef". Ich betone dann jeweils, wie viel sie wisse und dass sie Dr. Schweitzer auch gekannt habe. Dann zieht ein Strahlen über ihr Gesicht.

Eine Schweizerfamilie mit vier Kindern besuchte das Museum.

Bei der Mutter fiel mir die Ähnlichkeit mit einer mir Bekannten auf. Und tatsächlich, es war ihre Schwester. Die Familie arbeitet ein Jahr in Libreville im Auftrag der Neuapostolischen Kirche.

Wie ist die Welt doch klein!

Auf alten Wegen

Auf der Sandbank spaziere ich Richtung Adouma. Vor dem Dorf steige hinauf zum Lepradorf. Ich suche nach dem alten Weg, der an Palmen und Obstbäumen vorbei zum Spital führte. Wir nannten ihn den Philosophenweg. Eine Bank bot Aussicht auf den Ogowe. Eine Frau zeigt mir, wo er war. Aber die Bäume seien verdorrt. Der Weg sei nicht mehr begehbar, alles sei zugewachsen. Ich gehe so weit ich kann und komme zu einem Bananenhain. Weiter geht es nicht. Da bräuchte ich eine Machete um durch das Gestrüpp zu kommen. Lianen und andere Pflanzen umschlingen alles. Ich erblicke einige überwachsene Grapefruitbäume und meine den Duft ihrer Blüten zu riechen. Schade, dass alles verkümmert ist und der würgenden Kraft des Urwaldes übergeben wurde.

In dieser Natur, wo alles wachsen will und Starkes Schwächeres erstickt, finde ich einen blühenden Lantanenstrauch. Ich nehme drei ihrer leuchtend orangenen Blüten mit, dazu einen Farnzweig. Mit Farn und Lantanen machten wir jeweils dem Geburtstagkind ein Kränzchen am Morgentisch.

Auf den Spuren Albert Schweitzers und das Spital heute

Wenn keine Besucher da sind, habe ich Zeit, mich mit Schriften von und über Albert Schweitzer zu beschäftigen.

Ein kurzer Ueberblick über sein Leben:

- Im Alter von 24 Jahren war er Dr. phil., Pfarrer in Strassburg und Musiker.
- Mit 27 Jahren Privatdozent in Strassburg.
- Ein Jahr später Stiftsdirektor des Kollegiums.
- Mit 30 Jahren begann er das Medizinstudium. Daneben arbeitete er am Buch über die Leben-Jesu-Forschung, schrieb das französische und das deutsche Bachbuch und die "Geschichte der Paulinischen Forschung".
- Mit 38 Jahren war er Dr. der Medizin.
- 13 Mal ist er nach Lambarene gefahren.
- Er war auf Vortragsreisen durch Europa und einmal nach Amerika.
- Schon 1954 warnte er vor der Gefahr der radioaktiven Vergiftung von Luft und Wasser.
- Ueber das Radio rief er 1957 zur Einstellung von Atomversuchen und der Fabrikation von Atomwaffen auf.

Er bekam folgende Auszeichnungen:
- Goethepreis und Friedenspreis des deutschen Buchhandels
- Friedensnobelpreis
- Goldmedaille der Stadt Paris
- Order of Merit durch Königin Elisabeth
- L'etoile èquatorial von Gabun

Daneben schrieb er mehrere Bücher, die in verschiedene Sprachen übersetzt wurden, und tausende Briefe von Hand.

Ehrfurcht vor dem Leben war ihm ein grosses Anliegen: Ich bin Leben, das leben will inmitten von Leben das leben will.

Im Urwald war er nicht nur Arzt, er war auch Baumeister und baute immer wieder an seinem Spital.

In einem Bericht von Roman Brodmann von 1963 lese ich, dass Dr. Schweitzer nie Petrol verschwendete. Petrol war kostbar. In der Nacht mussten alle Lampen gelöscht werden.

Daran muss ich denken, wenn ich nachts durch das Spitalareal gehe. Ueberall brennen nun Lampen. Elektrisches Licht säumt die Wege und brennt die ganze Nacht. Kein mit Sternen übersäter Himmel ist mehr sichtbar!

Es ist schwierig, ja unmöglich, Lambarene im Sinne Schweitzers weiterleben zu wollen. Die jungen Leute im Gabun und in Europa wissen kaum etwas über das Leben und Denken Albert Schweitzers. Wie kann etwas in gleicher Art weiter geführt, wenn die Zeit und die Lebensweise der Menschen und ihre Einstellung zur Arbeit sich so stark geändert haben? Es wird viel gearbeitet hier, aber man ist nicht ganz mit dem Herzen dabei. Was wir alle brauchen, ist mehr Herzlichkeit.

Das Spital habe 143 einheimische Angestellte! Was machen die alle? Viele wohnen mit ihren Familien in den alten Spitalgebäuden. Das Areal wirkt übervölkert. Da kann man kaum den Ueberblick haben. Ich könnte mir denken, dass da auch "wilde" Uebernachtungen sind.

Die Ärzte, der Direktor, der Buchhalter, der Mechaniker sind Europäer, alle andern Angestellten sind Einheimische. Alle beziehen einen fixen Lohn. Niemand arbeitet mehr um "Gotteslohn". Die Weissen beziehen zwei Monate Ferien und reisen in ihr Land. Die Reisekosten und die Vertretung übernimmt das Spital. Morgen reisen die Kinderärztin und ein Chirurg ab. Sie machten Ferienvertretung. Der fest angestellte Kinderarzt und seine Frau hätten letzte Woche zurückkommen sollen. Niemand hat Bescheid von ihnen. Es sei nicht sicher, ob seine Frau, die als Hausbeamtin angestellt ist, zurückkomme, obwohl ihr Vertrag noch nicht abgelaufen ist. Maria Senn machte die Vertretung. Seit sie weg ist, ist die Stelle verwaist. Ich versuche schlecht und recht einzuspringen und mache mir so meine Gedanken über die Auslagen.

Für die Nahrung der Sozialfälle wird pro Woche etwa 100'000 CFA, das sind 500 CHF, ausgegeben und da ist das Fleisch, das sie 4-5 mal pro Woche bekommen, nicht dabei. Das wird in Libreville eingekauft.

Unter den Sozialfällen habe es Leute, die von den Nachbardörfern Isaak oder Adouma da sind, meinte der Arzt. Warum sie hier sind, ist unklar. Alle haben doch irgendwo Angehörige. Ist es möglich, dass sie von ihren Familien verstossen wurden? Was würde Schweitzer wohl dazu sagen? Es war ihm wichtig, dass die Angehörigen ihre Kranken pflegten.

Natürlich hat sich in all den Jahren vieles geändert und die Gabuner haben viel von unserer Lebensweise übernommen. So auch, dass man Alte nicht mehr zu Hause pflegt, sie "abschiebt"?

Auch wenn Vieles anders geworden ist, und mein jetziger Aufenthalt nicht zu vergleichen ist mit den früheren, ist es ein gutes Erlebnis. Es gibt doch immer wieder gute Begegnungen. Die Kinder sind fröhlich wie früher, rufen, winken und lachen. Das sind Aufsteller, die gut tun und Freude machen.

Eigentlich ist Lambarene kein Urwaldspital mehr, eher ein Spital am Rand des Urwaldes. Die zivilisierte Welt ist näher gerückt. Ob man das Spital wirklich weiterführen soll, oder darauf hinarbeiten, damit der Staat es übernimmt? Jetzt würde Schweitzer wohl kein Spital im Gabun mehr bauen. Er meinte einmal, dass sein Spital wohl nicht für immer bestehen werde, aber seine Ethik der Ehrfurcht vor dem Leben sich weiter verbreiten würde.

Das rätselhafte Kind
Auf der Bank vor meinem Zimmer setzt sich neben mich ein etwa vierjähriges Mädchen. Es spricht nichts. Es antwortet nicht auf meine Frage, was es möchte. Es schaut mich nur an. Ich gehe in mein Zimmer, und bald öffnet sich die Tür und die Kleine kommt herein. Sie sagt kein Wort, schliesst die Tür und setzt sich auf den Stuhl neben mir. Sie schaut nur, lächelt nicht, hat einen scheuen, traurigen Blick. Was sie wohl will? Es ist ein Rätsel. Nach einer Weile geht sie wieder. Erst später kommt mir in den Sinn, dass ich das Kind doch im Kindergarten gesehen hatte. Renate sagte, dass es eine Meningitis hatte und nicht mehr sprechen könne. Aber wie hat das Kind mein Zimmer gefunden und was wollte es? Es tut mir leid, dass ich mich mit ihm nicht mehr beschäftigte. Ob es wieder kommen wird? Jean-Paul und sein Kamerad zeigen mir ihr selbstgebasteltes Schiff. Wirklich gut. Die Buben haben gute Ideen und Geschick. Und das Schiff schwimmt wirklich. Ich freue mich mit den Buben.

Besuch in der Pädiatrie
Wochentags ist nicht viel los im Museum. Ich gehe wieder einmal in die Pädiatrie. Ich bin nicht sicher, ob es von den Ärzten und den Studenten gern gesehen ist. Sie richten kein Wort an mich. Es sieht

so aus, als sähen sie an mir vorbei und ich empfinde hier eine kühle, unfreundliche Atmosphäre.

Die Familien in den Zweierzimmern erscheinen recht isoliert. Ich denke an das bunte Treiben in meiner früheren Kindercase. Aber die Leute haben Freude an meinem Besuch. Einige teilnehmende Worte, Lachen und ein wenig Zeit bringt ihre Gesichter zum Aufleuchten. Ich spüre, wie nötig die Leute die Zuwendung haben. Mutter und Grossmutter des kleinen Frühgeborenen begrüssen mich: "Du bist lange nicht mehr gekommen". Das Kleine ist allerliebst. Es geht ihm gut.

Bei den neuen Spitalgebäuden fällt mir die Leere auf. Wohl hat es schöne Blütenbäume, eine Fächerpalme und Kokospalmen, aber die Plätze davor sind menschenleer. Es ist kein Leben da. Die Patienten sitzen im Innern des Hauses stumm auf den Bänken und warten auf die Arztkonsultation. Das bunte Treiben, die Zurufe, das Lachen und das Kichern fehlen. Kein Rauch eines Feuers brennt mehr in den Augen. Das Spital ist kein Dorf mehr.

Vor der Maternité kommt mit offenen Armen Bernadette gesprungen. "NZamba, Marianno, tu est là". Ich erkenne meine ehemalige Hilfe in der Pouponnière wieder und sehe sie im Kreis der Kinder vor mir.

Ehrfurcht vor dem Leben

Ein Schwalbenpaar mauert ein Nest vor meinem Zimmer. Schwatzend und wippend hocken sie auf dem Draht.

Auf der Veranda machen zwei braune Vögelchen mit weissen Bäuchen einen lauten Balztanz.

Webervögel zanken um eine Palmnuss. Vor Jahren sahen die Palmen am Fluss wie kahle Gerippe aus. Die zahlreichen Webervögel hatten mit ihren Blättern ihre Nester geflochten, bis nur noch kahle Äste zum Himmel ragten. Nach den vielen Jahren haben die Palmen sich erholt und sehen prächtig aus.

Ich lese einen Ausschnitt aus einem Vortrag von Schweitzer, den er 1952 in der französischen Akademie der Wissenschaften hielt:

"Das Problem der Ethik in der Höherentwicklung des menschlichen Denkens". Zuerst gibt er einen Ueberblick über das Denken der Chinesen im 4. Jh. vor Christus und der israelischen Propheten 700

Jahre vor Christus. Dann spricht er von den grossen Denkern Indiens, wo "die Idee der Bruderschaft da sei, aber die Schranken der verschiedenen Kasten schwierig sei zu beseitigen". Er kommt über die griechischen Denker und der Antike, über die verschiedenen Religionen und Nationalitäten zu den Weltanschauungen der heutigen Zeit und er vergleicht die Ethik des Christentums mit anderen Religionen. Er spricht von der Weltverneinung des Urchristentums, das sich erst in der Renaissance in eine Weltbejahung wandelte und die Kultur hervorbrachte, in der wir leben. Er kommt auf die Ethik von allem Leben zu sprechen und den Konflikt, der damit verbunden ist: "Das Tragische ist, dass wir auf diesem Gebiet fort und fort in die Lage kommen, uns fürs Töten oder Leben lassen entscheiden müssen". Er betont, dass es in der Natur immer vorkommt, dass Leben vernichtet werden muss, um anderes Leben zu erhalten.
"Durch die Ehrfurcht vor dem Leben gibt der Mensch seinem Denken einen Wert".

Abendspaziergang
Zur Abrundung meines Tages gehört der abendliche Spaziergang.
Vor der Case Rivière ruft mir Sebastien, er habe einen Brief von Maria Senn bekommen. Umständlich holt er den Brief hervor, den ich ihm vorlesen muss. Er ist mit NDolo beim Dame spielen und sagt: "Quand tu étais là la dernière fois, tu étais petite". Er meinte wohl schlank.
Eine Alte mit einem Bündel Maniokblättern für die Antilopen kommt daher. Ich frage die sie, ob sie wisse wer den Schlüssel zum Gehege habe. Ich möchte, dass die Carambols zusammengelesen werden, die am Boden am Verfaulen sind. Sie schaut mich beinahe beleidigt an und sagt: "Moi connais ou", was so viel heisst, ich weiss nicht.
Eigentlich wollte ich nach Andende spazieren, doch der Himmel ist grau verhängt und ein Dunstschleier verdeckt die Sicht. Es sieht aus wie an einem Herbsttag in der Schweiz.
Aus dem verdorrten Gestrüpp leuchten weisse Lilien wie Lichter. Kapokflocken schweben in der Luft. Im Hintergrund hebt sich fein und zart der Papyrus vom grauen Himmel ab. Daneben breitet sich eine frische, grüne Matte aus, auf der tote Baumstämme liegen. Ich gehe auf einem schmalen Pfad Kinderstimmen entgegen und komme an einen kleinen Seerosentümpel. Kinder plantschen darin und

waschen Geschirr. Leute rufen und lachen. Ein Mann sagt, dass er einst mit seinem Kind Bibi zu mir gekommen sei. Vor einer Hütte humpelt ein junges Mädchen an einem Stecken. Es habe Schmerzen am Knie und Fuss. Es solle zum Doktor gehen, rate ich. Sie habe kein Geld, meint sie. Ist es möglich, dass es Leute gibt, die 2000 CFA (4 CHF) nicht auftreiben können? Wenn jemand wegen Geldmangel nicht behandelt werden könnte, wäre das nicht in Ordnung.

Ein Kommen und Gehen und Unzufriedenheit
Es ist ein Kommen und Gehen im Spital. Die Eltern des Spitaldirektors sind abgereist. Der Direktor bleibt mit seiner Familie einige Tage in Libreville. Die polnischen Ärzte Tamara und Slavek reisen nächstens ab mit den zwei Söhnen von Renata und Wlodek. Janine, die directrice adjointe und Christiane, die Apothekerin werden in einigen Tagen zurückkommen. Der polnische Kinderarzt sollte endlich kommen. Ich bin gespannt, wie er mit den Kindern und Müttern umgeht. Wird er freundlich, verständnisvoll sein?

Am Tisch der weissen Angestellten herrscht Unzufriedenheit. Angefangen hat es, weil beim Frühstück keine Konfitüre da war! Ist das so schlimm? Das Personal arbeite unsorgfältig, verschwenderisch. Es werde zu viel Geld ausgegeben für Medikamente, die man hier nicht gebrauchen könne. Anderes, was man unbedingt brauche, werde nicht geliefert. Ja, wir sind in Afrika, da läuft die Zeit anders. Die Gebäude des Spitals seien zu weit entfernt voneinander und vom Esszimmer, das verführe sie, das Auto zu nehmen!
Diese jungen Leute machen Sport, sind sich aber nicht mehr fähig einige Meter zu Fuss zu gehen.

Ich denke auch, dass mehr gespart werden könnte. Warum essen wir jeden Tag Fleisch?

Schlangenmahlzeit
Einige Männer sind am Häuten und Ausnehmen der Riesenpythonschlange. Das ist Schwerarbeit. Etwa 60 Eier werden herausgeschält. Frauen füllen Fettklumpen in Plastiksäcke. Das sei gut bei Verletzungen. Die Python wird in Stücke gehauen. Die bekommen die Leute in der Case Sociale. Wir haben auch Schlangenfleisch gegessen. Es war gut, vergleichbar mit Poulet oder Truthahn.

Worte Albert Schweitzers

Ich lese weiter in Albert Schweitzers Schriften:

Jeder von uns, welches auch seine Stellung und sein Beruf sein mögen, muss ohne Unterlass darauf bedacht sein, in seinem Verhalten wahres Menschentum zu bewahren.
Fortschritte des Wissens und Könnens bringen Menschen nur im Unwesentlichen voran.
Das Wesentliche ist, dass wir bessere und tiefere Menschen werden.

Viel Kälte ist unter den Menschen, weil wir nicht wagen, uns so herzlich zu geben, wie wir sind.

Kraft macht keinen Lärm. Sie ist da und wirkt. Wie der Baum Jahr für Jahr dieselbe Frucht wieder neu bringt, müssen auch alle wertvollen Ideen im Denken der Menschheit von Generation zu Generation neu geboren werden.

Was ein Mensch an Gütigkeit in die Welt hinaus gibt, arbeitet an den Herzen und am Denken der Menschen.

Dass Einzige, worauf es ankommt, ist, dass wir darum ringen, dass Licht in uns sei. Und wo Licht im Menschen ist, scheint es aus dem Menschen heraus.

Ich lese in den Briefen Schweitzers aus den Jahren 1914 /15 aus der Gründungszeit des Spitals in Andende. Ich bin beeindruckt, wie schnell er sich in die Denkart der Afrikaner einfühlen konnte. In dieser Zeit herrschte in dieser Gegend wirklich grosse Not und Krankheit. Viele Leute waren Träger der Schlafkrankheit, die nun fast ausgerottet ist. Im Vergleich zu damals geht es den Gabunern nun gut. Im Museum finde ich Briefe aus den Jahren 1925 – 27, wo Schweitzer beschreibt, mit wie viel Mühe und Einsatz er das neue Spital baute. Dem Hochwasser und tropischen Regengüssen wegen, baute er es auf Pfählen. Neben den Einheimischen half ihm ein Schreiner aus St. Gallen, Hans Muggensturm. Er habe die richtige Gabe mit den Schwarzen umzugehen "in der Verbindung von Festigkeit und Güte, im Vermeiden von unnötigen Reden, im Vermögen ein heiteres Wort im richtigen Moment zu finden".

Albert Schweitzer vergleicht das Arbeitstempo der Gabuner mit einer Symphonie:

- Lento: Verdrossen empfangen die Leute Äxte und Buschmesser. Im Schneckentempo geht es an die Arbeitsstelle
- Moderato: Äxte und Buschmesser laufen in überaus mässigem Tempo. Vergebens versucht der Dirigent das Tempo zu beschleunigen
- Adagio: Nach der Mittagspause. Von Zeit zu Zeit hört man einen Axthieb.
- Scherzo: Durch einige Spässe gelingt es die Stimmung zu beleben. Die Leute beginnen zu singen und zu scherzen
- Finale: Die Lustigkeit hat alle erfasst. Dem Wald soll es übel gehen. Johlend und kreischend geht man ihm zu Leibe.

Rundgänge mit Besucher

Eine Gruppe katholischer Schwestern, ein Kanadier, afrikanische und französische Studenten, zwei Mädchen aus Belgien und Spanien führte ich durch die Gebäude des alten Spitals. Es gibt interessante Begegnungen, Gespräche und Beobachtungen.

Aber immer stosse ich mich am Unrat vor dem alten Spitalgebäude. Niemand scheint hier für Ordnung verantwortlich zu sein.
Beim Gang durch die leeren Räume bekomme ich ein leeres Gefühl im Magen. Ich denke daran, was ich hier alles erlebte und wie viel Leben da drinnen war. Ich sehe Dr. Schweitzer und Ali an ihren Tischen sitzen und schreiben. Ich sehe die Patienten und Ärzte vor mir, Joseph und NDolo im Labor, Jo und Evangeline bei einer Geburt, die Kinder und Mütter an einer langen Schlange stehend für Medikamente. Ich sehe das bunte Treiben und höre ihre Stimmen und ihr Lachen.

Verantwortung und Berufseinstellung

Die Kinderärztin, die Vertretung machte, ist abgereist, aber der Pädiater ist noch nicht aus den Ferien zurück. Wir haben keinen Bericht von ihm. Was ist das für eine Berufseinstellung und Verantwortung? Der Spitaldirektor spricht von Schliessen-Wollen der Pädiatrie, da dies nicht zu verantworten sei. Was ist das für eine Idee! Kranke Kinder nicht mehr aufnehmen ist auch keine Verantwortung. Auch ein Allgemeinarzt sollte etwas von Kinderheilkunde verstehen. Vor Jahren musste er es. Da war gar kein Pädiater da.

In der Pädiatrie arbeiten zwei Medizinstudenten und Martine. Die junge Ärztin hat schon recht gute Erfahrung. Sie macht auch Gesundheitskontrollen und Impfungen in den Dörfern.

Ich begleite die beiden Studenten bei der Visite. Sie sind überfordert. Es sind mehrere schwerkranke Kinder da, Brechdurchfall, Dehydratation, Pneumonien, Anämie. Das einheimische Personal arbeitet mühsam und langsam. Ein heiteres Wort zur rechten Zeit, wie Schweitzer sagte, fehlt. Ich kann die unberührten Gesichter der Studenten fast nicht aushalten. Ich möchte ihnen einen Stoss geben: "So, jetzt macht mal ein freundliches Gesicht und sagt ein heiteres Wort und zeigt mehr Verständnis für die Mütter"!

Die Bananenstauden bei Atadie sind umgehauen worden. Aus den Wurzelstümpfen wachsen neue, grüne Triebe. Doch das Feld sieht trostlos aus, und der Blick gegen die Kinderkrippe ist noch öder. In dieser Mulde staut sich die Hitze und Feuchtigkeit. Kein Baum gibt Schatten und die Kinder sind der Hitze ausgeliefert. In der heissen Zeit können sie nur auf der Terrasse spielen. Auch die Krippe möchte der Direktor schliessen. Er meint, es habe keinen Sinn, sich hier noch einzusetzen. Es werde alles kaputt gemacht oder gestohlen! Diese negative Einstellung entsetzt mich. Immer die Kinder müssen darunter leiden, wenn etwas nicht funktioniert. Das kenne ich aus meiner Zeit. Man überlegt nicht, was man unternehmen oder ändern könnte. Auch die Leiterinnen scheinen keine Fantasie zu haben, leiden unter Gleichgültigkeit.

Nicola

Ein junger Mann steht vor mir. Er heisse Nicola, habe in Kinshasa Schneider gelernt. Ob ich Maria Senn besuche, wenn ich zurückgehe, fragt er. Er habe für sie eine Bluse und ein Kleid genäht. Ob er das für mich auch mache, frage ich ihn. Er komme um 20 Uhr zu mir, sagt er. Es wurde dann 22 Uhr bis er kam. Morgen wolle er kommen und mit mir plaudern. Wir seien nun Freunde, meint er. Beim Abschied vor der Tür sagt er: "Que dieu vous protège".

Ausflug zum NGounie

Zu dritt fahren wir Richtung Fougamou nach Sindara zu den Wasserfällen des NGounie. Auf der holperigen Strasse werden wir tüchtig herumgeschüttelt. Vorbeifahrende Autos hüllen uns in einen Schleier von rotem Staub ein, der wie ein dichter Nebel die Sicht verdeckt. Die wunderschöne Landschaft mit ihrer Vielfalt von Bäumen und Grün ist mit rotem Staub bedeckt. Erst bei Fougamou, wo wir in eine Nebenstrasse einbiegen, wird der Wald glänzend, leuchtend. Aus dem verschiedenen Grün leuchtet hie und da ein weisser Weihnachtsstern. Die Strasse ist umsäumt mit mächtigen Bambusbäumen.

Sindara ist ein grosses Dorf, sauber und schön. Die meisten Häuser sind gemauert und mit Wellblech bedeckt, nicht mehr mit Palmblättern wie einst. Leute grüssen uns fröhlich und winken uns zu.

Ab hier geht es zu Fuss weiter. Durch Gestrüpp bahnen wir uns einen Weg. Hier ist richtig schöner Urwald. Rote und weisse Blumen leuchten aus dem satten Grün. Ich freue mich an den vielen bunten Schmetterlingen, am Pfeifen und Schwatzen und Singen der Vögel. Dann stehen wir vor den leeren, roten Backsteinbauten der ehemaligen Missionsstation. Alles ist leer, verlassen, dem Verfall preisgegeben. Einzig die Kirche sieht einigermassen gut aus. Sie ist geschlossen. Eine Frau berichtet, dass hier 1-2 Mal im Monat ein Gottesdienst stattfinde. Im grossen, offenen Schulraum stehen Schulpulte und Bänke, als seien erst noch Kinder da gesessen. Warum wohl niemand die Häuser bewohnt? Fliessendes Wasser und WC sind da. Warum die Station wohl aufgegeben wurde? Warum geht es nicht weiter, wenn keine Weissen mehr da sind?

Dass selten jemand hier vorbeikommt, merken wir am zugewachsenen Weg, der zum Wasserfall führt. Es wäre beinahe eine Machete nötig, um hier durchzukommen. Endlich hören wir das Rauschen von Wasser. Eine überwältigend schöne Landschaft tut sich uns auf: Links der glänzende, breite NGounie, eingebettet im Grün des Urwaldes. Rechts riesige, dunkle Felsblöcke. Dadurch zwängt sich weiss schäumend und wirbelnd das Wasser. Gross ist der Fall nicht, etwa zwei Meter hoch, eigentlich mehr eine Stromschnelle. Während der Regenzeit sei der Felsen zugedeckt und die Wasserstrudel gefährlich. Da sei einmal ein Student ertrunken. Daran erinnere ich mich. Das war Topper, ein Amerikaner, der auch das Spital besuchte und immer mit einem Regenschirm herumspazierte. Beim Picknick schauen wir dem Wasserspiel zu. Kleine, lästige Fliegen lassen uns nicht ruhig sitzen. Blaue und rote Libellen fliegen herum. Weit unterhalb des Wasserfalls schwimmt eine Piroge. Sonst ist kein Leben zu sehen. Es scheint, als ob dieser Teil der Welt in Vergessenheit geraten sei.

Sinnend sitze ich im Zimmer und lausche auf die Nachtgeräusche, Vogelgezwitscher, Froschgequake, Tam-Tam und Singen von Dakar her. Ob es Lambarene wohl auch einmal so geht, wie den Missionsstationen, wenn die Europäer es verliessen?

Auf dem Weg zum Esszimmer liegt eine tote, grüne Schlange im Gras, fast unsichtbar. Diese Schlangen halten sich auf den Bäumen auf und können sich plötzlich fallen lassen. Ein Biss von ihnen kann tödlich sein. Eidechsen huschen herum, klettern flink an den Baumstämmen hoch, kleine, graue Tierchen, aber auch grosse Geckos mit orangenen Köpfen.

Ich sitze auf der Bank vor meinem Zimmer und häkle Plätzchen zu Wolldecken zusammen. Neben mir hockt eine Gruppe Buben am Boden und zeichnet. Unter Flüstern und Kichern entstehen bunte Bilder, die sie mir überreichen. Natürlich möchten sie etwas dafür haben. Ich verteile Ballone und im Nu bin ich von einem Rudel Kinder umringt. Alle möchte Ballone haben, noch einen für die kleine Schwester, für den Bruder.... so, jetzt sind alle weg, keine Gonflands mehr da.

"Mademoiselle Marianne", ruft es vor der Tür, "je suis la fille de Samuel. J'ai entendu que tu es là. Je viens de dire bonjour". Herzliche Umarmung. Ich erkenne in ihr den Samuel, der im OP arbeitete. Er sei gestorben, sagt sie. Hier sei es nicht mehr wie früher, viel zu gross, meint sie. Sie erinnert sich an so Viele und Vieles von früher. Lange plaudern wir zusammen. Sie wohne nun in Port Gentil und habe 12 Kinder!" Chez nous, c'est comme ça, on a beaucoup d'enfants".
Sie ist extra von Port Gentil her gekommen, um mich zu grüssen.
Das Buschtelefon funktioniert.
Ich bin beeindruckt. So haben wir doch Spuren hinterlassen.
Schweitzer sagte einmal:

"Keiner von uns weiss, was er wirkt und was er Menschen gibt. Es ist für uns verborgen und soll es bleiben. Manchmal dürfen wir ein klein wenig davon zu sehen bekommen, um nicht mutlos zu werden. Das Wirken von Kraft ist in allen Gebieten geheimnisvoll".

Wieder habe ich René, den Spitaldirektor, auf den Schmutz im alten Spital aufmerksam gemacht. Ich möchte, dass dort jemand sauber macht. Auch er stösst sich daran, aber es ärgert ihn, dass er Angestellte des Spitals schicken soll, um den Dreck der Bewohner der alten Gebäude wegzuräumen. In den alten Spitalgebäuden leben Rentner gratis, das habe die Stiftung so bestimmt.

Aha, darum erscheinen mir die Bauten so übervölkert. Da hausen sicher ganze Familien darin. Gratis. Kontrolle wird kaum gemacht. Aber Ordnung könnten sie doch haben. Man könnte auch Abfalltonnen aufstellen. Eine Kehrichtverbrennungsanlage ist ja vorhanden.

René sagt, von der Stiftung bekomme er keine Unterstützung. In den fünf Monaten, die er hier sei, habe noch niemand gefragt, wie es gehe. Die Gabuner machten Versprechungen, die sie nicht halten täten. Komme die Stiftung im Gabun zusammen, würden sie nicht erscheinen. Sei sie aber in Europa, seien sie die ersten, die sich anmeldeten.

René scheint resigniert zu sein. Die Leute hier hätten keinerlei Respekt vor fremdem Eigentum. Die Einwohner von Abongo hätten auf Spitalboden Bäume gefällt und bedienten sich vom Wasser an den Brunnen des Spitals. Den alten Garten hätten sie für ihre Pflanzungen benützt. Dort müsste man nur etwas Erde drauftun und man könnte wieder pflanzen. (Warum macht man es denn nicht?) Die Geisteskranken könnten wieder beschäftigt werden, wie zu Schweitzers Zeiten. Aber als Patienten dürften sie nicht mehr arbeiten, das sei Vorschrift. René bedauert auch, dass die Obstbäume überwachsen und verkümmert sind. All das zu vernachlässigen sei nicht in Schweitzers Sinn.

Ich frage mich, ob es richtig ist, sich für das Spital einzusetzen. Der Staat hätte Mittel genug, um es selber zu tun. Aber ob sie den Willen und den Einsatz dafür aufbringen würden?

Albert Schweitzer sagte einmal, dass sein geistiges Werk wohl weiterleben würde, das Fortbestehen des Spitals unsicher sei.

Nicolas bringt meine bestellte Bluse und Hose. Im Eiltempo hat er sie heute Nachmittag genäht.
Er will 10000 CFA dafür. (CHF 20.--) Das sei ein Sonderpreis. Sonst verlange er 12000 CFA." Parce que je vous aime bien. Dejà quand j'étais là à l'age de 7 ans, l'année 1961, je vous aimais".
Und daran könne er sich noch erinnern? Frage ich. "Oui, oui "nickt er. Ich sage ihm, dass ich mich freue an dem Kleid, dass er schön und gut gearbeitet habe. Er sagt, er werde in die Schweiz kommen und mich und Mme Senn besuchen.

4. September
Heute ist Albert Schweitzers Todestag. Sein Grab ist mit Blumen geschmückt. Vor seinem Portrait im Esszimmer steht eine Vase mit Blumen.

Ich bin bei der Arztvisite in der Maternité dabei. Mit liebevoller Hingabe und Heiterkeit spricht Wlodek mit den Patienten und macht auch Spass mit ihnen. Ein freundliches Guten Abend und Gute Nacht. Die Patienten strahlen bei seinem Kommen. Für alle hat er verständnisvolle Worte. Mir erklärt er, woran die Leute leiden. Auch zum Personal ist er sehr freundlich. Das tut mir richtig wohl.

Sebastien in der Case Sociaux diktierte mir einen Brief für Maria Senn und Albert Frey. Er spricht von "souffrance de tête à pied", und: "Maria et son mari doivent supporter. La santé pour moi, je compte plus de mettre encore beaucoup."
Antonette will wissen, ob der Pasteur Frey wieder zurückkomme. Ich sage, ja, obwohl er zuerst sagte, dass er nicht mehr käme. "Oh, il ha parlé à deux bouches", meint sie.
Eine wunderbare, bildreiche Sprache!

Die Regenzeit ist im Kommen. Wie schon gestern, regnet es heute Abend wieder. Das Rauschen des Regens wirkt beruhigend und gibt mir in meinem Zimmer ein Gefühl von Geborgenheit. Ich habe eine Kerze angezündet. Sie verbreitet ein stilles, warmes Licht. Eigenartigerweise quaken keine Frösche und der Regen übertönt das Gezwitscher der Vögel.

Maman Susanne singt mit tiefer, heiserer Stimme leise vor sich hin immer die gleiche Melodie. Es wirkt beruhigend in die Abenddämmerung hinein. Ich sitze ruhig da, horche und schaue in die kommende Nacht hinein. Ein sanfter Wind lässt die Äste der Palmen erzittern.

Um 03.30 Uhr erwache ich. Lange kann ich nicht mehr einschlafen. Nebenan rumort Maman Susanne. Dem Plätschern nach hat sie grosse Wäsche. Die Nacht ist erfüllt von Stimmen verschiedenster Art: ein vielstimmiges Vogelkonzert, zirpende Grillen, lautes Liebesgeheul von Hunden, Männerstimmen, ein brummender Motor, hie und da ein quakender Frosch.

Putzmittel, Kuchenteig und Fragen

Den ganzen Vormittag habe ich Putzmittel verteilt, heute für das Personal. Es braucht Unmengen Material: Zündhölzer, WC-Papier, Mückenmittel, Vim, Schwämme, Javel, Seife, Besen.

Braucht man wirklich jeden Monat ein Stück Kernseife? Für was? Die Wäsche wird in der Wäscherei gewaschen. Ist ein Besen wirklich in einem Monat verbraucht? Dann müsste es auf den Abteilungen blitzblank sein. Ohne den alten Besen zu sehen, werde ich keinen Neuen ausgeben.

Und ist es richtig, dass die weissen Angestellten, die einen rechten Lohn beziehen, Toilettensachen und Putzmittel erhalten? Man kann hier alles kaufen, vieles sogar im Spitalladen.

Jemand, der die Aufsicht über den Haushalt hat, wäre bitter nötig.

Ob die Afrikaner wohl einmal Vorausdenken und Einteilen lernen? Gestern hätte es Zwiebelwähe geben sollen. Der Teig und die Füllung waren gemacht, aber dann sei kein Mehl mehr da gewesen um den Teig auszuwallen! Der Wähenguss wurde uns als Auflauf aufgetischt. Was hat die Köchin wohl mit dem Teig gemacht?

Marias Nachlass

Im Kämmerchen neben meinem Zimmer liegen immer noch Dinge von Maria Langendijk. Sie war jahrelange Pflegerin im Spital und ist schon vor etlicher Zeit gestorben. Niemand hatte ihre Sachen geordnet. Da lagern Kleider, Hüte, Zeitschriften, Briefe. Ich spreche mit

Janine, der stellvertretenden Directrice darüber. Wir wollen nächstens die Sachen ordnen. Kleider können wir für die Sozialfälle brauchen. Janine ist seit 17 Jahren in Lambarene. Sie hat den Wechsel vom alten zum neuen Spital erlebt. Es ist schön, mit ihr zu plaudern. Sie empfindet auch, dass mit dem neuen Spital die Gemeinschaft beim Personal und im Spitalbetrieb auseinander gebrochen ist. Eine Dorfgemeinschaft wie im alten Spital ist nicht mehr da. Aus dem Spitaldorf ist ein gewöhnliches Spital geworden. Viel Persönliches ist verloren gegangen. Wohl kommen immer noch die Kranken mit ihren Angehörigen ins Spital, eine Mitarbeit am Betrieb wie früher existiert nicht mehr. Dafür kostet die Behandlung nun Geld.

Marianne, ça va? Un peu, sage ich. - Lachen - Et toi, ça va ? - Un peu, kommt die Antwort mit hoher, weinerlicher Stimme. - Gelächter beiderseits.
Auch wenn es gut geht, geht es immer "un peu".
Ich freue mich an diesen Begegnungen. So wie ein fröhliches Wort, ein Spass, eine Teilnahme gut tut, tut mir ihr Lachen wohl.
Ich denke, dass man die Afrikaner eher verstehen kann, wenn man eine gewisse Reife hat und eine Zeitlang da gewesen ist. Die Studenten sind zu kurz da und zu jung, um die Lebensart der Einheimischen zu begreifen.

Ganz plötzlich geht aus windstiller Luft ein Schnürlregen nieder. Kinder springen mit über den Kopf gezogenen T-Shirts in Deckung. Zwei Frauen gehen aufrechten Ganges und gelassen der Sandbank zu. Der Regen scheint sie nicht zu berühren.

Eine Gruppe Japaner hat heute das Museum besucht. Es sind Angestellte der Ambassade Japonais in Libreville.

Mit drei Wochen Verspätung ist der Kinderarzt angekommen. Ohne Anna, seiner Frau. Sie hat den Vertrag mit dem Spital abgebrochen. René, der Direktor wirkt müde, abgespannt, nervös. Er regt sich über die Schmierereien seiner kleinen Kinder beim Essen auf. Das sei halt so, wenn man lerne selbstständig zu sein, meine ich. Er meint, das ginge ja noch, wenn es nur die Kinder wären, aber ....
Offenbar ist die Situation für ihn schwierig. Nächstens wird er mit der Familie für vier Wochen nach Europa reisen. In Bern an eine

Sitzung der Stiftung, und später an eine Tagung in Frankfurt, wo Rhena, Schweitzers Tochter dabei sein wird. Ob der Betrieb hier es sich leisten kann, vier Wochen ohne Direktor auszukommen? Zum Glück ist Janine da.

Ein nostalgischer Spaziergang nach Andende

Es ist ein strahlender Sonntag heute. Ein leichter Wind überbläst die Hitze des Tages. Auf der Sandbank wächst ein grüner Grasteppich Der Ogowe ist spiegelglatt. Buben spielen Fussball auf dem Sand. Zwei Männer stossen Karetten mit Sand herum. Sie wollen Backsteine daraus machen. Der Sonntag ist für diese Arbeit kein Hindernis. Frauen waschen auf einem Tisch im Fluss ihre Wäsche.

Ein Gecko hält sich an den Schuppen eines Palmstammes fest, wiegt seinen orangenen Kopf hin und her und verschwindet blitzschnell, als sich eine Gruppe Kinder nähert. Die grösseren Mädchen tragen ihre kleinen Geschwister auf dem Rücken. Irgendwo wird ein Tam-Tam geschlagen.

Gegen Abend spaziere ich Richtung Andende. Ein Mann begleitet mich ein Stück weit. Er kenne mich, sagt er, er habe gehört, dass ich zurückgekommen sei. Nach dem Dorf führt der Pfad zwischen dichtem Schilfwuchs den Fluss entlang.Ein erholsamer, ruhiger Spaziergang, der nur während der Trockenzeit begehbar ist. Das Andende, wo Schweitzer sein erstes Spital baute, gibt es nur noch in den Herzen der älteren Generation. Auf der Karte heisst es nun Fanginoweni und ist ein Lycée. Schon früher, als die Mission noch blühte, gab es hier eine Schule. Auch die Kinder der Spitalangestellten besuchten sie.

Die kleine Holzkirche hat einen schiefen Turm bekommen. Sie ist ausgehöhlt und am verfallen. Der Zutritt ist gefährlich.

Auf dem Platz von Schweitzers ehemaligem Wohnhaus steht ein neues, weisses Gebäude.

Vom Hühnerstall, seinem ersten Behandlungsraum, ist nichts mehr zu sehen.

Die Aussicht von diesem kleinen Hügel auf den Ogowe ist wunderschön.

Auf dem Rückweg begegne ich wieder fröhlichem Winken und Grüssen. Kinder strecken ihre Hände entgegen. Bonsoir, MBolo.

Wo in der Schweiz würde ein Fremder, ein Afrikaner so herzlich begrüsst werden?

Alain

Vor Jahren kam Alain als Patient ins Lepradorf. Jetzt ist er Personalchef der afrikanischen Angestellten und ist im Stiftungsrat. Es sei schwierig mit dem Personal, sagt er. Er sei froh, dass er nächstes Jahr pensioniert werde. Er hat sich in der Nähe des neuen Spitals ein Haus gebaut. Für afrikanische Verhältnisse ist es eine Villa.

Ausflug zum Lac Zilé

Der Sohn von NDolo und sein Freund fahren uns, das sind die beiden Studenten David und Yang und ich, mit der Motorpiroge hin. Zunächst ist der Ogowe recht wellig. Es sieht beinahe nach Gewitter aus, doch später beruhigt sich der Fluss. Atsie liegt auf einer Felsenterrasse. Es ist ein grosses, stattliches Dorf geworden und hat eine Verbindungsstrasse zur Strasse Lambarene – Fougamou bekommen. Spontan bietet sich eine Frau an, uns das Dorf zu zeigen. Zwei neue Schulhäuser sind im Bau.

Der Eingang zum Lac Zilé ist eng, romantisch. Um ihn zu finden, muss man sich schon auskennen, wegen des niederen Wasserstandes bleiben wir einige Male im Sand stecken. Teilweise ist der Wasserweg mit dichtem, grünem Schilf verdeckt. Eine unberührte, urtümliche Urwaldlandschaft und wohltuende Ruhe umgibt uns. Hie und da rudern Frauen vorbei. Ihre Pirogen sind beladen mit Taro und Tubercules.

Plötzlich liegt der See vor uns, eine grosse, weite Fläche mit vielen Inseln durchzogen. Gelbe, weisse, graue Vögel fliegen herum. Möwen begleiten uns. Ein weisser Reiher stelzt im Sand. Auf den meisten Inseln campieren Leute, die die Trockenzeit benützen zum Fischen.

Wir machen Halt bei einer kleinen Insel, von der wir denken, sie sei unbewohnt. Wie wir dem schmalen Pfad folgen, befinden wir uns plötzlich auf einer Lichtung. Unter einem mit Palmblättern bedeckten Unterstand liegt eine schlafende Frau mit einem Baby. Bei einer rauchenden Feuerstelle, neben Geschirr und Pfannen, steht ein etwa zweijähriges Kind. Die Frau erwacht. Sie scheint gar nicht erstaunt oder erschreckt zu sein, als sie uns sieht. Sie sei müde, sagt sie. Sie sei die ganze Nacht auf Fischfang gewesen. Wir entschuldigen uns für die Störung. Wir hätten nicht gewusst, dass hier jemand wohne. Wir kämen vom Schweitzer-Spital. Es sei schön hier, sagen wir. Die Frau steht auf.

Sie habe auch im Spital gearbeitet mit Devika und Annelies. Ich frage, ob sie Marianne auch gekannt habe? "Ah, oui, Marianne. Chez les enfants à la maison là haut". Ich sei Marianne, sage ich. Und da umarmt sie mich und freut sich. "Oh, Marianno, elle a beaucoup souffert avec les enfants".

Ich frage sie, ob sie sich an das Kind erinnere, das ich damals aufzog. "Mambela?" Sogar den Namen wusste sie noch. Doch sie wisse nicht, was aus ihr geworden sei. Aber der Grossvater wohne in Lambarene, au marché. Lengangue Lambert. "Und Evangeline"? frage ich. Evangeline sei in Adouma. Es gehe ihr nicht gut, avec la tête. Evangeline war eine ganz spezielle Persönlichkeit, hübsch, intelligent. Sie arbeitete als Hebamme. Ich hatte eine grosse Achtung vor ihr.

Das war heute wieder eine schöne, beglückende Begegnung. Ich geniesse die Stille auf der Rückfahrt. Der Motor ist abgestellt. Wir sind umgeben vom Grün der Natur, vom Zartgrün des Schilfes, von gelben Sandbänken und stillem Wasser. Ueber uns fliegen die Reiher.

Morgenmusik
Ich erwache früh, schaue und horche in den beginnenden Tag hinein. Ein Vogel pfeift, andere antworten ihm in der gleichen Tonfolge und dann beginnt ein trillerndes Vogelkonzert ergänzt mit dem Krähen der Hähne. Der Himmel hellt sich auf. Die filigranen Palmblätter wirken wie Scherenschnitte. Ein leichter Wind weht. Das sanfte Wiegen und Zittern der Äste sieht aus wie ein leichter, beschwingter Tanz zu einer nicht hörbaren Melodie. Der Ogowe ist bleigrau und glatt. Der Wald liegt im Dunst.

Visite mit dem Kinderarzt
Ich begleite Marian, den polnischen Kinderarzt auf der Visite. Verständnisvoll, kompetent begegnet er den Eltern und Kindern. Klar und deutlich sind seine Verordnungen. Konsequent und streng geht er mit den Studenten um. Er ärgert sich über den lässigen Einsatz der Studenten. "Wir haben es mit menschlichem Leben zu tun", sagt er. Er kritisiert die mangelnde Ordnung und die Unselbständigkeit. Nichts werde von sich aus gemacht. Jede Arbeit müsse extra betont werden. Er schaut unter jedes Pflaster, findet infizierte Einstiche von Infusionen. Die Kinder seien ungepflegt. Einige Säuglinge haben Soor und die Studenten haben das nicht gemerkt. Die Kinder,

besonders die Kleinen müssten besser beobachtet werden. Das Personal müsste dafür besser geschult sein.

Er ärgert sich über die Arbeit im Labor, wo mit dem Material unsorgfältig umgegangen werde. Der Putzfrau und dem Mann, der vor dem Haus für Ordnung sorgen soll, gibt er einen Verweis.

Woran liegt es, dass die Gabuner in all der Zeit nicht selbständiger geworden sind? Ist es einfach ihre Mentalität, ihre Art zu leben?

Rückblickend auf meine Zeit damals, im alten Spital haben wir unter weniger guten Bedingungen gar nicht schlecht gearbeitet, denke ich.

Nächtlicher Störung

Klopfen und Rufen weckt mich in der Nacht. "Yang, komm, der Kranke atmet nicht gut". Die Nachtwache hat Mühe, den Studenten zu wecken, der einige Zimmer neben mir wohnt. Und schon höre ich Jammern, Weinen und Schreien.

Jemand ist gestorben. Wie früher wird der Trauer laut Ausdruck gegeben. Lange hallt das Wehklagen durch die Nacht. Die Afrikaner drücken ihre Gefühle laut aus, sei es Freude, Trauer oder irgendein Unbehagen. Sie sprechen auch darüber und alle können Anteil nehmen. Tod gehört zum Leben, das wird einem in Afrika bewusst. Annemarie auf der Insel im Lac Zilé sagte, dass von ihren zwölf Kindern fünf gestorben seien. "Chez nous, c'est comme ça".

Unterwegs mit der PMI (Mütterberatung)

Auf holpriger Strasse fahre ich mit Martine, der franz. Ärztin und zwei Pflegerinnen nach Issala, Richtung Fougamou. Bei den ersten Häusern der Dörfer rufen die Pflegerinnen laut vom Auto aus:"Peser, vaccinations, venez"! Langsam schlendern die Mütter mit den Kindern zum Dorfzentrum. Bänke und Stühle werden im offenen Haus aufgestellt. Martine breitet auf einem Tisch Spritzen, Impfstoff und Medikamente aus. Es dauert eine geraume Zeit bis alle Mütter mit den Kindern anwesend sind. Dann gibt eine der Pflegerinnen zuerst Unterricht. In einem energischen, schulischen Ton erklärt Sophie, wovon die Kinder krank werden können. Auf einem Bild zeigt sie ein mageres Kind und redet von Marasmus und Kwashiorkor. Ich zweifle, dass die Frauen viel davon begreifen. Es wird erklärt, wie ein Kind ernährt werden soll, damit es gesund bleibt. Wann es Früchte, Taro, Maniok, Reis, Fleisch, Sardinen essen soll. Dass vor allem Stillen wichtig ist, wird nicht betont. Ich beobachte, dass die meisten Mütter den Säuglingen einen Schoppen geben.

An einer Hängewaage werden die Kleinen gewogen unter Geschrei und Lachen der Anwesenden.

Es zeigt sich, dass Einige abgenommen haben, dass es mit der richtigen Ernährung hapert. Einige haben Durchfall und Erbrechen. Martine gibt Medikamente und rät, dem Kind eine Mischung aus Wasser, Salz, Zitronensaft und Zucker zu geben.

Frauen, die eine spezielle ärztliche Untersuchung wünschen, müssen 1000 CFA bezahlen (5 CHF).

Die Impfungen sind gratis: Tbc, Di-Ter-Per, Polio und Masern.

Nachmittags fahren wir zu Agro Gabon Zilé. Das ist eine riesige Palmölplantage. Wir fahren durch schnurgerade Strassen, die beidseitig von dichten, niederen Palmen gesäumt sind. Ein Palmenwald riesigen Ausmasses. In einer Lichtung befindet sich das Containerdorf der Angestellten, grüne Häuserkistchen, eines neben dem andern, monoton, ohne Schatten.

Wieder wird gehupt und gerufen: Vaccinations.

Die Ernährungslektion erspare ich mir und spaziere den Hügel hinauf. Hier ober steht ein schönes Haus mit einem gepflegten Gemüsegarten und Blütenbäumen. Daneben sprudelt eine Quelle. Eine Glucke spaziert mit zwölf kleinen Kücken herum. Der Blick über die grüne Palmenlandschaft ist eindrucksvoll. Einst stand da undurchdringlicher Urwald!

Unterdessen ist die Unterrichtsstunde vorbei, der Raum überfüllt mit Kindern und Müttern. Hier sehen die Kinder besser aus. Gegen 60 Kinder werden gewogen und viele geimpft. Ich helfe Martine beim Impfen. Alles wird in ein Gesundheitsbüchlein eingetragen.

Eine Frau sagt, sie dürfe nicht stillen, sonst werde sie sterben. Tabu? Gibt es das noch?

Ein siebenjähriger Bub fällt mir auf. Er hat einen riesigen Bauch und einen verformten Brustkorb. Martine untersucht ihn. Seine Leber und die Milz sind vergrössert und er hat weiche, verformte Rippen. Er atmet mühsam. Martine rät, ihn und auch seine Schwester, die ähnliche Symptome hat, im Spital untersuchen zu lassen.

Geburt

Hilflos liegt eine Gebärende auf dem Tisch. Hie und da kontrolliert die Hebamme mit einem Hörrohr die Herztöne des Kindes und klopft der Frau auf den Bauch. Befehl folgt auf Befehl ohne Anteilnahme. Sauberkeit und Sterilität sind klein geschrieben. Kaum Dammschutz, man lässt die Natur walten. Die Frau bekommt das neunte Kind. Trotzdem ist die Geburt nicht einfach. Nichts von liebevollem Empfang, nichts von Freude über das neugeborene Mädchen auf dem Gesicht der Mutter und der Hebamme. Das Kind wird abgesaugt, erbarmungslos abgerieben. Die Nabelschnur wird durchschnitten und das Kind auf den Wickeltisch gelegt. Die Mutter sieht es kaum. Die Grossmutter bringt Kölnisch Wasser. Damit wird das Kind unsanft eingerieben und hin und her bewegt.

Noch zwei Frauen stehen kurz vor dem Gebären. In diesem gut eingerichteten Gebärraum ist jedoch nur ein Gebärbett da. "Man wird auf dem Boden gebären", sagt die Hebamme. Wie das wohl gehen mag? Eine der Frauen hat eine Halbseitenlähmung.

Meine Gedanken wandern zurück in unsere damals einfache Einrichtung im Gebärzimmer, wo Jo sich verständnisvoll den Gebärenden zuwandte und eine Atmosphäre der Geborgenheit herrschte.

Die Zeit der Lianenkörbchen ist vorbei. Die Neugeborenen liegen in wollene Kleidchen gepackt mit Wollkäppchen auf den Wuschelköpfchen in Plexiglasbettchen. Neben ihnen eine Schoppenflasche und eine Flasche mit Kölnisch Wasser.

Während drei Tagen habe ich eine Darminfektion gehütet. Erbrechen, Durchfall und Fieber. Es waren nicht grad Festtage. Ob das Hackfleisch schuld war? Ich bin sicher, dass unser Trinkwasser auch nicht gut abgekocht ist.

Alle waren rührend um mich besorgt. Das ist auch ein schönes Erlebnis. Yang brachte Aspirin, Renate Tee. Halina, die Chefärztin, die erst aus den Ferien gekommen war, kam vorbei mit Fiebermesser und Bactrim. Martine und Wlodek schauten nach mir und Marian, der Kinderarzt fuhr extra nach Lambarene um Zitronen zu kaufen. Der Bauch ist nun still. Geblieben sind noch Müdigkeit, ein brummender Kopf und wenig Appetit.

Spiel und Tanz

Auf den Ruinen der alten Küche tanzen Kinder. Um ihren Kopf haben sie weisse Bänder gebunden. Die Mädchen tragen kurze Röcke aus grünen Grashalmen. Einige trommeln auf Büchsen und Baumstämme, andere schlagen mit Hölzern. Wie sie es bei den Tänzen der Erwachsenen gesehen haben, machen sie zwei Reihen, singen, klatschen und wiegen sich hin und her. Eines führt in der Mitte einen lebhaften, rhythmischen Tanz auf. Lustig wackelt das Hinterchen und luftig wiegt das Röckchen hin und her. Ein Bub hornt in einen Schlauch. Es ist ein vergnügtes Spektakel.

Das Einkaufen mit Renata in Lambarene ist auch ein Spektakel. Ein Gasrechaud, Getränke, Rattengift, Fegbürsten. Es ist nicht viel und doch mühsam. Bürsten mussten wir in mehreren Läden suchen. Rattengift gab es nur in der Apotheke, überall sonst ausverkauft. Gabun ist immer noch ein rattenreiches Land.

Eine Frau ruft meinen Namen: "Tu me connais"? Sie war mit ihrem kranken Kind in der Pädiatrie, wo ich manchmal mit ihr plauderte. Sie strahlt: "Dem Kind geht es gut."

Elle est là

Ich habe Lengangue Lambert, den Grossvater von Mambela, besucht. Der alte Mann schaute mich mit lebhaftem Blick an: "Tu es revenue"? Mambela wohne in Belleville. Sie sei nicht verheiratet und habe keine Kinder. Was sie denn mache? "Oh, elle est là". Er habe sie schon lange nicht mehr gesehen. Er wohnt allein in zwei Zimmern. Er sitzt auf einem Stuhl, auf einen Stock gestützt und schaut auf das bunte Treiben des Marktes. Seit vier Jahren sei er krank. Doch, er habe Leute, die zu ihm schauen.

Dass Mambela, die doch von MBigou kam, in Belleville sein soll, erstaunt mich. Belleville liegt flussaufwärts am Eingang zu NGounie. "Elle est là". Was braucht es mehr, als da zu sein? Wir fragen immer nach Tätigkeiten. Ist Da-Sein nicht auch eine Tätigkeit?

Kleidersturm

Im Untergeschoss der Case Kopp werden Kleider, geschenkte, neue und gebrauchte, zu billigen Preisen dem Personal angeboten. Renate und ich werden bestürmt. Wie die Wilden stürzen sich die Frauen auf alles, zerren alles heraus, auch was nicht zum Verkauf bestimmt ist. Wir müssen uns nach allen Seiten wehren. Es herrscht ein richtiges Chaos. Sie wollen Sachen reservieren lassen oder auf Kredit kaufen. Nur Angestellte des Spitals bekämen Sachen auf Kredit, bestimmen wir. Diese mussten unterschreiben, was sie nicht bezahlt haben, damit es vom Lohn abgezogen werden kann. Am Schluss merken wir, dass die Reissverschlüsse weggekommen sind. Was sonst vielleicht noch, können wir nicht kontrollieren. Wir beschliessen, in Zukunft nur zwei bis drei Frauen einzulassen.

Wenn ich den Sternenhimmel sehen will, muss ich einen dunklen Platz suchen. Der Schein der elektrischen Beleuchtung verdeckt die Sicht zum Sternenhimmel. Wie bewunderte ich doch früher das funkelnde Sternengewölbe.

Doch der Blick von meinem Zimmer aus in die Nacht ist zauberhaft. Der Mond wirft seinen Schein auf die leicht wiegenden, dunklen Palmen.

Spitalalltag

Renata kümmert sich um Kinder, die Bewegungs- oder Beschäftigungstherapie brauchen. Ein Mädchen, das lange an einer Infusion war, hat Mühe den Arm zu bewegen. Mit spielerischen Bewegungen verliert das Kind die Angst. Ein Bub hatte einen schweren Unfall am Oberarm. Die Hand und die Finger bewegen machen ihm Mühe. Das muss intensiv geübt werden. Doch im Therapieraum fehlt es an geeignetem Spielmaterial.

Auf den Bänken im grossen Warteraum sitzen die Patienten und warten geduldig auf die ärztliche Untersuchung. Ein Pfleger schreibt die Neuen auf. Wie früher bekommt jeder Patient ein Ticket mit seinem Namen und einer Nummer. Jeder Arzt hat ein schönes, grosses Untersuchungszimmer, hell und gut eingerichtet. Uebersetzer brauchen die Ärzte nicht mehr. Nun sprechen alle Leute Französisch. Die Labors sind geräumig und hell. Ein separater Raum für Blutentnahmen ist da, ein modernes Röntgen und Sonografie. Ich kann bei Halina beim Untersuchen ihrer Patienten dabei sein. Die Operationsabteilung ist eingerichtet wie in Europa.

Lambarene ist ein modernes Spital am Rand des Urwaldes.

Cadaux

Mit Büchern und T-Shirts bin ich auf dem Weg zum Museum wo die Sachen verkauft werden. Unterwegs werde ich bestürmt: "C'est pour qui? Donne! Cadaux!", nicht etwa von Kindern. Es sind Frauen, die betteln. Immer diese Erwartung, dass wir Geschenke machen. Kein Wunder, dass es die Kinder nachmachen. Seitdem ich ihnen Ballone verteilt habe, wollen sie ständig etwas. Der achtjährige Jean-Robert wollte mir sein selbstgebasteltes Schiff verkaufen. Gut, er hatte es wenigstens selbst gemacht, wenn es auch nicht so schön gearbeitet ist. Er wollte 1000 CFA dafür.

Ich sagte ihm, es sei zu gross und zu kompliziert zum Mitnehmen, darum könne ich es nicht kaufen, und 1000 CFA seien zu viel. Ich begreife, dass der Bub enttäuscht ist, aber seither belästigt er mich. Er steht vor meiner Tür und schimpft, ich sei ein Dieb. Er werde mich schlagen und alle Tiere und Vögel töten. Er war dabei, als die Kinder mit der toten Eule kamen. Vielleicht kann ich später mit ihm reden, wenn er sich beruhigt hat.

Das Verhalten der Leute gibt mir zu denken. Meinen sie, wir seien verpflichtet, ihnen alles zu schenken? Sind wir mit unserem Helferwillen zu weit gegangen? Dass geschenkte Kleider nicht einfach weggeschenkt werden ist sicher richtig. Trotzdem, der Preis dafür ist lächerlich klein.
Und 1000 CFA für ein Paar lange, schöne Hosen finden sie zu viel. Umgekehrt verlangten die Beiden, die uns zum Lac Zilé fuhren, 7500 CFA !

Ein geruhsames Wochenende

Trotz Vorhersage kamen wenige Besucher. Der Journalist, der sich anmeldete, ist nicht gekommen. Ich hätte in einen Tierpark fahren können, doch wegen diesem Journalisten bin ich da geblieben.
Am Abend war ich ganz allein beim Essen. Alles war ausgeflogen. Die Ehepaare und die Familien kommen nie zum Essen am Abend. Für mich allein zu kochen, ist fast eine Zumutung. Das Essen war auch nicht gut. Rüblisalat, Blumenkohl an weisser Sauce, mit warmem Wasser darunter, weil er noch gefroren war! In letzter Zeit haben wir eigenartige Menüzusammenstellungen.

Luzia und Martin sind vom Ausflug zum Tierpark recht müde zurückgekommen. Anscheinend war die weite Reise ein Stress und recht beschwerlich. Einige Büffel und eine Elefantenmutter mit Kind hätten sie gesehen. Offenbar hat sich diese strapaziöse Reise kaum gelohnt und ich muss ihr weiter nicht nachtrauern.

Der Abendspaziergang führt mich am Fluss entlang nach Abongo. Wie üblich wird am Fluss gewaschen. Zwei Fischer falten ihr Netz zusammen. Es riecht nach Fisch. Kinder plantschen im Wasser. Ihre nassen, braunen Körper glänzen im Sonnenlicht. Ein landschaftlich sehr schönes Bild tut sich mir auf: die gelbe Sandbank mit den spielenden Kindern, eine Piroge, die durch das niedere Wasser gestossen wird, in der Ferne die grüne Insel und im Hintergrund bläulich die Wälder. Neben mir das grüne Schilfgras des Sumpfes von Abongo. Früher fuhren wir mit der Piroge durch den Sumpf.

Im Dorf treffe ich Michelle und Ambroise. Sie behandeln Kranke, Medizin nach Eingeborenen-Art. Zwei Frauen warten auf Behandlung. Eine der Frauen hat sich weiss bemalt. Am Oberarm trägt sie ein rotes Tuch, in das Kräuter eingewickelt sind. Zahlreiche Fläschchen und Büchsen liegen da. In der Hütte befinden sich vier Betten für Patienten.

Natürlich verraten mir weder Michelle noch Ambroise etwas über ihre Heilmethoden. Ueber meinen Besuch aber scheinen sie erfreut zu sein. Die Beiden sind selber Patienten von Halina; Ambroise wegen Hyperthyreose und Michelle wegen Poliarthritis. Hier kann man alles mischen. Etwas wird schon helfen. Zwei Frauen begrüssen mich. Die Ältere erklärt ihrer Tochter, dass sie bei mir in Pflege war, als sie ein Kind war.

Ein Augenarzt aus Strassburg ist angereist. Er besucht das Albert-Schweitzer-Spital alle zwei Jahre. Er führt vor allem Augenoperationen durch. Ich kann bei der Operation eines Stars zuschauen. Das braucht Geduld und eine ruhige Hand.

Lambarene einst und jetzt

Einen netten und interessanten Abend verbringe ich bei Halina und Zbignew. Sie machen mich mit Polen bekannt, aber vor allem interessieren sie sich, wie das Leben im Spital mit Dr. Schweitzer war. Ich frische alte Erinnerungen auf und denke, dass ich trotz den Eindrücken im neuen Spital das Bild von "meinem" Lambarene in Erinnerung behalten werde. Je länger, je mehr fühle ich, dass das ein ganz besonderes Erlebnis war. So wie wir damals lebten und arbeiteten, ist heute nicht mehr möglich. Die Zeiten und die Ansprüche haben sich gewandelt. Wir hatten damals ein grosses Gemeinschaftsgefühl. Schwarz und Weiss waren aufeinander angewiesen. Wir lebten einfach und bescheiden. In der heutigen Zeit denkt man egoistischer. Den Sinn des Lebens sehen wir mehr im Materiellen. "Mein" Lambarene und das Jetzige sind zwei verschiedene Welten. Doch mit Freude bewahren werde ich die Begegnungen, die mich in diesem Aufenthalt beglückten.

C'est la fatigue tout le corps

Beim Erwachen des Tages mache ich einen Morgenspaziergang. Auf dem Sand spazieren weisse Reiher. Ein grosser, grauer Vogel mit rotem Schnabel fliegt dicht über dem Wasser. "Poissons, poissons" rufen die Fischer. Mit Pirogen voll Karpfen kommen sie vom nächtlichen Fischfang.

Mit viel Gesten und Mienenspiel beschreiben die Patienten ihre Leiden wie dazumal. "C'est le ver, ça pique partout". Mit Kenntnis und Sicherheit untersucht Halina die Patienten. Ich sehe einen Fall von Syphilis im Anfangsstadion, der sich in kleinen, kahlen Stellen auf dem Haarboden zeigt.

Helle Hautveränderungen am Rücken eines Anderen deuten auf Lepra hin. Der Mann ist ambulant in Behandlung. Wenn er konsequent mit den Medikamenten weiter macht, ist die Prognose gut. Einige Frauen und Männer haben einen zu hohen Blutdruck. Eine alte Frau sogar über 200. Sie sei im Camp gewesen und die Medikamente seien nass geworden. Sie habe viel gearbeitet und keine Medikamente genommen. Eine andere Frau sagt, sie konnte es sich nicht leisten wegen den Filaires ins Spital zu kommen. Eine junge Frau, bis zum Skelett abgemagert, kommt in Begleitung ihrer Mutter. Sie klagt über chronischen Durchfall, Husten, Müdigkeit. Halina vermutet Aids.

Diese junge Frau beschäftigt mich sehr. Sie hat ein 14 Monate altes Kind. Es ist der erste Fall von Aids, den ich sehe.

Ich begleite Halina bei der Visite in der Case Kopp, der Medizin. Patienten mit Diabetes, Malaria, Leberschäden u.a. liegen da. Eine

Frau mit Halbseitenlähmung. Ein Mann wartet auf die Operation der Prostata. Auch die junge Frau mit Verdacht auf Aids liegt hier.

Maria Langendijk

Im kleinen Kämmerchen neben meinem Zimmer räumen Renata und ich den "Nachlass" von Maria Langendijk auf. Bücher, Kleider, Nippsachen, ihre Korrespondenz, alles ist in diesem Raum aufbewahrt worden. Wichtige Dinge seien nach Holland geschickt worden. Das Uebrige scheint seit ihrem Tod niemand angerührt zu haben. Ich hätte nie gedacht, dass ich einst Marias Sachen wegräumen müsste. Die Kleider werden wir in der Case sociaux verteilen. Briefe werden vernichtet.

Die zwei Kisten mit Büchern muss Janine durchsehen. Einiges könnte man vielleicht in die Bibliothek nehmen.

Maria arbeitete Jahrzehnte lang in Lambarene. Sie betreute die weissen Kranken.

Halina erzählt mir vom Tod von Maria vor gut einem Jahr: Sie war sehr schwach und gebrechlich, hatte zu wenig Blut und sollte Eisen und Vit. B12 haben. Doch sie sei überzeugt gewesen, dass ihr Weinbeeren und Zitronen helfen werden. Alle mussten Weinbeeren einer bestimmten Sorte bringen. Sie behauptete, in den Zitronen habe es Vit. B. Als sie sich sehr schwach fühlte und etwas verwirrt war, wollte sie nach Holland, um sich gesund zu pflegen. Sie ging auch und starb dort nach einer Woche. Ihr Körper wurde, ihrem Wunsch gemäss, in einem Bleisarg nach Lambarene gebracht. Sie wollte einbalsamiert werden, damit alle sie ansehen konnten. Doch sie sei derart unschön hergerichtet worden, dass der Sarg geschlossen blieb. Mehrere Tage sei sie im Museum aufgebahrt gewesen. Die Einheimischen hätten neben dem Sarg gebetet und gesungen.

Ueber 50 Jahre lang lebte Maria im Spital. Sie war 83 Jahre alt, als sie starb.

Personelles

Janine informiert mich: Das Spital hat im Gesamten 116 afrikanische Angestellte, davon arbeiten 64 im Pflegebereich. (Was machen die anderen?) Je nach Ausbildung verdienen sie zwischen 70400 CFA (360.- Fr) und 130000 CFA (660.- CHF) Das scheint wenig zu sein. Vergünstigungen dürfen aber nicht vergessen werden. Sie können gratis wohnen, Strom und Wasser kosten sie nichts. Die ärztliche Behandlung ist unentgeltlich. Im Moment werden neue Häuser für die Angestellten gebaut. Lohnvergleiche mit Libreville würden immer wieder gemacht. Das sei auch der Grund des letzten Aufstandes gewesen. Das Spital, das von Spenden abhängig ist, wird schwerlich mehr bezahlen können. Der Staat sollte und könnte sich mehr engagieren. Sein Beitrag decke nicht einmal die Löhne der Angestellten. Ich bin gespannt, was René von der Sitzung der Stiftung berichtet.

Ich begleite den Augenarzt beim Verbandwechsel. Bis jetzt hatte er acht Personen operiert. Das sei wenig. Die Leute seien ängstlich und wenig motiviert. Für so wenige Operationen lohne es sich fast nicht, alle paar Monate für zwei Wochen herzukommen. Doch für die acht Patienten, darunter ein junger Mann mit einer Augenverletzung, war die Operation wichtig. Ihnen wurde geholfen. Auch wenn es nur wenige sind, ihnen aber wurde viel gegeben. Lohnt sich das nicht?

Jacques, der Augenarzt war schon mehrmals da. Er findet, die Motivation und die Einstellung des Personals und ihre Einstellung zu Arbeit hätten sich verschlechtert. Die Qualität der Arbeit habe nachgelassen. Die Leute möchten weniger arbeiten für mehr Lohn.

Kritische Besucher

Einige Franzosen aus Libreville, ein deutscher Geschäftsmann aus Namibia und eine Deutsche aus Libreville besuchten das Museum. Letztere macht im Auftrag der UNO eine Studie über die gabunische Familie. Alles waren interessante und interessierte Besucher. Bedauert wurde, wie schon mehrmals, dass die alten Gebäude dem Verfall geweiht scheinen. Die Deutsche meinte, das sei doch historisch wichtig und sollte dem Staat ein Anliegen sein, es zu erhalten. 500000 Mark seien in Deutschland einfach zu sammeln (hoffentlich macht sie es), damit könnte das alte Spitalgebäude in Stand gesetzt werden. Der Unrat wurde natürlich auch kritisiert. Das ist es, was mich bei jeder Führung frustriert. Es scheint nicht möglich zu sein, im alten Spital zu putzen.

Wenn es erhalten bleiben soll, muss es besser gepflegt werden, damit man sich richtig vorstellen kann, wie darin gearbeitet wurde.

Waldspaziergang

Auf kleinen, schmalen Wegen wandere ich mit Jacques, Marian und Zbignew im Urwald. Es ist wunderschön im stillen, grünen Wald.

Bunte Schmetterlinge flattern, Vögel pfeifen. Wir sehen wilde Ananasstauden, leuchtende Tulpenbäume und auch die burgähnlichen Bauten der Termiten. Wir kommen an einer Taropflanzung vorbei, wo Frauen und Kinder arbeiten, und an abgebrannten Waldstellen, die für die Bepflanzung vorbereitet werden. Wir steigen über Bäche und wandern hügelauf und hügelab. Nach einem riesigen Papyrusfeld befinden wir uns plötzlich auf einer Lichtung mit zwei Häusern. Am Ufer eines kleinen Tümpels liegen einige Pirogen. Ein schmaler Wasserweg durch den Papyrus führt zum Ogowe. Der Blick über den Papyrus zum Fluss mit seinen grünen Inseln und den gelben Sandbänken ist wunderschön. Das Ehepaar, das hier wohnt, bestätigt meine Vermutung: Wir sind im ehemaligen Abongo. Das Dorf wurde in die Nähe des Spitals versetzt. Die zwei Alten sind als Einzige hier geblieben.
Sie leben einsam hier, aber in einem kleinen Paradies.

Auf dem Rückweg begegnen wir einer Familie mit sechs Kindern. Die grösseren Kinder tragen die Kleinen auf ihrem Rücken. Zwei Frauen und zwei Mädchen bücken sich unter der Last von Körben mit Holz und Taro, die sie mit einem Band über der Stirne festhalten. Unter Gelächter und Geschrei springen sie über ein Bächlein. Wir wandern weiter bis Moussamoukougou, wo wir uns mit Coca-Cola erfrischen. Mit ehemaligen Patienten kommen wir ins Gespräch. Spigniew frägt eine Frau wie viele Kinder sie habe. Zwei, das sei genug. Ihr Mann arbeite nicht, täte nichts. Also keine Kinder! Sie verdiene ein wenig mit ihrer Pflanzung.

Unruhige Nacht
Die vielfältigen Geräusche der Nacht lassen in mir keinen Schlaf aufkommen. Im Fluss quakt ein Heer von Fröschen (wo sind sie wohl tagsüber? Nie sehe ich einen Frosch), dazwischen höre ich das Zirpen der Grillen und Vogelgezwitscher. Die fliegenden Hunde schnattern auf den Mangobäumen. Und zu guter Letzt knabbert und kratzt noch eine Ratte in der Zwischendecke. Mit dem Schirm poltere ich an die Decke in der Hoffnung sie zu vertreiben. Das scheint auch gelungen zu sein, dafür schnellt aus dem geschlossenen Schirm eine riesengrosse Kakerlake heraus. Ihr Pech ist, dass sie ins Lavabo springt, wo ich sie unter Wasser setze und mit dem Schwamm zerdrücke, nicht ohne Grausen und einem mulmigen Ge-

fühl im Magen. Ueber der Zimmerdecke ist es tatsächlich still, doch ans Schlafen kann ich nicht denken. Ich werde mich in Zolas "Germinal" vertiefen.

C'était mon frère du Christ

Vom alten Spital her höre ich Singen. Ich gehe den Stimmen nach in die Case sociaux. Marcel, ein einsamer Alter ist gestorben. Vor dem Toten stehen Josephine und ein alter Mann mit einem Rosenkranz. Ein Mann hockt am Boden und hält mit einem Besen die Fliegen vom Toten fern. Einige alte Gebrechliche hocken auf Betten und Stühlen, still, andächtig. Mit Inbrunst singen Josephine und der Alte, dem der Speichel hinunterläuft. Sie beten und bekreuzigen sich. Im Haus herrscht eine ergreifende Andacht. "Je suis catholique", sagt Josephine, "le Père Bernard et Dieu m'ont dit de faire ça". Alle nehmen Anteil, aber niemand scheint traurig zu sein, kein Wehklagen ertönt.

Vor dem Haus geht das Leben weiter. Fische werden geputzt, Wäsche und Geschirr wird gewaschen, Mädchen frisiert.

Marcel wird im Spitalfriedhof begraben werden. Wer kann, wird mitgehen, singend und betend.

"C'était mon frère du Christ", sagt Josephine.

Händlerin und Näherin

Im Lagerraum haben Renata und ich einen "Laden" eingerichtet, mehr eine Abschrankung, damit die Leute nicht dahin können, wo Material für das Spital aufbewahrt ist. Nun haben wir beim Verkauf keinen unübersichtlichen Ansturm mehr. Ich betätige mich als Verkäuferin. Feilschen und Handeln gehört dazu. Alles Billige sollte noch billiger sein nach Ansicht der Käuferinnen.

Aus den alten Leintüchern nähe ich Handtücher. Der "Plätzliberg" hat zünftig abgenommen, aber ich bin immer noch am Plätzchen zusammenhäkeln, daraus bis jetzt zwölf Wolldecken entstanden sind. Einen ganzen Nachmittag verbringe ich im gekühlten Lagerraum.

Wie ich um 17 Uhr ins Freie komme, empfängt mich eine feuchte Hitze, Sonnenlicht und ein strahlend blauer Himmel. Der Ogowe glänzt blau und die gelben Sandbänke leuchten.

Es zieht mich zum Fluss. Auf dem Sand spaziere ich Richtung Pädiatrie. Am Platz, wo früher der riesige Kapokbaum stand, ist die Wasserpump- und Wasserreinigungsanlage gebaut worden. Es riecht nach Chlor. Die Felsblöcke daneben sind unverändert da. Ich setze mich auf die Steine und geniesse aus der Höhe den Blick in die leuchtende Urwaldlandschaft. Fische springen und ziehen grosse und kleine Kreise. Die grauen Vögel mit den roten Schnäbeln kreisen kreischend in der Luft.

Durch den feinen Schleier des Papyrus sehe ich Frauen am Fluss Wäsche waschen. Ein Idyll, das nur durch das monotone Brummen des Motors der Wasserpumpe gestört wird.

Die Regenzeit macht sich bemerkbar

Anfangs Oktober. Die Tage werden heisser. Die Gewitter nehmen zu. Trotzdem kommen immer noch Besucher. Gegen Mittag erschienen 25 Franzosen, Akademiker und Geschäftsleute. Sie brachten vier Schachteln Medikamente fürs Spital.

Am Nachmittag besuchte eine Gruppe Amerikaner vom "Peace Corps" das Museum. Junge Leute, Lehrer und Handwerker, die in Dörfern zusammen mit der Bevölkerung arbeiten und z.B. Schulhäuser bauen.

Bei meinem abendlichen Spaziergang begegnet mir Marie. Sie arbeitet bei den psychisch Kranken und kocht auch für die Sozialfälle. Sie ist ganz erregt und berichtet, zwei Geisteskranke seien sich in die Haare geraten. Jeder habe dem andern das Essen missgönnt. Der Eine bekam eine Platzwunde, der Andere kam mit einer Beule davon. Beide seien eingesperrt worden.

Ich steige hinter dem Lepradorf auf den Hügel zum alter Wasserreservoir. Es ist ganz überwachsen. Ich kann nicht draufsteigen. Es war früher ein beliebter Aussichtspunkt ganz im Wald gelegen. Leider wurde hier alles gerodet und ein Fussballplatz eingerichtet. Daneben steht das Haus des Direktors mit herrlichem Blick auf die Ogowelandschaft.

Ausflug nach Belleville

Der Regen strömt, dröhnt, plätschert, tropft, rauscht. Ich freue mich an diesem Tropenregen. Er kam ohne Blitz und Donner, aber er schickte schwere, dunkelgraue Wolken voraus. Der Ogowe schäumt in weissen Wellen. Unsere Piroge stolperte über Wellenberge. Wir kamen gerade rechtzeitig nach Hause, berieselt von den ersten Regentopfen.

Obame Henri fuhr mit Renata, Wlodek und mir nach Belleville mit der Hoffnung, dort Mambela zu finden. Wunderschön war die Fahrt Ogowe aufwärts an den Inseln und dem dunklen Grün des Urwaldes vorbei. Belleville liegt am Fluss NGounje. Wie die meisten Dörfer ist es auf einem Felsen über dem Fluss gelegen. Vom Fluss aus gesehen, sehen die drei Teile des Dorfes recht stattlich aus. Beim Spaziergang durch das Dorf sehen wir aber viele ärmliche Hütten. Die Leute sehen verwahrlost aus. Niemand kannte Mambela. Eigentlich bin ich froh, sie nicht in dieser armseligen Umgebung zu wissen. Leute des Stammes der Eshira und Fang leben in diesem Dorf. Das kam mir schon komisch vor, dass Mambela als Mbanzabi hier sein soll.

Vielleicht lebt sie in MBigou. Das ist weit und mir nicht möglich hinzugehen.

So behalte ich die Erinnerung an sie so, wie ich sie kannte und suche nicht weiter nach ihr.

Im Lepradorf

Nach dem nächtlichen Regen ist die Flusslandschaft in einen feinen Dunstvorhang gehüllt. Die Äste der Palmen neigen sich durch das Gewicht der Nässe. Feuchtigkeit tropft von Dächern und Bäumen.

Ich spaziere zum Lepradorf, um beim Verbandwechsel dabei zu sein.

Die Patienten sitzen auf Bänken vor dem Behandlungsraum. Einige Alte erkenne ich aus früheren Jahren. Es ist schlimm, die verstümmelten Füsse zu sehen. Die abgestorbenen Wundränder schneidet der Arzt ab und die Wunden werden desinfiziert. Dazu wird geplaudert und gescherzt. Ich bewundere die Fröhlichkeit der Leute. Die Wunden schmerzen nicht, da die Nerven abgestorben sind. Umso mehr sind sie Unfällen ausgesetzt, vor allem von Verbrennungen. Manche haben gar keine Füsse mehr. Zum Glück kann man die Krankheit heute stoppen, wenn die Betroffenen frühzeitig erfasst werden.

Im Haus findet zur gleichen Zeit ein herzergreifendes Drama statt. Ich werde angezogen von markerschütterndem Kindergeschrei. Vier Personen halten einen strampelnden, schreienden Buben fest. Ein Mann führt an ihm eine Circumcision (Beschneidung) durch. Diese blutige Zeremonie wird ohne Narkose gemacht. Ich kann mir denken, dass der arme Kleine beinahe durchdreht vor Schmerzen.

Mir dreht es den Magen um, während die Männer mit Ruhe und Kaltblütigkeit walten.

Zurück zum Spital nehme ich den Weg Richtung Adouma. Früher führte er durch dichten Wald und ein melodiöses, vielstimmiges Vogelkonzert begleitete die Spaziergänger. Der Wald hat sich nun gelichtet, der Vogelstimmen sind weniger geworden. Das "Stille Nacht" - Lied höre ich nicht mehr. Ob mein Stillenachtvogel sich in dichteren Wald zurückgezogen hat? Oder ist er den Gewehren der Männer oder den Steinschleudern der Kinder zum Opfer gefallen?

Konflikte

Lautes Palaver tönt vom Esszimmer her. Frauen schreien einander an und gestikulieren wild. Mama Susanne hockt stell daneben. Was los sei, frage ich. "Oh, Madame. Es ist das Kind, das man heute Morgen entlassen hat".

Ich war am Morgen dabei bei der Visite in der Pädiatrie. Ein 11-jähriger Bub wurde vor drei Tagen mit Atemnot gebracht. Er war am Ersticken. Eine Intubation rettete ihn. Klinisch wurde nichts gefunden. Alle Untersuchungen waren normal. Der Bub erholte sich und wurde entlassen. Er machte einen munteren, gesunden Eindruck. Einige Stunden zu Hause bekam er wieder Atemnot, verbunden mit Krämpfen. Wo er jetzt sei, frage ich. Die Frauen zögern. Man sei mit ihm zur Indigènebehandlung gegangen. Die Frauen sind sehr erregt. Mit der Behandlung im Spital sind sie unzufrieden. "Der Doktor hat gesagt, er habe nichts", klagt die Mutter. Ich glaube zu spüren, dass hinter der Erregung tiefere Probleme liegen, Konflikte mit ihrem Denken, mit ihren Tabus. Sie sind hin und her geworfen zwischen zwei Welten. Die Mutter arbeitet als Pflegerin im Spital. "Wir arbeiten für euch", meint sie. Ich entgegne: "Ihr arbeitet nicht für uns. Ihr arbeitet für euch mit uns".

Dem Bub gehe es besser, höre ich am andern Tag. Doch sie könnten ihn noch nicht nach Hause nehmen, weil sie kein Geld hätten. Wieviel das denn koste, frage ich. "Oh, Madame, der Scharlatan ist teuer, 50'000 CFA" (250 CHF).

Ist das Vertrauen ins Spital so klein, dass sie zum Scharlatan gehen, obwohl ihnen als Angestellte die ärztliche Behandlung nichts kostet?

Auch unter den Weissen gibt es Konflikte. Es wird reklamiert, das Essen sei nicht gut. Einige wollen daher nicht mehr zu Tisch kommen und selber kochen. Der Direktor hat dafür eine Entschädigung bewilligt: Fürs Frühstück 500 CFA (2.50 CHF), fürs Mittagessen 2000 CFA und fürs Abendessen 500 CFA. Das gibt zusammengerechnet CHF 15 pro Person. Und die Gemeinschaft unter den Weissen kommt noch mehr ins Wanken. Es gibt Abende, wo ich ganz allein am Tisch sitze.

Alexandra, die Sekretärin, lud mich und die Apothekerin kürzlich zum Abendessen ein. Der Abend war jedoch eher bedrückend als erfreulich. Das Gespräch drehte sich vorwiegend um Negatives. Neben Kritik über das Essen gebe es keine Unterhaltung und keine Ausgehmöglichkeiten.

Gut, beim Essen gäbe es Verbesserungsmöglichkeiten. Aber wenn man sich für ein Werk im Urwald engagiert, kann man sich wohl vorstellen, dass man nicht den Luxus von Europa antreffen wird.

Le 6è bataillon d'infanterie de marine Libreville
Ein französischer General in Begleitung einer Reihe von Offizieren besuchte das Museum und die alten Spitalgebäude. Der General ist noch recht jung, sympathisch und ein interessanter Gesprächspartner. Wenn ich nicht die fünf Sterne gesehen hätte, wäre ich kaum darauf gekommen, mit einem General zu sprechen. Es gebe in Frankreich nur noch fünf 5-Sternige, den höchsten Rang. Er überreichte mir einen Zinnaschenbecher mit fünf Sternen. Die Gruppe kam mit einem Militärflugzeug und transportierte ihren Militärjeep gleich mit!

Morgenspaziergang
Ich mache einen Spaziergang in den erwachenden Tag hinein. Eine weisse Sonne drängt sich durch graue Wolken. Nach dem Regen der letzten Tage sind die Sandbänke beinahe verschwunden. Das Wasser steigt schnell. Leute sind unterwegs zum Baden oder Wäsche waschen. Pirogen liegen in Reihen am Ufer. Josephine wartet auf ein Boot mit Fischen. Ein Eisvogel setzt sich auf einen Zweig. Die weissen Reiher stelzen im seichten Wasser. Im Bach, der unter Schweitzers Brücke in Adouma fliesst, blühen weisse Seerosen, sternengleich. Kinder mit ihren kleinen Geschwistern auf dem Rücken wollen fotografiert werden. Leute winken: "ça va"? "Un peu".

"Ich habe ein Geschenk für dich", begrüsst mich Jean Paul und überreicht mir strahlend einen grossen Strauss Bougainvilea und Hibiskus.

Am Nachmittag machen Halina, Spigniew und ich einen Waldspaziergang. Die Hitze und die Feuchtigkeit treiben uns den Schweiss in Bächen aus den Poren. Die Kleider kleben uns am Körper. Wir sind froh um schattenspendende Bäume. Durch Rodungen und Pflanzungen sind sie spärlich geworden. Den eigentlichen Urwald muss man weiter entfernt suchen. Trotzdem geniesse ich diesen Spaziergang im Grünen.

Sonne und Regen

Die Sandbänke sind vom Fluss verschluckt worden. Das Wasser steigt stetig. Schnell können sich Wolken zusammenballen und sich über uns entleeren.

Unter strömendem Regen machen Renata und ich Einkäufe in Isaak und in Lambarene. Wir werden nicht nur nass, sondern auch schmutzig vom roten, nassen Sand. Die Händler haben ihre Stände geräumt oder mit Plastik zugedeckt. Um in die Läden zu kommen, müssen wir durch fusstiefe Pfützen waten. Auf den Strassen liegt schlüpfriger Sandmatsch, Gleitgefahr für die Autos. Der Regen hat den roten Staubüberzug auf den Bäumen abgewaschen. Alles leuchtet und glänzt im frischen Grün.

Am Mittag leuchtet die Sonne. Sie schickt ein ganz besonderes Licht. Geheimnisvoll glänzt der graue Fluss. Es ist heiss. Zwei Frauen nur mit Slips bekleidet waschen Wäsche. Nackte Kinder springen ins Wasser und schlagen mit den Armen auf der Wasseroberfläche Tam-Tam. Sie seifen sich ihren Körper ein, um dann unter Jauchzen unterzutauchen. Wie sind sie doch schön mit ihren dunkelbraunen Körpern, und ihr Verhalten ist so natürlich und froh.

Die Mangobäume sind dicht behangen mit reifenden Früchten. Die Kinder werfen Steine und Stöcke in die Höhe in der Hoffnung, dass einige Früchte herunterfallen. Doch zum Essen sind sie noch nicht reif genug, und sie werden angebissen weggeworfen.

Letzte Tage im Albert-Schweitzer-Spital

Grosse Putzerei im Museum. Mein Aufenthalt hier geht dem Ende entgegen. Alles soll bei meiner Abreise im guten Zustand sein. Mit einem Stecken löse ich das mit einer Staubschicht bedeckte Moskito-

netz über Schweitzers Bett. Die Vorhänge, der Bettüberwurf, der Ue-
berzug des Tropenhelms, alles kommt in die Wäsche. Die Wände
werden heruntergewaschen, die Böden gefegt und mit Mazout eingerieben.

Marie-Jeanne will zu meinem Abschied ein Fest machen. Alle von
der Pädiatrie sind eingeladen. Ich bin gerührt, erfreut, fühle mich
froh und dazugehörend. Ein Teil meines Herzens wird immer in
Lambarene bleiben. Ich habe erlebt, dass es trotz des Fortschritts
hier noch einfache, zufriedene Menschen gibt mit fröhlichem, heite-
rem Lachen. Auch die Jungen scheinen mir nun, da ich sie und sie
mich besser kennen, aufgeschlossen und freundlich.
Die Kranken in der Case Kopp erzählten mir ihre Sorgen und Nöte.
Ich hatte Zeit zuzuhören, einen Moment für sie da zu sein und Anteil zu nehmen.

Marie-Jeanne hält eine Rede
"Vous tout, je vous ai invité pour la fête de Marianne. J'ai voulu faire
une fête pour elle, parce que c'est elle, qui m'a appris de travailler.
C'est elle, qui était la sœur, la mère pour moi, vraiment. Nous avons
beaucoup travaillé, c'était dure, les enfants, la PMI, nous deux, toute
seule. Elle était ma mère.
Maintenant elle est revenue. J'ai pensé, quand je l'ai vu, est-ce-que
est vrai, c'est Marianne ? Et oui, la mère pour moi….." Schönere
Worte der Zuneigung und Liebe kann ich mir nicht denken.

Der Tisch ist überfüllt mit Köstlichkeiten: Zwei Sorten Reis, Fisch,
Poulet an Palmnusssauce, Bananen, Gemüse aus Maniokblättern
und Gurken, Pinienkerne, Erdnüsse. Ein wunderbares, buntes, afrikanisches Gericht mit viel Zeitaufwand hat Marie-Jeanne zubereitet. Laute, rhythmische Musik fordert zum Tanz auf. Wir alle werden eingezogen zum Tanz à la africaine. Marie-Jeanne ist unüber-
trefflich in ihren lebhaften, ihren ganzen Körper erfassenden Bewegungen. Ich erlebe, wie mitreissend die Bewegungen sind, wie gut
es tut, sich mit dem Körper ausdrücken zu können. Schwarz und
Weiss, wir tanzen zusammen oder einzeln im Kreis herum, in dem
abwechselnd sich ein Tänzer allein im Kreis bewegt. Ich empfinde
keine Müdigkeit und lasse mich von der Musik leiten. Ich kann nun
auch begreifen, dass Tänze nächtelang andauern können.

Einen schöneren Abschluss meines Aufenthaltes hier kann ich mir nicht denken. Ich bin reich beschenkt worden.

Letzter Tag im Museum

Dr. Schweitzers Räume sehen sauber und freundlich aus nach der grossen Putzerei. Ich hätte nicht gedacht, dass das vergilbte, staubige Moskitonetz wieder weiss würde. Die Vorhänge sind frisch und der Boden dunkelbraun glänzend.

Es war eine Freude, die Besucher durch die Räume zu führen. Zwei französische Gruppen, zwei kinderreiche, amerikanische Missionsfamilien und ein elsässisches Ehepaar kamen vorbei.

"Ich kenne Sie. Ich habe Sie im Fernsehen gesehen", begrüsst mich eine Besucherin. Also ist der Film des französischen Journalisten im Fernsehen gekommen.

Ein ausgefüllter Tag, der mich wenig ans Abschiednehmen denken lässt.

Abschied

In der Nacht regnete es heftig. Es blitzte und donnerte. Tagsüber zeigt sich nun blauer Himmel und Sonne. Die Luft riecht modrig, feucht. Gegenstände und Kleider nehmen einen Kellergeruch an.

Ich mache einen Abschiedsbesuch im Lepradorf. "Oh, Marianno, wann wirst du wieder kommen?" Anastasie und NDonda Emil erkundigen sich nach Verena, Ruth Lauper und Ruth Munz. Trotz der frühen Morgenstunde, es ist 7 Uhr, ist im Dorf schon reges Leben. Der alte Mann, der jeden Morgen den Antilopen Maniokblätter bringt, sitzt vor seinem Haus und isst Kaffeebrocken. Am Brunnen wird Wäsche gewaschen. Isabelle spaziert gelangweilt herum. Alte Männer und Frauen schütteln mir unter Ah und Oh die Hände: "Bon voyage".

Den ganzen Nachmittag regnet es. So habe ich Zeit zum Packen und komme zu einem Gespräch mit dem Spitaldirektor. René geht mit meinen Ansichten und Vorstellungen für das Museum einig. Doch er meint, das Museum sei für die Fondation nicht wichtig. Seine Anliegen seien kaum angehört worden. Das Museum in Günsbach sei an der Sitzung Hauptgesprächsstoff gewesen. Viele sähen die Realität nicht und wichen den Schwierigkeiten aus. Aber die Schwierig-

keiten im Spital werden zunehmen, besonders mit dem Personal. Alain, der Personalchef, werde nächstens pensioniert. Einen Nachfolger sei noch nicht gefunden. Auch medizinisch werde das Spital vor Problemen stehen, z.B. mit der Ausbreitung von Aids. Er sagt, er sei nur zurückgekommen, um seine Arbeit hier zu beenden.
Er sehe keine Zukunft hier für sich und das Spital. Das tönt sehr pessimistisch.

Erfüllt mit vielfältigen Erlebnissen nehme ich Abschied. Auch wenn Lambarene sich verändert hat, wird es mir immer im Gedächtnis bleiben. Die Leute, denen ich begegnete, die Ruhe der Flusslandschaft und der Urwald mit seinen Geräuschen werden unvergesslich sein.
Was auch bleibt, ist die Frage, was die Zukunft dem Urwaldspital bringen wird.

Libreville
Ich sitze am Strand des Hotels Gamba in Libreville. Weit und bleigrau dehnt sich das Meer vor mir aus, bewegt von Wellen, die schäumend ans Ufer brausen. Auf dem feinen, gelben Sandstrand könnte ich stundenlang spazieren. Ferienstimmung erfasst mich. Es kommt mir vor, als sei ich von Lambarene schon weit entfernt. Ich bin in einer ganz anderen Welt.
Das Hotel befindet sich nahe am Flugplatz, doch so weit entfernt von der Stadt, dass ich ein Taxi nehmen muss ins Zentrum.
Gestern Nachmittag, nach einem Flug über Wasser und Urwald, nach einem guten, aber teuren Essen im Hotel, besuchte ich das Museum. Der Führer erzählte uns drei Besuchern in theatralischer, lebendiger Art von Kultur und Leben in Gabun. Vom Eisengewinn, Töpfereien, Jagd und Fischfang, Familienkultur, Kult und Musik. Das Museum hat eine ansehnliche Sammlung von Kultgegenständen, Masken und Musikinstrumente, die der Museumsführer mit Können zum Klingen brachte.

Den Nachmittag verbringe ich am Strand. Ich kann mich am Spiel der Wellen nicht sattsehen, lasse mich von ihnen übersprudeln und wegtreiben. Das Wasser ist wunderbar warm, der Wind angenehm erfrischend. Ich spaziere durch die Ausläufer der Wellen und spüre, wie sich der Sand unter mir bewegt. Der Himmel ist bedeckt. Nur hie und da dringt ein Sonnenstrahl durch die Wolken und sofort wird es tropisch heiss.

St. Michel

Nach dem Frühstück, ich genoss vor allem den frischen Fruchtsalat, lasse ich mich mit dem Taxi zur Kirche St. Michel fahren. Sie befindet sich mitten in einem alten Quartier, umgeben von kümmerlichen Häusern und Hütten mit Läden, wo man alles kaufen kann, was man für den Alltag braucht.

Die Kirche ist ein Wunderwerk und beeindruckt mich sehr. Zahlreiche geschnitzte Holzsäulen, biblische Themen darstellend, stützen den Bau. An der Vorderfront befindet sich ein grosses, farbiges Mosaik. Vor dem Eingang stehen riesige Tam-Tams, auf denen wohl zur Messe getrommelt wird. Einfache Holzbänke sind gegen den Altar zu gerichtet. Den Wänden entlang hängen Holzreliefs die Passionsgeschichte darstellend. Verschiedene einheimische Holzarten wurden dafür, und auch für die Säulen, verwendet. Die Kirche sei 1974 gebaut worden und die Säulen und Reliefs von einem einheimischen Künstler erschaffen worden, berichtet mir ein französischer Priester. Jeden Sonntag sei hier Messe mit viel Gesang und afrikanischer Musik.

Nach einer Stunde holt mich der Taxifahrer wieder. Er komme aus Benin, sagt der junge, freundliche Mann. Ob er mir die Stadt zeigen soll? Er fährt mich durch moderne Quartiere, an riesigen Palästen und Hochhäusern vorbei ins Stadtzentrum. Hier befinden sich neben modernen Geschäften auch einfache Verkaufsstände. Inmitten von einfachen Wohnhäusern steht das Haus von Leon MBa, dem ersten Präsidenten von Gabun. Es ist ein unauffälliges, schlichtes Gebäude, nicht zu vergleichen mit der befestigten Burg von Bongo, dem gegenwärtigen Präsidenten. Das Taxi fährt durch Quartiere, in denen Menschen nach Ethnie getrennt leben. Alle haben ihre eigene Kirche oder Moschee. Hier sieht es aus wie in den Dörfern im Urwald, ärmliche, einfache Hütten mit Blechdach. Eine Stadt der Gegensätze.

.

Das neue Spital

Der Fluss Ogooué mit seinen Sandbänken

2013: Hundert Jahre Albert-Schweitzer-Spital

September 2013

Wieder sind 22 Jahre vergangen.

Der Schweizer Hilfsverein hat zum Hundertjährigen Jubiläum des Albert-Schweitzer-Spitals Reisen nach Lambarene ausgeschrieben. Ruth Lauper, Ursula Bunch und ich benützen diese Gelegenheit und feiern mit dieser Reise unsere 50 jährige Lambarene-Freundschaft.

Zum vierten Mal reise ich nun nach Lambarene. Diesmal nur für zehn Tage. Mich interessieren vor allem die renovierten alten Spitalgebäude.

Libreville

Das Hotel Okume, das ich als modernes Hotel in Erinnerung habe, gibt es nicht mehr. Was mit ihm geschah, ist ungewiss. Auch das einfache, gemütliche Hotel Gamba in der Nähe des Flughafens direkt am Meer ist nicht mehr da. Wir übernachten im Zentrum der Stadt in einem neuen, nach meinem Geschmack übertrieben modernen Hotel. Es wird viel gebaut in der Hauptstadt. Hochhäuser ragen in die Höhe. Viele davon wirken wie Skelette, weil sie wegen Geldmangel nicht fertig gebaut werden können.

Nichts scheint lange Bestand zu haben in Afrika.

Am Sonntagmorgen besuchen wir die Kirche St. Michel. Anders als bei meinem letzten Besuch herrscht heute buntes, lebhaftes Treiben. Es ist Messe. Es wird gesungen und getrommelt, gebetet und gepredigt. Auch die Bänke vor der Kirche sind besetzt. Wir sind vor allem wegen den geschnitzten Säulen gekommen. Afrikanische Kunstwerke, die mich wieder neu beeindrucken.

Unterwegs nach Lambarene

Auf der zunächst holprigen Strasse fahren wir im Kleinbus aus der Stadt hinaus Richtung Lambarene, vorbei an Dörfern mit riesigen Müllhaufen. Mit der Zeit wird die Strasse besser und das Land grüner.

Nach 125 km machen wir Halt beim Äquator. Eine unsichtbare Linie teilt hier die Welt in zwei Teile. Eine Tafel zeigt an, dass wir 125 km von Libreville entfernt sind und es bis Lambarene noch 110 km sind. Lambarene ist mit der Hauptstadt direkt verbunden und in etwa vier Stunden erreichbar.

Die alten Spitalgebäude

Auf den ersten Blick scheint sich kaum etwas geändert zu haben. Die Wohnräume von Dr. Schweitzer mit dem Friedhof davor, das Esszimmer, das Sans-Souci sehen aus wie eh und je.

Neu aufgebaut wurde das ehemalige Haus der weissen Kranken als Gästehaus. Auch wir können hier übernachten. Die Zimmer sind einfach eingerichtet, doch alle mit WC/Dusche, fliessend Warm- und Kaltwasser. Das erstaunt uns.
Wieder erfreue ich mich am Blick durch die Palmen auf den Ogowe mit den Sandbänken.

Dr. Schweitzers Wohn- und Schlafraum ist unverändert wie ich ihn kannte. Aber dem alten Klavier kann man keine Töne mehr entlocken. Der Lack ist abgefallen, die Elfenbeintasten braun und zersplittert.
Der Schreibtisch so, als ob Dr. Schweitzer sich jederzeit auf seinen Hocker setzen würde.

Das Museum mit Zeitgeschichte

Beim Gang durch die Behandlungsräume im alten Spital bin ich überrascht. Wie ärgerte ich mich doch über den Müll, der da überall herumlag. Nun wirkt alles sauber und freundlich. Die alten, renovierten Gebäude machen einen sauberen, aber natürlich öden Eindruck. Es ist kein Leben mehr in ihnen, doch die Räume sind annähernd so eingerichtet, wie ich sie von meiner Tätigkeit her kannte. Sie könnten jederzeit in Betrieb genommen werden. Da ist der Operationssaal mit dem alten Tisch, und daneben das Tischchen mit den chirurgischen Instrumenten. In der Pharmacie stehen die Schreibtische von Dr. Schweitzer und Ali, die verschiedenen Untersuchungstische der Ärzte, daneben das Labor mit den alten Instrumenten. Das Gebärzimmer könnte jederzeit eine Patientin empfangen. Auch das Lianenkörbchen für das Neugeborene fehlt nicht. In der Kinderabteilung steht ein Bettchen bereit für kleine Patienten, ein Tisch mit der Kinderwaage und der Medikamententisch.

Im "neuen" Spital

Da sind wenige Änderungen vorgenommen worden. Ein neues Haus für Geburten und Wöchnerinnen wurde kürzlich fertiggestellt.

Die Kinderklinik ist vom Mücken befallenen Ogowe-Ufer in die Nähe der anderen Patientenhäuser gerückt. Hier treffe ich Sophie, die ich 1991 kennen lernte.

Ausser zwei Berner Medizinstudenten und dem Mechaniker sind alle Angestellten afrikanisch.

Das Spital besitzt eine moderne Wasseraufbereitungs- und eine Kehrichtverbrennungsanlage.

Andende

Mit dem Boot fahren wir zum Ursprung des Albert- Schweitzer-Spitals, nach der ehemaligen Missionsstation Andende. Ein Gedenkstein erinnert an den Gründer des Spitals. Von der ehemals blühenden Mission ist ausser der Ruine der alten Holzkirche nichts mehr übrig geblieben. Ein trauriger Anblick. Doch die Aussicht auf den Fluss mit den Sandbänken ist überwältigend.

Lepradorf

"Ich kenne dich", begrüsst mich eine Frau. Ein alter Leprapatient streckt mir strahlend seine verkrüppelte Hand entgegen. "Ich weiss, wer du bist", meint er. Im Dorf hat sich kaum etwas verändert. Hier wohnen die alten, die ehemals als junge Leprapatienten ins Spital kamen.

"Und Isabelle, lebt sie noch", frage ich. "Ja, sie ist alt und müde, komm", sagt die Frau, führt mich zu einer Hütte und weckt die schlafende Isabelle. Sie erscheint unter der Tür, alt und zerbrechlich, aber strahlend. Und ich sehe wieder das junge lepröse Mädchen mit ihrem Kind vor mir.

Unterdessen wird im Dorf ein Tanz aufgeführt mit den Kindern. Frauen schlagen Tam-Tam, was mich erstaunt, war das doch früher nur Männersache. Hier im Dorf herrscht Leben, wo hingegen das Spital öde und leer auf mich wirkt.

Mit der PMI (Mütterberatung) unterwegs

Mit Sophie, zwei weiteren Pflegerinnen und einem Medizinstudenten fahren wir zu einem mehrere Kilometer entfernten Dorf. Wie vor 22 Jahren ruft Sophie wieder: "Venez, vaccinations", und die Mütter mit ihren Kindern strömen in das Versammlungshaus des Dorfes. Reihum sitzen sie still da, mit unberührten Gesichtern und lassen Sophies Vortrag über Gesundheit, Ernährung, Verhalten bei Durchfall und anderen Krankheiten stumm über sich ergehen.

Der Reihe nach werden die Kinder in einen Sack gesteckt und an einer aufgehängten Waage gewogen, vom Medizinstudenten untersucht und geimpft. Unter den wartenden Frauen sitzt scheinbar gleichgültig eine Mutter mit ihrem kranken Kind und wartet ergeben bis sie an die Reihe kommt. Niemand scheint davon Notiz zu nehmen, bis wir Sophie darauf aufmerksam machen. Das Kind ist ohne Bewusstsein. Die Vorsorgeuntersuchung wird unterbrochen. Der Student fährt mit Kind und der Mutter ins Spital. Sophie erzählt den Anderen noch etwas über Ernährung, die ihrem Vortrag passiv zuhören.

So viel Gleichgültigkeit erschüttert mich. Da haben wir doch schon vor fünfzig Jahren die Leute über Pflege, Ernährung und Gesundheit informiert und sie angelernt und sie scheinen auf dem gleichen Stand geblieben zu sein!

Wanderung im Urwald

Obwohl Jaja, unser Führer, mit der Machete vorausgeht, braucht er sie kaum. Wir wandern auf einem weichen, schmalen Weg durch einen lichten Wald. Mächtige Bäume verdecken die Sicht zum Himmel. Hüfthohe, hellgrüne Farnstauden bedecken den Boden. Wir staunen über die Termitenbauten, die aussehen wir chinesische Tempel. Eines dieser fantastischen Gebilde gleicht einem Zwerg oder Waldgeist. Jaja schlägt mit der Machete ein Stück einer Liane ab. Frisches, kühles Wasser fliesst heraus, das wir trinken können. Es ist wunderbar erfrischend.

Auf einem offenen Platz sitzen wir auf einem Baumstamm. Ich lasse die Natur und die Stille in mich einwirken. Jaja pflückt eine Ananas, die wild im Wald wachsen, schneidet sie mit der Machete in Schnitze und verteilt sie unter uns. Eine Ananas, so fein und so süss wie ich sie noch nie gegessen habe. Gelb gemusterte Schmetterlinge gaukeln herum. Wir hören spärliches Vogelgezwitscher. Tiere sehen wir nicht. Nach drei Stunden kommen wir müde wieder im Spital an. Ein Kaffee im spitaleigenen, kleinen Café stärkt uns Herz und Glieder.

Tagesausflug zum Lac Onange

Der dichte Urwald wirft dunkle Schatten auf das Wasser. Der Fluss erscheint dunkelbraun und fliesst in ruhigen Wellen dahin. Von Zeit zu Zeit taucht ein Kopf mit zwei spitzen Ohren und zwei grossen Augen auf, der schnell wieder versinkt, Flusspferde. Pelikane fliegen über uns hin und setzen sich auf die Bäume. Bei einer Lichtung erscheint ein Dorf. Hier findet ein Markt statt. Eine bunte Menschenmenge hat sich am Fluss versammelt. Unter farbigen Sonnenschirmen bieten Leute ihre Ware an. Unsere zwei Motorboote des Spitals fahren uns zum Lac Onange. Hier empfängt uns wohltuende Ruhe. Der See liegt glänzend da. Zahlreiche Inseln durchziehen ihn. In der Nähe eines Dorfes bei einem Unterstand umgeben von Palmen breiten wir unser mitgebrachtes Picknick aus. Neugierige Kinder wollen wissen, woher wir kommen. Ihr Dorf sei ganz in der Nähe und die Schule gleich da oben am Hügel. Aber jetzt seien Ferien. Das kleine Schulhaus steht im Schatten von mächtigen Mangobäumen. An langen Stielen hängen Früchte an den Ästen. Durch das Fenster sehen wir in einen kahlen Raum mit einfachen Holztischen und Bänken, von denen das Holz absplittert!

Abschied

Noch einmal mache ich einen Besuch im Lepradorf und verteile unter den Kindern Ballone. Es sind noch einige übrig, die ich einer Frau gebe für die Kinder. Die hätten Freude daran. Sie meinte: "Même les grands." Warum eigentlich nicht. Das Aufblasen stärkt die Lungen.

Ich freue mich an der Fröhlichkeit der Kinder und wünsche, dass sie ihnen in ihrem Leben erhalten bleiben kann.
Die Zukunft des Albert-Schweitzer-Spitals ist ungewiss. Es in seinem Sinn weiterzuführen in einer Zeit, wo sich schnell viel verändert, die Erwartungen und Bedürfnisse sich steigern, ist kaum möglich.

Aber in all unserem Tun soll Ehrfurcht vor dem Leben nicht vergessen sein.

Impressum

FotoKind Umschlag:MarianneStocker
Layout: Anna Voigt
Herstellung und Verlag: BoD – Books on Demand,
Norderstedt
Kontakt: ma.stocker.ri@bluewin.ch

ISBN 9783754379967